经济学

编 著 孙国生 苏诗越 李 庚

南开大学出版社

天津出版传媒集团
天津科学技术出版社

图书在版编目（CIP）数据

经济学 / 孙国生，苏诗越，李庚编著. —天津：
南开大学出版社：天津科学技术出版社，2023.12
　　ISBN 978-7-310-06523-3

　　I. ①经… Ⅱ. ①孙… ②苏… ③李… Ⅲ. ①经济学
Ⅳ. ①F0

中国国家版本馆 CIP 数据核字（2023）第 237891 号

版权所有　侵权必究

经济学

JINGJIXUE

南开大学出版社　出版发行
天津科学技术出版社

出版人：刘文华

地址：天津市南开区卫津路 94 号　邮政编码：300071
营销部电话：（022）23508339　营销部传真：（022）23508542
https://nkup.nankai.edu.cn

唐山唐文印刷有限公司印刷　全国各地新华书店经销
2023 年 12 月第 1 版　2023 年 12 月第 1 次印刷
185×260 毫米　16 开本　15 印张　384 千字
定价：49.80 元

如遇图书印装质量问题，请与本社营销部联系调换，电话：（022）23508339

本书编委会

编　著　孙国生　苏诗越　李　庚
副主编　梁瑞明　邓冠玉　董婉姝
　　　　杨　智　姜星华　刘清扬

前　言

党的二十大报告提出，"建设现代化产业体系。坚持把发展经济的着力点放在实体经济上，推进新型工业化，加快建设制造强国、质量强国、航天强国、交通强国、网络强国、数字中国。"

建设人力资源强国、建设创新型国家、加快建设小康社会，实现经济又快又好的发展，这一切均需要一批又一批的高校毕业生及时进入经济建设的主战场。

本书内容通俗易懂，可读性强，采用案例导入教学，围绕现实生活中的经济现象展开基本理论的叙述，突出实践性和实用性。本书具有以下特色。

（1）突出理论的基础性。基于高等院校的教育特点，本书以介绍经济学的基本原理和分析方法为主，选择微观经济学的基本理论作为主要内容，以宏观经济学的基本知识作为辅助内容，舍弃了需要较深数理基础的经济模型及其推导过程。

（2）突出理论的实用性。本书以大量的现实经济现象为素材，采用"案例导入""知识拓展""探索与思考""名人档案"等形式，将抽象的经济学理论与鲜活的实例紧密结合起来，引导读者从能够感知的现实生活入手，学习运用经济学的基本原理来分析问题。

（3）突出案例的新颖性。案例教学在经济学授课中非常重要，因此本书主要收集了近年的资料，进行案例分析，以提高学生的学习兴趣和拓宽视野。

本书由孙国生（北京骏嘉财通科技有限公司）、苏诗越（河北工业职业技术大学）、李庚（国瀚投资管理（北京）有限公司）编著，由梁瑞明（河源职业技术学院）、邓冠玉（三门峡职业技术学院）、董婉姝（平顶山工业职业技术学院）、杨智（湖南大众传媒职业技术学院）、姜星华（四川大学华西医院）、刘清扬（洛阳职业技术学院）担任副主编。本书的相关资料和售后服务可扫封底的微信二维码或登录 www.bjzzwh.com 下载获得。

本书在编写过程中，参考和引用了部分相关书籍和资料，在此表示衷心地感谢。由于编者水平有限，书中难免存在不当之处，恳请广大师生批评指正，并提出宝贵的意见。

编　者

目 录
CONTENTS

第一章　经济学概论／1
第一节　经济学的研究对象／2
第二节　经济学内容／4
第三节　经济学的研究方法／7

第二章　需求与供给／12
第一节　需求理论／14
第二节　供给理论／18
第三节　均衡价格理论／22
第四节　需求价格弹性／27

第三章　消费者行为理论／38
第一节　效用论／39
第二节　基数效用论／42
第三节　序数效用论／48
第四节　消费结构与恩格尔系数／56
第五节　效用理论的应用／57

第四章　生产者行为理论／62
第一节　厂商概述／63
第二节　生产要素与生产函数／67
第三节　短期生产函数／70
第四节　长期生产函数／75
第五节　成本理论／83

第五章　市场结构理论／92
第一节　市场结构／93
第二节　完全竞争市场／96

第三节 完全垄断市场 / 104
第四节 垄断竞争市场 / 109
第五节 寡头垄断市场 / 112

第六章 收入分配理论 / 118
第一节 生产要素市场 / 119
第二节 生产要素价格的决定 / 121
第三节 收入分配平等程度的衡量与控制 / 129
第四节 关于效率与公平的思想 / 133

第七章 市场失灵与政府干预 / 137
第一节 市场失灵与政府干预 / 138
第二节 垄断与反垄断 / 140
第三节 外部性 / 142
第四节 公共物品 / 146
第五节 信息不对称 / 149

第八章 国民收入核算 / 154
第一节 国内生产总值 / 156
第二节 国民收入决定理论 / 163
第三节 $IS\text{-}LM$ 模型 / 168
第四节 总需求与总供给 / 173

第九章 宏观经济基本问题 / 178
第一节 失业问题 / 180
第二节 通货膨胀 / 182
第三节 经济周期 / 194
第四节 经济增长问题 / 200

第十章 宏观经济政策 / 209
第一节 宏观经济政策的理论基础 / 210
第二节 财政政策 / 213
第三节 货币政策 / 219
第四节 财政政策与货币政策组合 / 229

参考文献 / 232

第一章　经济学概论

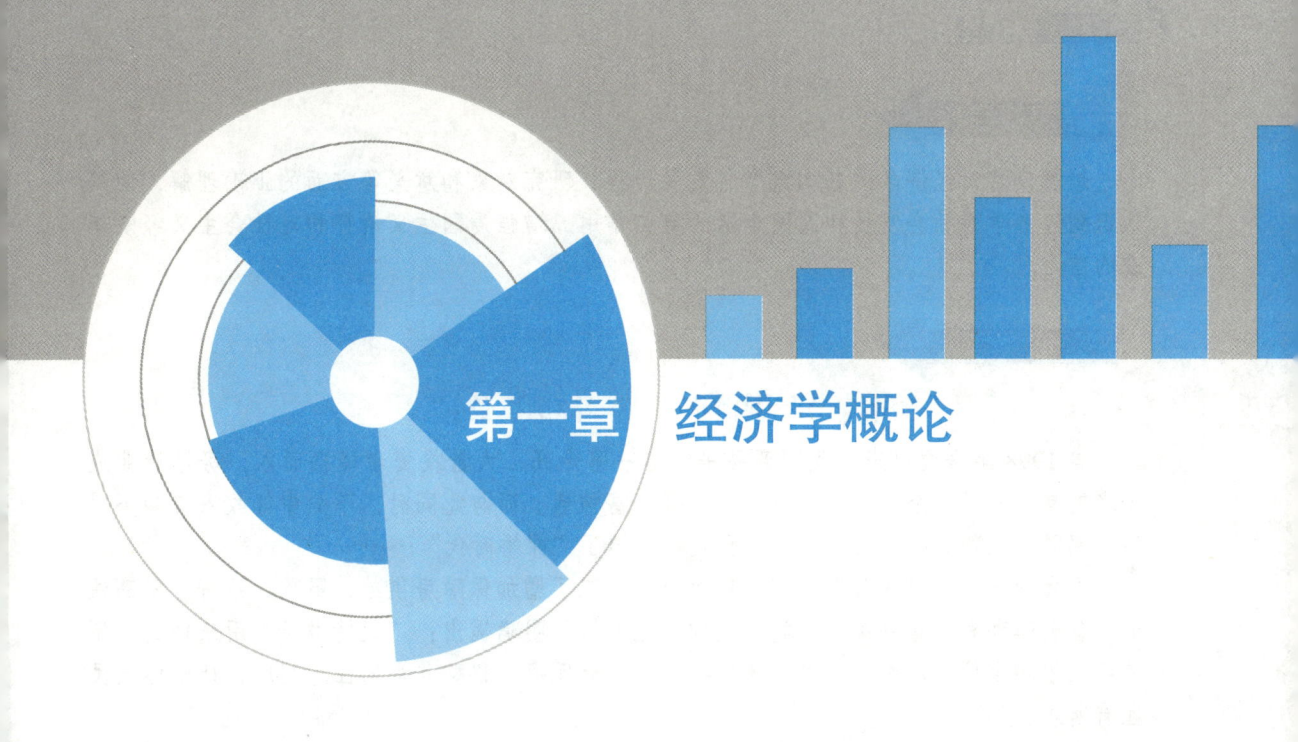

本章导读

本章论述了经济学的研究对象，人类社会面临的三个基本经济问题；说明了经济学的基本内容，为微观经济和宏观经济；介绍了经济决策者，概述经济学的研究方法和工具。

本章重点

稀缺性、经济学、微观经济学、宏观经济学、实证分析、规范分析、边际分析、均衡、均衡分析、局部均衡分析、一般均衡分析、静态分析、比较静态分析、动态分析。

学习目标

知识目标

1．了解经济学的研究对象。
2．熟悉经济学的主要内容及分类。

能力目标

1．能够阐述经济学中的各种研究方法。
2．能够识读经济模型。

素质目标

1．培养读者对社会主义市场经济体制的深刻理解和认同，使其明确社会主义市场经济的优越性和适应性。
2．引导读者树立正确的价值观，关注社会公平与正义，努力在经济学研究与实践中维护人民群众的根本利益。

经济学

思政目标

培养读者对经济学的基本概念、发展历程、研究对象和意义等方面的正确理解，使其认识到经济学对社会发展和人民生活的重要作用，增强爱国主义情怀和对社会主义经济建设的信心。

案例导入

我国楼市三大"神话"终结

自1998年房改以来，我国商品房价格一路走高，大量投资者蜂拥而入，房地产业成了名副其实的"吸金池"，上演了一幕幕造富神话。而与此同时，不少中低收入者却不得不"蜗居"在狭小的出租房内，年轻人则开始了"裸婚时代"……

在房地产市场过热时期，国家针对楼市采取了增加保障房供给、限购、限贷、提高法定准备金率和利率等一系列措施。党的十九大报告明确提出："坚持房子是用来住的、不是用来炒的定位，加快建立多主体供给、多渠道保障、租购并举的住房制度，让全体人民住有所居。"

在严厉的调控之下，楼市的种种"神话"终结。其一，"以钱炒钱"的模式终结。许多投资者靠的是借钱运作，一旦资金面全面卡紧，便会陷入缺钱的境地。其二，"只赚不赔"的现象终结。其三，"全民炒房"的时代终结。

启发思考

（1）楼市上存在哪些市场主体及市场客体？
（2）楼市是怎样自发进行资源配置的？
（3）政府为何要对楼市进行调控？

第一节 经济学的研究对象

自古以来，生存与发展始终是人类社会所关注的热门话题。透过各种表面现象，人们发现人类社会所面临的经济问题的根源在于资源的有限性。一方面，相对于人类的无限欲望而言，大自然赋予我们的资源太少了；另一方面，由于自然或社会的原因，这些有限的资源还往往得不到充分利用。因此，如何合理地配置和利用有限的资源，就成为人类社会永恒的问题。经济学正是为解决这个问题而产生的。要了解经济学，首先要认识人类社会面临的一个永恒问题，即资源的稀缺性。

一、资源的稀缺性

人类社会要生存和发展，就需要不断地用物品和劳务来满足人们日益增长的需求。需求来自欲望。欲望是一种缺乏的感受与求得满足的愿望。

按照美国学者马斯洛的解释，人的欲望或人的需要可分为五个层次：第一，基本的生理需要，即生存的需要，这是最低层次的需要；第二，安全的需要，即希望未来生活有保障，如免于伤害，免于受剥夺，免于失业等；第三，社会的需要，即感情的需要、爱的需要、归属感的需要；第四，尊重感的需要，即需要有自尊心以及受到他人的尊重；第五，自我实现的需要，即出于对人生的看法，需要实现自己的理想。

欲望的基本特点在于无限性，即人的欲望永远没有完全得到满足的时候。一种欲望满足了，又会产生新的欲望，永无止境。

人的欲望要用各种物品或劳务来满足，而物品要用各种资源来生产，这些资源包括人力资源和自然资源。众所周知，人类赖以生存的地球，其自然资源是有限的，这样，无限的欲望与有限的资源之间的矛盾就形成了经济学所说的稀缺性。一般，相对于人类社会的无限欲望而言，生产人类所需物品的资源总是不足的，这就是资源的稀缺性。这里所说的稀缺性不是指资源绝对数量的多少，而是指相对于无限的欲望而言，再多的资源也是不足的。也就是说，稀缺性是相对而言的。

从客观上说，资源的稀缺性是人类社会面临的永恒问题，它存在于人类社会的各个时期。

二、人类社会面临的三个基本经济问题

面对资源稀缺性的事实，人类社会必须面对和解决三个基本的经济问题，即生产什么商品和生产多少、如何生产商品和为谁生产。下面主要介绍这三个问题。

（1）生产什么商品和生产多少。一个社会必须决定，在诸多可能的物品和劳务之中，每一种应该生产多少以及何时生产。今天，应当生产披萨饼还是衬衫？生产少量优质衬衫还是大批普通衬衫？应当利用有限的资源生产更多的消费品（如披萨饼），还是应当生产较少的消费品和较多的投资品（如生产披萨饼的机器），从而让明天有更多的产出和消费？

（2）如何生产商品。一个社会必须决定谁来生产，使用何种资源，以及采用何种生产技术。谁来种田，谁来教书？用石油，还是用煤炭，抑或是用太阳能发电？设备是由人还是由机器人来操作？

（3）为谁生产。谁来享用经济活动的成果？收入和财富的分配是否公平合理？社会产品如何在不同的居民之间进行分配？社会是否会成为一个富人很少而穷人很多的社会？教师、运动员、汽车产业工人和互联网企业家，谁应当获得高收入？社会应该给穷人提供最低消费，还是严酷地遵循不劳动者不得食的原则？

对一个国家而言，无论它是一个发达的工业化国家，还是一个中央计划经济国家，抑或是一个孤立的部落社会，都必须面对这三个基本的经济问题。

上述三个基本经济问题在经济学中被称为资源配置问题。经济学是为解决稀缺性问题而产生的，因此，经济学所研究的对象就是由资源的稀缺性而产生的选择问题，即资源配置问题。也正是在这种意义上，一些经济学家把经济学定义为选择的科学。

三、市场经济、计划经济和混合经济

解决生产什么、如何生产以及为谁生产的问题，有哪些不同的方式呢？不同的社会选取和借助各种不同的经济体制进行组织，而经济学则研究这些可供社会采用配置稀缺资源

的制度和机制。

通常，区分为两种本质不同的经济组织方式。一种方式是，政府做出大部分经济决策，处于统治集团最高层的那些人逐层向下发布经济指令。另一种方式是，决策由市场来做出，个人或企业通过货币支付自愿地交换物品和劳务。

在大多数西方国家中，多数经济问题是由市场来解决的。因此，它们的经济制度称为市场经济（market economy）。市场经济是一种主要由个人和私人企业决定生产和消费的经济制度。价格、市场、盈亏、激励的一整套机制解决了生产什么、如何生产和为谁生产的问题。企业采用成本最低的生产技术（如何生产），生产那些利润最高的商品（生产什么）。消费则取决于人们如何决策去花费他们的收入（为谁生产），这些收入包括来自劳动的工资收入和来自财产所有权的财产收入。市场经济的极端情况称为自由放任（laissez-faire）经济，即政府不对经济决策施加任何影响。

与市场经济不同，指令经济（command economy）是由政府做出有关生产和分配的所有重大决策。在指令经济中，如20世纪大部分时期苏联所采取的经济制度，政府不仅占有大部分生产资料（土地和资本），而且拥有并指导大多数行业中的企业经营，并成为大多数工人的雇主，指挥他们如何工作。此外，政府还决定社会产出在不同的物品与劳务之间如何分布。简言之，政府通过其资源所有权和实施经济政策的权力解答基本的经济问题。

当今世界任何一个经济都不完全属于上述两种极端之一。在很多情况下，市场经济是配置稀缺资源的有效方式已成为很多人的共识，但市场经济并非完美无缺，因此，还需要政府用各种干预手段来纠正市场经济的"失灵"。经济学家把这种以市场经济为基础，又有政府适当干预的经济称为混合经济。当今世界各国大多实行混合经济制度，因此没有一个完全纯粹的市场经济。

混合经济又称为现代市场经济，以区别于上面所说的自由放任经济。以现代市场经济的典型代表美国为例，虽然经济中的大多数决策都是在市场中进行的，但政府在监督市场运行方面仍然扮演着重要的角色：政府制定法律来监管经济生活，提供教育和治安服务，控制污染等。

第二节 经济学内容

一、微观经济学

微观经济学是以单个经济单位为研究对象，通过研究其经济行为和相应的经济变量单项数值的决定来说明价格机制如何解决资源配置问题的经济理论。

1. 微观经济学的主要特征

微观经济学主要有四个方面的特征。

第一，研究的对象是单个经济单位。单个经济单位是指单个消费者、单个厂商或单个市场。

第二，解决的问题是资源配置。微观经济学研究单个经济单位的经济行为，分析单个消费者如何将有限的收入分配在各种商品的消费上，以获得最大满足；分析单个厂商如何将有限的资源分配在各种商品的生产上，以获得最大利润，研究单个厂商的产量、成本、使用的生产要素数量和利润如何确定；分析单个商品或生产要素的需求、供给和价格如何确定等。

第三，中心理论是均衡价格理论。市场经济中，在每个经济单位追求自身利益最大化的过程中，价格起着极为重要的作用。价格就像一只"看不见的手"，指引着各种经济主体的行为，引导着资源配置，决定着购买什么、购买多少、何时购买以及生产什么、生产多少、怎样生产、为谁生产。微观经济学以均衡价格理论为中心，着力阐述价格机制如何使资源配置达到最优化，故也称价格理论或市场经济学。

第四，研究方法是个量分析。个量即经济变量的单项数值，如某产品的产量、价格等。微观经济学就是分析这类个量的决定、变动及其相互关系。

名人档案

亚当·斯密（Adam Smith，1723—1790），英国古典经济学家。

他在1776年出版的《国民财富的性质与原因的研究》（简称《国富论》）一书中提出的许多结论和观点在当今的市场经济中仍然发挥着积极的作用。其关于一只"看不见的手"自发调节经济的思想至今仍然是"经济学皇冠上的宝石"。

《国富论》标志着现代经济学的产生，亚当·斯密被认为是现代经济学的奠基人。

亚当·斯密

2. 微观经济学的基本假设

微观经济学的研究以三个假设为前提条件。

第一，市场出清。这一假设是指价格可以自由而迅速地升降，发挥调节机制，使市场自发消除过剩或短缺，实现供求均衡。具体而言，商品价格的调节使商品市场均衡；利率的调节使资本市场均衡；工资的调节使劳动力市场均衡。在这种均衡状态下，资源得到充分利用，不存在闲置或浪费。微观经济学假设资源得到充分利用为常态，而研究资源的配置问题。

第二，完全理性。这一假设是指消费者和厂商都是以利己为目的的经济人，行事自觉以利益最大化为原则，既知道其目标是利益最大化，又知道如何实现利益最大化。只有在消费者和厂商具备完全理性的条件下，价格的调节才有可能使资源配置实现最优化。

第三，完全信息。这一假设是指消费者和厂商可以免费而迅速地获得各种市场信息，并具有处理信息的能力。例如：消费者能充分了解每种商品的性能和特点，准确判断不同消费量给自己带来的满足程度，掌握价格的变化情况，进而做出最优的消费决策；厂商能充分了解生产要素和产品价格的变化，掌握投入与产出之间的函数关系，准确了解其产品的市场需求等，进而做出最优的生产决策。消费者和厂商只有在获得完全信息的情况下，才能及时对价格信号做出反应，实现资源配置的最优化。

3. 微观经济学的内容

微观经济学主要包括均衡价格理论、消费者行为理论、生产理论、成本与收益理论、市场结构理论、收入分配理论、微观经济政策等，其中心理论是均衡价格理论。

二、宏观经济学

宏观经济学是以整个国民经济为研究对象，通过研究经济中各种有关总量的决定及其变化来说明资源如何才能得到充分利用的经济理论。

1. 宏观经济学的主要特征

宏观经济学主要有以下四个方面的特征。

第一，研究的对象是整个国民经济。宏观经济学研究整个国民经济的运行方式与规律，从总量上分析经济问题，如失业、通货膨胀、经济周期和经济增长等。

第二，解决的问题是资源利用。宏观经济学把资源配置作为既定的前提，研究现有资源未得到充分利用的原因、达到充分利用的途径，以及经济如何增长等问题，以实现社会经济福利的最大化。

第三，中心理论是国民收入决定理论。宏观经济学把国民收入作为最基本的总量，以国民收入决定为中心来研究资源利用问题，分析整个国民经济的运行状态。

第四，研究方法是总量分析。总量是指能反映整个经济运行情况的经济变量，如国内生产总值、国民收入、总投资、总消费等。宏观经济学分析这些总量的决定、变动及其相互关系，故也称总量经济学。

2. 宏观经济学的基本假设

宏观经济学的研究以两个假设为前提条件。

第一，市场机制不完善。自从市场经济产生以来，各国的经济就在繁荣与萧条中交替发展。单纯依赖市场机制的自发调节，无法克服危机与失业，容易使资源的稀缺与浪费并存，也就难以实现稀缺资源的合理配置与充分利用。

第二，政府有能力调节经济。政府通过研究经济运行的规律，以"看得见的手"弥补市场机制的缺陷。宏观经济学主张政府应该调节经济，政府能够调节经济。相对于"看不见的手"的提法，人们把政府对经济的干预或宏观调控称为"看得见的手""有形之手"，并且普遍寄希望于"两只手"的配合运用。

3. 宏观经济学的内容

宏观经济学主要包括宏观经济理论、宏观经济政策和宏观经济计量模型。本书涉及的主要是宏观经济理论和政策，其具体内容主要有国民收入的衡量与决定理论、宏观经济政策、失业与通货膨胀理论、经济周期与经济增长理论等。其中心理论是国民收入决定理论。

名人档案

约翰·梅纳德·凯恩斯

约翰·梅纳德·凯恩斯（John Maynard Keynes，1883—1946），英国经济学家。

凯恩斯最卓越的成就在于对宏观经济学的巨大贡献。其发表于1936年的代表作《就业、利息和货币通论》（简称《通论》）引发了经济学的革命，开辟了宏观经济学的研究阵地，成为宏观经济学的基石。

凯恩斯主张政府应积极干预经济，认为只有依靠政府对经济的全面干预，资本主义国家才能摆脱经济萧条和失业问题。

三、微观经济学与宏观经济学的关系

从以上阐述不难看出，微观经济学与宏观经济学之间既存在着明显的区别，又存在着密不可分的联系。

（1）微观经济学与宏观经济学的研究目的相同。微观经济学研究资源配置，宏观经济学研究资源利用。二者的研究目的都是为人类的经济活动提供正确的指导，以实现整个社会经济福利的最大化。

（2）微观经济学是宏观经济学的基础。整体经济是单个经济单位的总和，宏观经济学的总量分析以微观经济学的个量分析为基础，因此微观经济学是宏观经济学的基础。

（3）微观经济学与宏观经济学的研究内容相互补充。微观经济学是在假定资源已得到充分利用的前提下，分析怎样才能实现资源的最优配置；而宏观经济学是在假定资源已实现最优配置的前提下，分析怎样才能使资源得到充分利用。二者从不同的角度分析社会经济问题，其研究内容相互补充，共同组成经济学的基本理论体系。

第三节 经济学的研究方法

一、实证分析与规范分析

1. 实证分析

实证分析排斥一切价值判断，只研究经济本身的内在规律，并根据这些规律分析和预测人们经济行为的后果。实证分析通常回答"是什么"的问题，用实证方法分析经济问题被称为实证经济学。运用实证方法研究经济问题，是从对经济现象的观察出发得出经验性结论，然后通过进一步观察检验这些结论并发展或修改这些结论。实证分析是所有实证科学（物理学、生物学等自然科学）均遵循的方法。

生活链接

分析经济问题的方法

在我国，随着经济的持续发展，汽车进入家庭是社会所面临的一个选择问题。经济学家认为，这个问题实际上包含两方面的内容：一是汽车能否进入家庭；二是汽车是否应该进入家庭。这两个方面的内容在经济学上适用两种不同的分析方法。

汽车能否进入我国家庭，涉及全国居民对汽车的需求量、汽车的价格变动、消费者收入水平等方面。作为消费者，关注的是个人的收入水平能否支持汽车的购买和后期的维护、保养等费用问题，而经济学家分析这个问题则要比消费者复杂得多。首先，经济学家要通过分析得出在收入达到什么水平以及汽车价格为多少时汽车才可以进入家庭。分析这个问题时，经济学家用到的是实证分析法。其次，汽车是否应该大规模进入家庭涉及人们的价值判断，即汽车进入家庭是好事还是坏事。对此，不同的经济学家看法不同，得出的结论也完全不同。经济学家以某种价值判断为基础分析这一问题时，他们用的是规范分析法。

在上面的案例中，研究汽车能否进入家庭这一问题时，可以先假设其他影响汽车需求量的因素（如政府政策、汽油价格、汽车价格等）不变，分析汽车需求量和收入水平之间的关系，得出在收入为多少时汽车可以大量进入家庭，最后根据不同收入水平下汽车实际销售量的数据来检验所得出的假说。如果这个假说是正确的，就成为理论；如果不正确，就要进行修改。用实证方法进行研究时，可以建立汽车需求量与收入水平的经济模型。

2. 规范分析

规范分析以一定的价值判断为基础，提出分析处理经济问题的标准，并研究如何才能符合这些标准。规范分析通常回答"应该是什么"的问题，用规范方法分析经济问题被称为规范经济学。运用规范方法研究经济问题，必然要判断经济事物的好坏，从一定的价值判断出发来分析问题，因此会涉及是非善恶、应该与否、合理与否的问题。很显然，人们的立场观点、伦理道德标准不同，对同一经济事物会有完全不同的看法，因此，规范分析所得出的结论可能是千差万别的。

例如，在上面的案例中，汽车是否应该进入家庭这一问题涉及人们的价值判断，汽车进入家庭究竟是一件好事还是一件坏事，不同的人看法不同，并不能客观地检验其结论。

二、均衡分析

均衡是从物理学中"借来"的概念。在物理学中，均衡是表示同一物体同时受到几个方向不同的外力作用合力为0时，该物体所处的静止或匀速运动的稳定状态。英国经济学家马歇尔把这一概念引入经济学，主要是指经济中各种对立的、变动着的力量处于一种力量相当、相对静止、不再变动的境界。均衡一旦形成，如果有另外的力量使它离开原来的均衡位置，就会有其他力量使它恢复到均衡。

均衡分析就是在假定经济体系中的经济变量既定的情况下，考察经济体系达到均衡时所出现的情况以及实现均衡所需要的条件。

均衡分析是经济学常用的一种方法，可分为局部均衡分析和一般均衡分析。

1. 局部均衡分析

局部均衡分析是仅就经济体系的某一部分加以考察和研究，以分析经济事物均衡的出现和均衡与不均衡的交替过程，而假定其他部分对所观察的部分没有影响。局部均衡分析在分析一种商品的价格决定时，总是假定"其他条件不变"。这种分析方法由马歇尔首创，其主要针对单个市场分析。

2. 一般均衡分析

一般均衡分析是就整个经济体系加以观察和分析，以探讨整个经济总体达到均衡的过程，又称全部均衡分析。一般均衡分析是关于整个经济体系的价格和产量结构的一种研究方法，是一种全面的分析方法。一般均衡分析在分析商品价格的决定时，不仅要考虑其本身的供给与需求情况，而且还要考虑其他商品的价格及供求情况。一般均衡分析方法由瓦尔拉斯首创，用于多个市场的均衡分析。

三、边际分析

边际分析是经济学经常用来预测或评价决策后果的一种基本方法，被认为是了解和掌握经济理论的钥匙，是数量分析的一种。边际的含义本身是因变量关于自变量的变化率，或者说自变量变化一个单位时因变量的改变量。边际分析是以各种经济变量存在函数关系为前提的，这种方法实际上是用来确定适度的变量界限的最好方法。边际分析在微观经济学中被广泛使用，如在效用分析、收入分析、成本分析以及其他理论分析中，都可以使用边际分析法，由此也产生了一系列极为重要的边际概念和边际法则，例如边际效用、边际收益、边际成本、边际利润、边际产量、边际生产力、边际效用递减规律和边际收益递减规律等。

生活链接

假如你开客车从北京到济南，客车已满，当考虑是否让额外的乘客以190元/人的票价上车时，实际上应该考虑的是边际成本和边际收益的关系。边际成本是再增加一名乘客（相当于自变量）所增加的成本（因变量）。增加这一名乘客，所需增加的汽车折旧费、汽油消耗、工作人员工资和过路费等都是极低的，所增加的成本绝大多数是发给这个乘客的食物和饮料。假设上述所有成本合计为50元，则边际成本就是50元。边际收益是增加一名乘客（自变量）所增加的收入（因变量），即190元。再根据边际分析法做出决策时，就是要对比边际成本与边际收益。现在边际收益（190元）大于边际成本（50），即增加这一名乘客所需增加的收入大于所增加的成本。因此，在不考虑超载等问题的情况下，让这名乘客上车就是合适的；反之，就是亏损的，是非理性决策。

四、静态分析、比较静态分析和动态分析

静态分析是分析经济现象的均衡状态以及有关的经济变量达到均衡状态所必须具备的条件。这种分析方法完全忽略了时间因素和变量变化达到均衡状态的过程，注重经济变量对经济体系影响的最终结果。犹如观察一张不动的照片，就这个不动的画面进行分析。这是一种静止地、孤立地分析经济问题的方法。

比较静态分析是就经济现象一次变动的前后，以及两个或两个以上的均衡位置进行分析研究，并把新旧均衡状态加以比较，完全抛开了对转变期间和变动过程本身的分析，是只对一个个变动过程的起点和终点进行对比分析。犹如观察几张不同时点的照片，对其进行起点和终点的对比研究。

动态分析是分析经济现象在时间推移中变动过程的状态和关系，说明某一时点上经济变量的变动如何影响下一时点上该经济变量的变动，以及这种变动对整个均衡状态变动的影响。这种分析方法把经济现象的变化当作一个连续不断的过程看待，探讨经济事物从均衡到非均衡而又达到均衡的交替发生过程。犹如观察一系列连续移动的照片，来分析各张照片的变动、衔接，像电影图像的出现过程一样，也就如同一个视频。

静态分析犹如研究一张照片的全部信息（某个时点），比较静态分析犹如对比研究两张照片的信息（两个时点），动态分析犹如研究一个视频里的全部信息（一段连续时间）。

五、经济模型

经济模型是用来描述与所研究的经济现象有关的经济变量之间依存关系的理论结构。简单来说，就是把经济理论用变量的函数关系来表示。一个经济模型是指论述某一经济问题的一个理论，它可用文字说明（叙述法），也可用数学方程式表达（代数法），还可用几何图形表达（几何法）。

模型分析是一种抽象分析方法，所有的模型都是通过去掉一些不必要的部分而使问题简单化。也就是说，模型以简单的方式展示所提出问题的重要方面。但是，当使用模型这一重要的经济工具时，必须注意到由于模型过于简单，可能会偏离现实的社会经济和政治实际的情况。

知识拓展

学习经济学的方法

经济学在人们的生活中无处不在，既有趣又有用，但是也具有抽象性，学习过程中容易让大家感到"为难"。然而，把握了正确的学习方法，就能事半功倍。

（1）做生活的有心人。日常生活中留心经济学相关话题，带着好奇学习总是能让人印象深刻。

（2）课前要预习。课前预习不要一目十行、走马观花，而是要把看不懂、有困难的地方画上问号，带着问号进课堂，听听老师怎么说，看看你的疑惑老师是怎么迎刃而解的。

（3）课上勤思考。课堂学习是整个学习经济学的精华所在，不光要认真听、做好笔记，更要开动脑筋主动思考，及时地向老师提出你听课过程中的疑问。

（4）课下多交流。每课一次小结，每章一次总结，总结归纳课上知识，加强学习效果，对疑问之处可以和小伙伴多交流、多探讨，并记录下来以备不时之需。

（5）多做题、多练习。光听不练假把式。一定要把课上学到的理论知识用起来，做练习题就是对基本技巧和技能的训练。每章后面的"边学边练"不论教师布置与否，都应认真完成。

思政之窗

改革开放是中国共产党在社会主义初级阶段基本路线的两个基本点之一。中共十一届三中全会以来进行社会主义现代化建设的总方针、总政策，是强国之路，是党和国家发展进步的活力源泉。改革，即对内改革，就是在坚持社会主义制度的前提下，自觉地调整和改革生产关系同生产力、上层建筑同经济基础之间不相适应的方面和环节，促进生产力的发展和各项事业的全面进步，更好地实现广大人民群众的根本利益。开放，即对外开放，是加快我国现代化建设的必然选择，符合当今时代的特征和世界发展的大势，是必须长期坚持的一项基本国策。

本章小结

经济学是人类社会经济发展到一定阶段的产物，其发展经历了重商主义、古典经济学、新古典经济学和当代经济学四个阶段。经济学产生于稀缺性，是研究稀缺资源在各种可供选择的用途中进行有效配置和合理利用以使人类的欲望得到最大满足的一门科学。经济学的研究对象是资源的稀缺性以及由此产生的选择问题。经济学要解决的基本问题是由资源的稀缺性引发的生产什么、怎样生产和为谁生产等。

经济学的主要内容包括微观经济学和宏观经济学两个部分。微观经济学主要运用个量分析法，着眼于分析单个经济单位如厂商或消费者的经济行为，以及单个市场的经济现象等；宏观经济学主要运用总量分析法，以整个国民经济为考察对象，研究经济中各有关总量的确定及其变动，以解决失业、通货膨胀、经济周期性波动与经济增长等总体经济问题。

本章习题

1. 请简要介绍微观经济学的基本假设。
2. 经济学的基本问题是什么？
3. 如何区分实证分析与规范分析？

第二章 需求与供给

本章导读

本章主要介绍供给和需求的概念,并说明它们在单个商品竞争市场上如何运作,以及需求、供给、价格三者之间的关系。

本章重点

需求、需求量、需求定理、需求量的变动与需求的变动、供给、供给量、供给定理、供给量的变动与供给的变动、均衡、均衡价格、均衡数量、最高限价、最低限价、需求弹性、供给弹性。

学习目标

知识目标

1. 理解需求与供给的含义。
2. 熟悉影响需求与供给的因素。

能力目标

1. 能够根据需求与供给分析价格变动。
2. 掌握均衡价格理论,理解价格弹性。

素质目标

1. 培养读者对市场供求关系的正确认知,理解市场价格形成机制与资源配置的社会效应。
2. 强调读者对市场经济中的市场失灵问题进行深入思考,引导他们积极探索政府干预的合理性。

思政目标

培养读者对市场机制和供求关系的认识，使其明白市场经济体制是社会主义经济的重要组成部分，了解市场机制对资源配置的作用，增强对社会主义市场经济的认同和理解。

案例导入

生猪价格坐上了"过山车"

在我国，生猪价格多年来一直存在着周期性的剧烈波动，犹如坐上了过山车。如图 2-1 所示，我国生猪价格波动周期一般为三四年。每一轮生猪价格暴涨，都会吸引大批资金进入养猪业，造成供过于求而导致价格暴跌；每一轮生猪价格暴跌，都会迫使养殖户缩小养殖规模或退出养猪业，造成供不应求而导致价格暴涨。

图 2-1　2019/01—2023/05 年生猪价格走势图（单位：元/公斤）

生猪价格的波动与其需求和供给有直接关系。在当今社会，猪肉已经成为人们生活中的一种主要肉食品，家庭、饭店、食堂及肉食深加工等市场需求使得生猪需求表现出极大的刚性。也就是说，造成生猪价格大幅波动的主因是供给。改革开放以来，我国生猪生产多为农户散养，规模较小。散养户防控生猪疫病能力弱，抗风险能力弱，产销信息不对称，一旦出现损失则难以承担。行情好时一窝蜂补栏，导致供应量快速增加，价格下跌；行情不好时大量淘汰能繁母猪，致使生猪供应量快速下降，价格上涨。

为建立生猪生产稳定发展的长效机制，国务院出台了一系列扶持政策，包括能繁母猪补贴、奖励生猪调出大县、生猪政策性保险、建立和健全生猪疫病防控体系和生猪良种繁育体系、扶持标准化规模养殖场（小区）粪污处理和沼气基础设施建设、增加政府储备投放、对城乡低保人员和家庭经济困难的大中专院校学生给予临时补助等。

启发思考

（1）怎样看待生猪价格的暴涨和暴跌？

（2）生猪价格剧烈波动的根本原因是什么？
（3）政府的扶持政策对生猪的需求、供给和价格有何影响？
（4）猪肉需求的价格弹性是如何形成的？

第一节 需求理论

人们进行经济活动是为了满足相应的需要，而研究消费者的需求是厂商经营活动的起点。

一、需求、需求表与需求曲线

需求（demand）是指消费者在某一特定的时期内，在每一价格水平下愿意而且能够购买的某种商品或劳务的数量。

"愿意"是指有购买愿望，"能够"是指有购买能力。因此，需求是购买愿望与支付能力相统一的有效需求。

需求可用需求表和需求曲线来表达。某农贸市场五花肉的需求情况如表 2-1 所示。在平面坐标系中画出表 2-1 中的各组数据点，连接各点，即得出需求曲线，如图 2-2 所示。

> **探索与思考**
>
> 糖尿病患者对白糖有需求吗？低收入家庭对高档住房有需求吗？请说明理由。

表 2-1　某农贸市场五花肉的日需求表

组合点	a	b	c	d	e
价格（元/千克）P	27.80	24.80	22.60	21.20	20.00
需求量（千克）Q	273	290	310	350	400

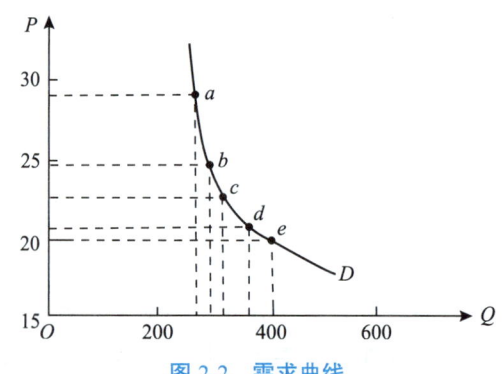

图 2-2　需求曲线

需求可分为个人需求和市场需求。个人需求是指单个消费者（家庭或个人）对某种商品的需求；市场需求是指全体消费者对某种商品的总需求。

> **知识点滴**
>
> 由个人需求得出市场需求的方法：将同一价格水平下所有的个人需求量逐一相加，得出相应的市场需求量；每一价格水平与其对应的市场需求量组合的集合，即市场需求。

二、影响需求的因素与需求函数

需求除了可用需求表、需求曲线来表达外，还可用需求函数来表达。

1. 影响需求的因素

影响需求的因素很多，主要有以下几种。

（1）商品自身的价格。一般而言，在其他因素不变的条件下，一种商品的价格越高，其需求量越小；价格越低，其需求量越大。可见，商品的需求量与自身价格呈反向变化。

（2）消费者的收入水平及社会收入分配的平等程度。一般而言，收入水平及社会收入分配平等程度的提高会导致对商品需求的增加；反之，则对商品的需求减少，即商品的需求与收入及分配平等程度呈同向变化。

> **探索与思考**
>
> （1）私家车为何在我国越来越多？
> （2）我国政府为何要废除农业税？

（3）消费者偏好。偏好是指消费者对某种商品的喜欢和偏爱。消费者越偏好某种商品，对这种商品的需求就越大；当偏好减弱时，对这种商品的需求就会减小。人们的偏好可能来自个人爱好，也可能来自社会习俗或宗教信仰。如主食，我国南方人更爱米饭，北方人更喜面食。

（4）相关商品的价格。当一种商品本身的价格保持不变，而和它相关的其他商品的价格发生变化时，这种商品的需求会发生变化。

商品之间的相关关系有两种：一是互补关系；二是替代关系。

互补关系是指两种商品互相补充配合使用共同满足人们的某一需要，具有互补关系的两种商品互称为互补品，如手电筒与电池、家用电器与接线板、钢笔与墨水等。商品之间的互补性往往是不对称的，其互补程度因商品特征的不同而异。根据商品间互补程度的不同，互补品可分为完全互补品和非完全互补品。完全互补品是指始终以固定比例搭配使用或消费的商品；非完全互补品也称普通互补品，是指有互补关系但不符合完全互补品情形的商品。通常，互补品之间，一种商品的需求与其互补品的价格呈反向变化。

替代关系是指两种商品都能独立满足人们的同一种需要，具有替代关系的两种商品互称为替代品，如空调与电扇、面粉与大米、固定电话与手机等。根据商品间可替代的程度不同，替代品可分为完全替代品和部分替代品。完全替代品是指以固定比例替代使用的商品；部分替代品是指有替代关系但不符合完全替代品情形的商品。替代品之间，一种商品的需求与其替代品的价格呈同向变化。

探索与思考

（1）猪肉的替代品有哪些？

（2）当猪肉涨价时，其替代品的需求会发生怎样的变化？

（5）消费者对未来的预期。消费者对未来的预期包括对商品价格水平和自身收入水平的预期。消费者预期商品涨价，会增加当前购买，现期需求增加；消费者预期商品跌价，会减少当前购买，现期需求减少。这就是人们常说的"买涨杀跌"。消费者预期自身未来收入水平提高，会增加现期需求；反之，则会减少现期需求。

（6）人口数量及结构变动。商品的需求与人口数量同向变动。如大城市人口数量多，其对各种商品的需求会明显高于小城市。另外，每年新增减的人口也会使商品的需求发生相应的变化。人口结构的变动会影响需求的结构，从而影响某些商品的需求。当前我国已进入老龄化社会，随着老年人比重的增加，对药品、保健、陪护服务等的需求增加，而对少儿用品的需求相对减少。

探索与思考

改革开放以来，大量的各类外资企业纷纷抢滩我国，这是为什么？

（7）广告规模。商品的需求随广告规模同向变动。广告是一种促销手段，可影响人们的偏好，从而使需求发生变化。

（8）政府的政策。政府的政策会影响需求，如减免个人所得税、增加政府转移支付和降低利率等政策会刺激消费需求增加；限购限贷、开征房产税和提高利率等政策会使购房需求减少。

此外，需求还受一些特殊因素，如气候、自然灾害、流行瘟疫及战争等的影响。

生活链接

汽油价格与小型节能汽车的需求

1973年，爆发了世界第一次石油危机，美国原油价格上涨了4倍，最高达到每桶近12美元；1979年，爆发了第二次石油危机，当时原油价格上涨了2倍，最高达到每桶37美元。石油是汽油的生产原料，石油危机使得汽油价格大幅上涨，美国汽车销量急剧下降，25万产业工人失业，福特、克莱斯勒等大汽车公司面临生存危机，汽车业遭受重创，由此陷入萧条。

与此同时，在能源日渐紧缺的20世纪70年代，日本汽车厂商的能源危机感使他们在节能方面不断探索，小型轿车开始大行其道，出口量骤增。由此，丰田、日产等公司迅速成为世界级汽车厂商。1980年，日本汽车总产量达到1104万辆，超过美国成为世界上最大的汽车生产出口国。

既然公司和住宅之间的距离不可能缩短，人们只好放弃自己的大中型旧车，而选购较小型的节能车，这样每升汽油就可以多跑一段距离。于是小型节能汽车的销量持续攀升，而大中型汽车的市场竞争力明显下降。

2. 需求函数

需求函数是某种商品的需求数量与其影响因素之间的相互关系。在上述诸多影响需求的因素中，最直接、最重要的是商品自身的价格。以 P 表示商品自身的价格（price，自变量），Q_d 表示商品需求数量（quantity of demand，因变量），在假定其他因素保持不变的条件下，需求函数可表达为

$$Q_d = f(P) \tag{2-1}$$

在图示分析中，需求函数或需求曲线常用需求的英文单词的首字母 D 标记。

三、需求定理

需求定理是指在影响需求的其他因素不变的条件下，商品的需求量与其自身价格呈反向变化。

影响需求的其他因素，是指除商品自身价格之外的各种影响因素。需求定理以"影响需求的其他因素不变"为前提条件，离开这一前提条件，需求定理就不成立。

商品的需求量与其自身价格呈反向变化是由替代效应与收入效应共同作用形成的。在其他条件不变的情况下，当一种商品价格下降时，意味着其相对价格即机会成本降低，会吸引其替代品的购买者，从而使需求量增加，此为替代效应；在其他条件不变的情况下，当一种商品价格下降时，意味着相同的收入能够购买更多的这种商品，从而使需求量增加，此为收入效应。

需求定理反映一般商品的需求规律，对特殊商品则例外。典型的特殊商品有炫耀性商品、吉芬商品和投机性商品。①炫耀性商品是指用来显示人们社会身份和地位的商品，如贵重首饰、高档手表、豪华型轿车等，这类商品只有在高价时才能起到炫耀的作用。②吉芬商品是指在其他因素不变的条件下，价格上升，需求量反而增加的商品。英国经济学家吉芬发现，1845 年爱尔兰大灾荒时，马铃薯的价格上升，需求量反而增加。这是因为马铃薯的价格上升，意味着人们的实际收入减少，而同时又不存在更廉价的可供替代的必需品，致使马铃薯的需求量大增。③投机性商品有股票、债券、黄金、邮票等，其受人们心理预期影响大，需求呈不规则变化。

四、需求量的变动与需求的变动

经济学严格区分需求的两种变化：一种是需求量的变动；另一种是需求的变动。

需求在概念上是"一条线"，是每一价格水平与其对应的需求数量组合点的集合；而需求量则是需求线上的"一个点"，是某一具体价格水平下的需求数量。

需求量的变动是指在其他影响因素不变的条件下，由商品自身价格变化引起的该商品需求数量的变动。其变动结果表现为同一条需求线上点的移动，向左上方移动表示需求量减少，向右下方移动表示需求量增加，如图 2-3 所示。

需求的变动是指在商品自身价格不变的条件下，由其他影响因素变化引起的该商品需求数量的变动。其变动结果表现为整条需求线的平移，向左平移表示需求减少，向右平移表示需求增加，如图 2-4 所示。

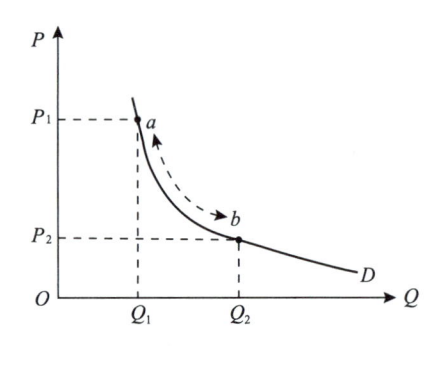

图 2-3　需求量的变动

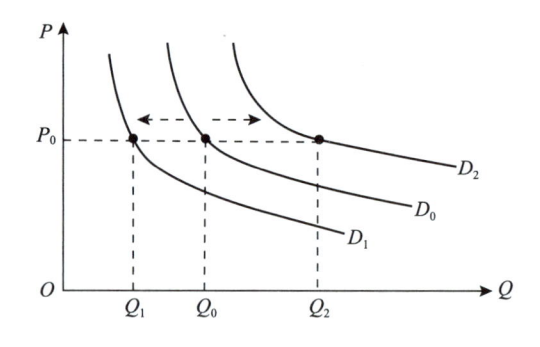

图 2-4　需求的变动

探索与思考

（1）中国新闻网 2019 年 3 月 8 日消息，"三八"妇女节期间，福州市各花店生意火爆，热销鲜花以康乃馨、玫瑰为主，鲜花的需求发生了何种变化？

（2）超市的某类商品降价活动引起此类商品的需求发生何种变化？

（3）上述两者变化相同吗？为什么？

第二节　供给理论

供给是与需求相对应的一种市场力量，没有供给，消费者的需求就得不到实现和满足。

一、供给、供给表与供给曲线

供给（supply）是指厂商在某一特定的时期内，在每一价格水平下愿意且能够提供出售的某种商品的数量。

"愿意"是指有出售愿望，"能够"是指有生产能力。因此，供给是出售愿望与生产能力相统一的有效供给。

供给可用供给表和供给曲线来表达。某农贸市场五花肉的供给情况如表 2-2 所示。在平面坐标系中画出表 2-2 中的各组数据点，连接各点，即得出供给曲线，如图 2-5 所示。

供给理论

表 2-2　某农贸市场五花肉的日供给表

组合点	a	b	c	d	e
价格（元/千克）P	27.80	24.80	22.60	21.20	20.00
需求量（千克）Q	420	380	310	270	200

图 2-5　供给曲线

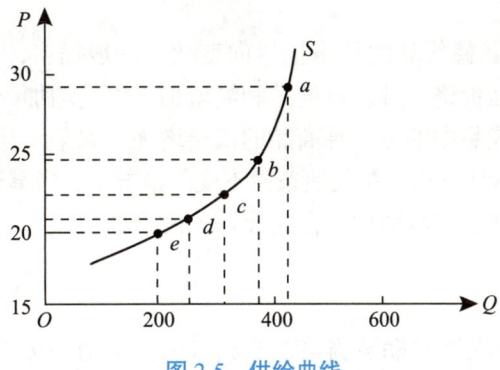

> **探索与思考**
>
> 厂商惜售能形成商品供给吗？成衣制造商能形成粮食供给吗？请说明理由。

供给可分为单个厂商供给和市场供给。单个厂商供给是指单个厂商对某种商品的供给；市场供给是指生产某种商品的全体厂商对该种商品的总供给。

> **知识点滴**
>
> 由单个厂商供给得出市场供给的方法：将同一价格水平下所有单个厂商的供给量逐一相加，得出相应的市场供给量；每一价格水平与其对应的市场供给量组合的集合，即市场供给。

二、影响供给的因素与供给函数

供给除了可用供给表、供给曲线来表达外，还可用供给函数来表达。

1. 影响供给的因素

影响供给的因素很多，主要有以下几种。

（1）商品自身的价格。在其他因素不变的条件下，一种商品的价格越高，其供给量越大；价格越低，其供给量越小。可见，商品的供给量与自身价格呈同向变化。

（2）生产技术。在资源既定的条件下，生产技术的提高会提高生产效率，使资源得到更充分地利用，从而降低生产成本，增加利润，使商品的供给增加。

（3）生产要素的价格。生产要素的价格上升，产品的生产成本则随之上升，在产品销售价格不变的情况下，利润减少，商品的供给减少；反之，商品的供给增加。

（4）相关商品的价格。当一种商品本身的价格保持不变，而其他相关商品的价格发生变化时，这种商品的供给也会发生变化。

一种商品的供给与其互补品的价格呈同向变化。一般而言，在其他条件不变的情况下，互补品中一种商品的价格上升，该商品利润增加、供给增加，配套使用的另一种商品的供给会随之增加；反之，配套使用的另一种商品的供给会随之减少。如茶叶与茶具为互补品，茶叶价格上升，供给增加，配套使用的茶具的供给会随之增加；新房与新房装修为互补品，受楼市降温的影响，新房因价格下降而供给减少，与之匹配的新房装修的供给也会随之减少。

一种商品的供给与其替代品的价格呈反向变化。一般而言，在其他条件不变的情况下，替代品中的一种商品价格上升，该商品利润增加、供给增加，替代品中的另一种商品的供给减少；反之，替代品中的另一种商品的供给增加。如某计算机生产商既可生产台式计算机，也可生产笔记本计算机，在其他条件不变的情况下，当笔记本计算机价格上升时，笔记本计算机的利润增加、供给增加，台式计算机供给减少。

知识点滴

人们可从不同角度来认识相关商品。从消费角度来看，互补品和替代品的解释详见本章第一节。从生产角度来看，互补品是指在同一生产过程中同时生产的产品，如加工松脂同时出产松香与松节油，松香与松节油即为互补品。替代品是指可以用同样资源来生产的产品，假设你是一个咖啡爱好者，每天早晨都需要一杯咖啡。你有两种选择，一种是价格较高的现磨咖啡，另一种是价格亲民的速溶咖啡。当现磨咖啡价格上升时，习惯喝现磨咖啡的你也会选择购买速溶咖啡。现磨咖啡与速溶咖啡即为替代品。

（5）厂商对未来的预期。厂商对未来预期乐观，如预期商品的价格上涨，就会增加供给；厂商对未来预期悲观，如预期商品的价格下跌，就会减少供给。

（6）厂商的数量。一个行业进入的厂商越多，供给越大；反之，供给越小。

（7）政府的政策。扶持性经济政策，如降低进入壁垒、减免税收、财政补贴、低息甚至无息贷款等，可刺激生产，增加供给；而限制性经济政策，如提高进入壁垒、增加税收、提高贷款利率等，可抑制生产，减少供给。

此外，供给还受一些特殊因素，如气候、自然灾害、流行瘟疫、战争及市场结构等的影响。

2. 供给函数

供给函数是某种商品的供给数量与其影响因素之间的相互关系。在上述诸多影响供给的因素中，最直接、最重要的是商品自身的价格。以 P 表示商品自身的价格（自变量），Q_s 表示商品供给数量（quantity of supply，因变量），在假定其他因素保持不变的条件下，供给函数可表达为

$$Q_s = f(P) \tag{2-2}$$

在图示分析中，供给函数或供给曲线常用供给的英文单词的首字母 S 标记。

三、供给定理

供给定理是指在影响供给的其他因素不变的条件下，商品的供给量与其自身价格呈同方向变化。

影响供给的其他因素是指除商品自身价格之外的各种影响因素。供给定理以"影响供给的其他因素不变"为前提条件，离开这一前提，供给定理就不成立。

供给定理反映一般商品的供给规律，对特殊商品则例外。典型的特殊商品有劳动、供

给量固定的商品和投机性商品。①劳动的供给起初会随工资的提高而增加，当工资高到一定程度后，劳动者会更看重休闲与娱乐，随着工资的进一步提高，劳动的供给反而会减少。②供给量固定的商品，如土地、古董、古画等，在一定的条件下，其供给量不随价格而变动。③投机性商品有股票、债券、黄金、邮票等，其受人们心理预期影响大，供给呈不规则变化。

知识拓展

逆流而行的智慧

在我国，"猪周期""蒜周期""蛋周期"等可谓众所周知。一般而言，在其他条件不变的情况下，价格上涨，供给量增加，符合供给定理，那么何以造成严重的供过于求？主要原因有：其一，生产规模小、分散，产销信息不对称，盲目跟风；其二，生产与销售出现时滞，生产需要一个过程，开始生产时行情好，到销售时行情却发生了变化；其三，随着价格上涨，需求量在减少。那么，从生产者个体角度而言，是否有更好的应对之策呢？

战国时代的商人白圭的经营方法与众不同，总是逆流而行，"人弃我取，人取我与"。有一次，别的商人都在一窝蜂地抛售棉花，拼命地大减价；白圭却大量地买进棉花，甚至花钱租地存放棉花。卖完棉花，别的商人都抢着购进皮毛；白圭却打开仓库，把库存的皮毛卖得精光。几天后，有消息说今年棉花严重歉收，商人们心急火燎地到处寻找棉花；白圭高价卖出了全部库存棉花，发了一笔大财。又过了一段时间，满街的皮毛突然卖不出去了，价格降得越来越低，那些抢购皮毛的商人瞬间血本无归。

巴菲特曾说，"在别人恐惧时我贪婪，在别人贪婪时我恐惧"，其思想与白圭有异曲同工之妙。物以稀为贵，物极必反。当生产者不了解市场行情及规律，而盲目跟随大流的时候，危险正在前方。

四、供给量的变动与供给的变动

经济学严格区分供给的两种变化：一种是供给量的变动，另一种是供给的变动。

供给在概念上是"一条线"，是每一价格水平与其对应的供给数量组合点的集合；而供给量则是供给线上的"一个点"，是某一具体价格水平下的供给数量。

供给量的变动是指在其他影响因素不变的条件下，由商品自身价格变化引起的该商品供给数量的变动。其变动结果表现为同一供给线上点的移动，向左下方移动表示供给量减少，向右上方移动表示供给量增加，如图2-6所示。

供给的变动是指在商品自身价格不变的条件下，由其他影响因素变化引起的该商品供给数量的变动。其变动结果表现为整条供给线的平移，向左平移表示供给减少，向右平移表示供给增加，如图2-7所示。

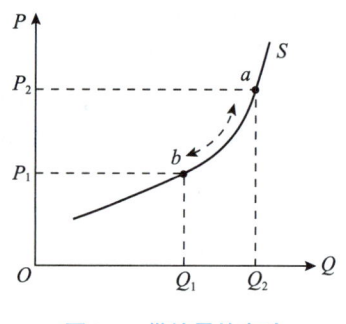

图 2-6　供给量的变动

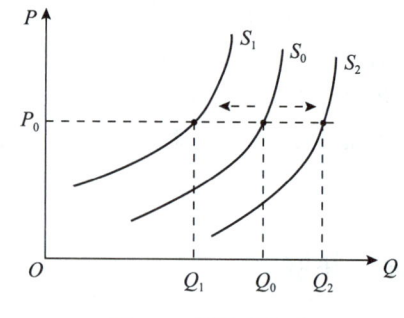

图 2-7　供给的变动

探索与思考

（1）2018 年我国大蒜价格大幅下跌，引起 2019 年大蒜的供给发生了何种变化？

（2）2018 年我国苹果主产区遭受花期霜冻及后期冰雹灾害，导致苹果的供给发生何种变化？

（3）上述两者变化相同吗？为什么？

第三节　均衡价格理论

在市场上，需求与供给是两种相互对立的经济力量，买者希望商品价廉物美，卖者希望商品价高利大。两种经济力量相互作用，使市场达到均衡状态。在均衡状态下，各种经济力量相互制约和相互抵消，使各方愿望得以满足，此时的价格即为均衡价格。

一、均衡价格的决定

均衡价格（equilibrium price）是指某商品的市场需求量与市场供给量相等时的价格。商品的均衡价格是商品的需求和供给两种力量共同作用的结果，由市场机制自发调节形成。其形成过程如图 2-8 所示。

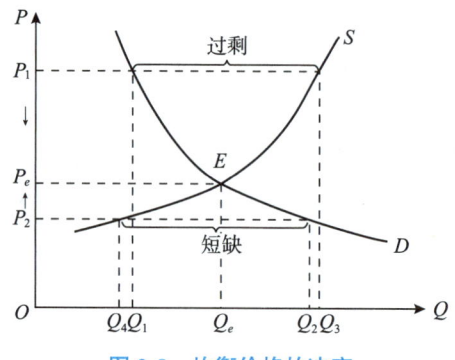

图 2-8　均衡价格的决定

在图 2-8 中，需求曲线 D 与供给曲线 S 的交点 E 为均衡点，其对应的价格 P_e 为均衡价格，对应的数量 Q_e 为均衡数量。当市场价格偏离均衡价格时，市场会处于需求量与供给量不相等的非均衡状态。具体分两种情形：其一，市场价格高于均衡价格，如价格水平位于 P_1，此时供给量 Q_3 大于需求量 Q_1，商品供过于求引起供给各方激烈竞争，竞相降价，供给量下降，趋于均衡状态；其二，市场价格低于均衡价格，如价格水平位于 P_2，此时供给量 Q_4 小于需求量 Q_2，商品供不应求引起需求各方激烈竞争，竞相购买，商品价格上涨，供给量上升，趋于均衡状态。一般情况下，在市场机制的作用下，供求不相等的非均衡状态会逐步消失，市场价格会自动回复到均衡价格水平。

我国生猪价格的暴涨、暴跌是市场机制发挥调节作用的正常表现，但过于剧烈的价格波动不利于生猪行业的稳定发展。我国生猪价格剧烈波动的根本原因就在于生猪供给不稳定，供求失衡严重。

均衡价格的决定条件可用下列函数表达：

$$\begin{cases} Q_d = f(P) \\ Q_s = f(P) \\ Q_d = Q_s \end{cases} \quad (2\text{-}3)$$

均衡价格的形成过程还可用供求表来说明，如表 2-3 所示。

表 2-3 某农贸市场五花肉供求状态分析表

组合点	价格P(元/千克)	需求量Q_d(千克)	供给量Q_s(千克)	$Q_s\text{-}Q_d$(千克)	市场状态	价格变动趋势
A	27.80	273	420	147	供过于求	下降
B	24.80	290	380	70	供过于求	下降
C	22.60	310	310	0	均衡状态	—
D	21.20	350	270	-80	供不应求	上升
E	20.00	400	200	-200	供不应求	上升

二、需求与供给变动对均衡价格的影响

一种商品的均衡价格是由其需求与供给共同决定的，需求与供给是不断变化的，任何一方的变动都会引起均衡价格的变动。

1. 需求变动对均衡价格的影响

需求变动是指在商品自身价格不变的条件下，由其他影响因素变化引起的该商品需求数量的变动，其变动结果表现为整条需求曲线的平移。

如图 2-9 所示，当供给不变时，既定的供给曲线 S 与初始需求曲线 D_0 相交于均衡点 E_0，此时均衡价格为 P_0，均衡数量为 Q_0。当需求增加时，需求曲线向右上方平移，由 D_0 平移至 D_2，形成新的均衡点 E_2，此时均衡价格为 P_2，均衡数量为 Q_2；当需求减少时，需求曲线向左下方平移，由 D_0 平移至 D_1，形成新的均衡点 E_1，此时均衡价格为 P_1，均衡数量为 Q_1。

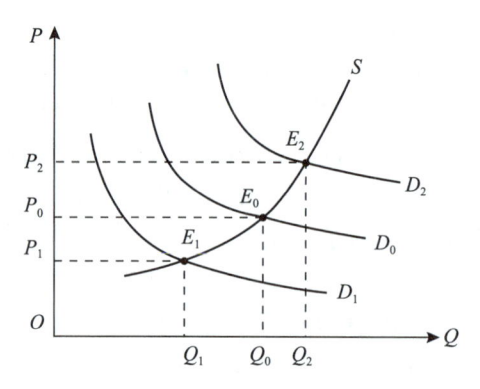

图 2-9 需求变动对均衡价格的影响

结论：当供给不变时，需求变动引起均衡价格及均衡数量同向变动。

探索与思考

2019年开始的"新冠肺炎"怎样影响国内"连花清瘟颗粒"市场的？试用均衡分析法进行分析。

2. 供给变动对均衡价格的影响

供给变动是指在商品自身价格不变的条件下，由其他影响因素变化引起的该商品供给数量的变动，其变动结果表现为整条供给曲线的平移。

如图 2-10 所示，当需求不变时，既定的需求曲线 D 与初始供给曲线 S_0 相交于均衡点 E_0，此时均衡价格为 P_0，均衡数量为 Q_0。当供给增加时，供给曲线向右下方平移，由 S_0 平移至 S_2，形成新的均衡点 E_2，此时均衡价格为 P_2，均衡数量为 Q_2；当供给减少时，供给曲线向左上方平移，由 S_0 平移至 S_1，形成新的均衡点 E_1，此时均衡价格为 P_1，均衡数量为 Q_1。

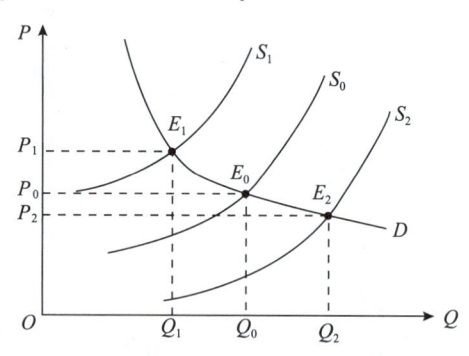

图 2-10 供给变动对均衡价格的影响

结论：当需求不变时，供给变动引起均衡价格反向变动、均衡数量同向变动。

探索与思考

厄尔尼诺现象是秘鲁、厄瓜多尔一带的渔民用于称呼一种异常气候现象的名词。它主要指太平洋东部和中部热带海洋的海水温度异常且持续变暖，使整个世界气候模式发生变化,造成一些地区干旱而另一些地区又降雨量过多。试用均衡分析法分析厄尔尼诺现象对农产品市场的影响。

3. 供求同时变动对均衡价格的影响

供求同时变动分为两种情况:一种是供求同向变动,即同增或同减;另一种是供求反向变动,即一增一减。

由前述两个结论可知,当供给不变时,需求变动引起均衡价格及均衡数量的同向变动;当需求不变时,供给变动引起均衡价格反向变动及均衡数量同向变动。由此可得出第三个结论:当供求同向变动时,均衡数量与供求同向变动,均衡价格变动情况取决于供求变动的幅度;当供求反向变动时,均衡价格与需求同向变动,均衡数量变动情况取决于供求变动的幅度。

以上关于需求与供给变动对均衡价格的影响的三个结论,称为供求定理。

三、政府限价的影响

市场自发形成的均衡价格并非万能,政府会根据具体的经济形势采取一系列的经济政策,如限价、税收等政策,对市场价格进行干预。

政府限价是指政府对商品的价格水平或浮动幅度所做的限制或规定,常见的有最低限价和最高限价。

1. 最低限价

最低限价也称支持价格或保护价格,是指政府为扶持某一行业发展而规定的该行业产品的最低价格。最低限价总是高于市场自发形成的均衡价格,实行最低限价政策可保护生产者的利益。如图2-11所示,市场自发形成的均衡价格为P_e,均衡数量为Q_e,政府为支持该行业发展而规定的价格为P_1,支持价格P_1高于均衡价格P_e,此时供给量Q_s大于需求量Q_d,市场上出现产品过剩的情况。

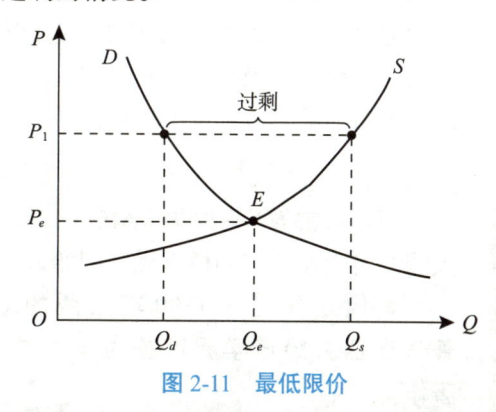

图 2-11 最低限价

为了维持最低限价,政府通常会收购市场上过剩的产品,用于国家储备或出口。

最低限价政策主要适用于少数重要的农产品,现阶段我国执行最低收购价的品种有小麦和稻谷。

此外,我国目前执行的最低工资标准也属于最低限价政策。

> **知识点滴**
>
> 在我国，为提高农民种粮的积极性，进一步促进粮食生产的发展，国家持续在主产区实行最低收购价政策。2019年生产的早籼稻（三等，下同）、中晚籼稻和粳稻最低收购价分别为每50千克120元、126元和130元，2019年生产的小麦（三等）最低收购价为每50千克112元。

2. 最高限价

最高限价也称限制价格，是政府为限制某些物品的价格而对其规定的最高价格。政府对垄断性很强的基本生活必需品实行最高限价政策可控制这类商品的价格上涨，抑制通货膨胀，保护消费者利益。最高限价总是低于市场自发形成的均衡价格。如图2-12所示，市场自发形成的均衡价格为P_e，均衡数量为Q_e，政府为限制价格过高而规定的价格为P_2，限制价格P_2低于均衡价格P_e，此时供给量Q_s小于需求量Q_d，市场上出现产品短缺的情况。

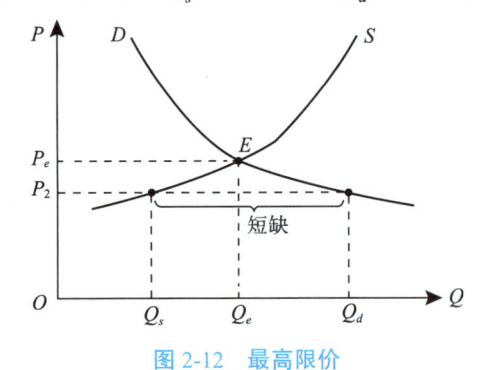

图2-12 最高限价

为了维持最高限价，政府通常会采取配给制，消费者凭票证购买商品。最高限价下的供不应求易导致市场上消费者排队抢购和黑市交易盛行。

我国最高限价政策主要适用于重要公用事业、公益性服务和网络型自然垄断领域。政府定价范围以目录形式分中央和地方呈现。于2016年1月1日起施行的《中央定价目录》包括天然气、水利工程供水、电力、特殊药品及血液、重要交通运输服务、重要邮政服务及重要专业服务十个类别，共20个具体项目。地方定价目录包括31个省（自治区、直辖市）。

> **名人档案**
>
> 阿尔弗雷德·马歇尔（Alfred Marshall，1842—1924），英国经济学家，"剑桥学派"创始人。
>
> 其代表作是于1890年出版的《经济学原理》，此著作在西方经济学界被誉为与《国富论》齐名的划时代著作。
>
> 《经济学原理》阐述了均衡价格理论，始创局部均衡分析方法，提出了需求弹性、边际效用、消费者剩余等概念，构成了现代经济学的基础。
>
> 阿尔弗雷德·马歇尔

第四节 需求价格弹性

对需求、供给与价格之间关系的分析，揭示了需求定理、供给定理及均衡价格的决定和形成机理，使我们从定性角度初步了解了商品的需求量和供给量会随着影响它们的各种因素的变动而变动。弹性理论将进一步从量的角度说明需求量、供给量其与影响因素之间的变动关系。

弹性的概念来源于物理学。经济学中借用弹性概念来表示自变量对因变量的影响程度。通常弹性的大小用弹性系数来表示，其公式为

$$弹性系数 = \frac{因变量的变化率}{自变量的变化率} \tag{2-4}$$

一、需求价格弹性

1. 需求价格弹性的含义

需求价格弹性是价格变动的百分比所引起的需求量变动的百分比，或者说是价格的相对变动引起的需求量相对变动的程度，其计算公式为

$$E_d = \frac{需求量变动的百分比}{价格变动的百分比}$$

$$= -\frac{\Delta Q_d / Q_d}{\Delta P / P} = -\frac{\Delta Q_d}{\Delta P} \cdot \frac{P}{Q_d} \tag{2-5}$$

式（2-5）中，E_d 为需求的价格弹性；ΔQ_d 为需求量变动的绝对数量；Q_d 为需求量；ΔP 为价格变动的绝对数量；P 为价格。

例如，某商品的价格下降了10%，消费者的需求量增加了15%，则可以计算出需求弹性的弹性系数：

$$E_d = -\frac{\Delta Q_d / Q_d}{\Delta P / P} = -\frac{15\%}{-10\%} = 1.5$$

在理解需求价格弹性的含义时，要注意以下几点。

① 需求量和价格这两个经济变量，价格是自变量，需求量是因变量，因此，需求价格弹性就是指价格变动所引起的需求量变动的程度。

② 需求价格弹性系数是需求量变动比率与价格变动比率之比，而不是需求量变动绝对量与价格变动绝对量的比率。

③ 弹性系数的数值可以为正，也可以为负。如果两个变量为同方向变化，则为正值；反之，如果两个变量为反方向变化，则为负值。但在实际运用时，为方便起见，一般都取其绝对值来比较大小。

④ 同一条需求曲线上不同点的弹性系数大小并不相同。

2. 需求价格弹性的计算

在计算需求价格弹性时，要区分点弹性与弧弹性。

（1）点弹性

点弹性是需求曲线上某一点的弹性，也就是价格变动无限小时所引起的需求量变动的反应程度，其计算公式为

$$E_d = -\lim_{\Delta P \to 0} \frac{\Delta Q_d}{\Delta P} \times \frac{P}{Q_d} = -\frac{dQ_d}{dP} \times \frac{P}{Q_d} \quad (2-6)$$

点弹性是当两点无限接近时弧弹性的极限。根据点弹性公式（2-6），同一种商品在不同价格水平下其价格弹性是不同的。同一种商品，往往在其价格越高时需求价格弹性越大，价格越低时需求价格弹性越小。

【例 2.1】 某种商品的需求函数为 $Q_d = f(P) = 15 - 3P$，求价格分别为 1 元、3 元时的点弹性。

解：根据点弹性计算公式为

$$E_d = -\frac{dQ_d}{dP} \cdot \frac{P}{Q_d} = -(-3)\frac{P}{Q_d} = 3 \cdot \frac{P}{15 - 3P}$$

将 $P = 1$ 或 3 分别代入上式，解得：当 $P = 1$ 时，$E_d = 0.25$；当 $P = 3$ 时，$E_d = 1.5$。

（2）弧弹性

上面介绍的点弹性的计算方法适用于价格和需求量变化极其微小的情况，如果商品价格与需求量的变化都相当大，就要计算需求曲线上两点之间一段弧的弹性，即弧弹性。

弧弹性是需求曲线上两点之间弧的弹性，表示某商品需求曲线上两点之间需求量的相对变动对价格相对变动的反应程度。实际上，弧弹性是需求曲线上两点之间的平均弹性，其计算公式为

$$E_d = -\frac{Q_2 - Q_1}{P_2 - P_1} \times \frac{P_1 + P_2}{Q_1 + Q_2} \quad (2-7)$$

【例 2.2】 某种商品的需求函数为 $Q_d = f(P) = 2400 - 400P$，当价格 $P = 5$ 时，$Q_d = 400$，如果该商品的价格下降到 $P = 4$，则需求量上升到 $Q_d = 800$，求从（400，5）到（800，4）的弧弹性。

解：根据弧弹性计算公式为

$$E_d = -\frac{Q_2 - Q_1}{P_2 - P_1} \times \frac{P_1 + P_2}{Q_1 + Q_2} = -\frac{400}{-1} \times \frac{5 + 4}{400 + 800} = 3$$

3. 需求价格弹性的类型

不同商品的需求价格弹性是不同的。根据弹性系数绝对值的大小，一般把需求价格弹性分为五种类型。

> **知识点滴**
>
> 在实际中，弧弹性运用广泛，一般所说的弹性系数均指弧弹性。需求曲线的斜率并不等于弹性系数，需求曲线上的不同两点之间的弹性系数大小并不一样。

（1）$E_d = 0$，即需求完全无弹性。在这种情况下，无论价格如何变动，需求量都不

会变动。例如，糖尿病人对胰岛素这种药品的需求就是如此。需求完全无弹性时，需求曲线是一条与坐标横轴垂直的直线，如图 2-13（a）所示。

（2）$E_d \to +\infty$，即需求完全有弹性。在这种情况下，当价格既定时，商品的需求量无限大。例如，银行以一固定价格收购黄金，无论有多少黄金都可以按这一价格收购，则银行对黄金的需求是无限的。需求完全有弹性时，需求曲线是一条与横轴平行的直线，如图 2-13（b）所示。

（3）$E_d = 1$，即需求单位弹性，表示需求量变动的幅度与价格变动的幅度相同。在这种情况下，需求量变动的比率与价格变动的比率相等，需求曲线是一条正双曲线（或者以 45°角向右下方倾斜的直线），如图 2-13（c）所示。

（4）$0 < E_d < 1$，即需求缺乏弹性。在这种情况下，需求量变动的比率小于价格变动的比率。生活必需品，如粮食、蔬菜等都属于这种情况。需求缺乏弹性时需求曲线是一条比较陡峭的曲线，如图 2-13（d）所示。

（5）$1 < E_d < +\infty$，即需求富有弹性。在这种情况下，需求量变动的比率大于价格变动的比率。如汽车、珠宝等都属于这种情况。需求富有弹性时需求曲线是一条比较平缓的曲线，如图 2-13（e）所示。

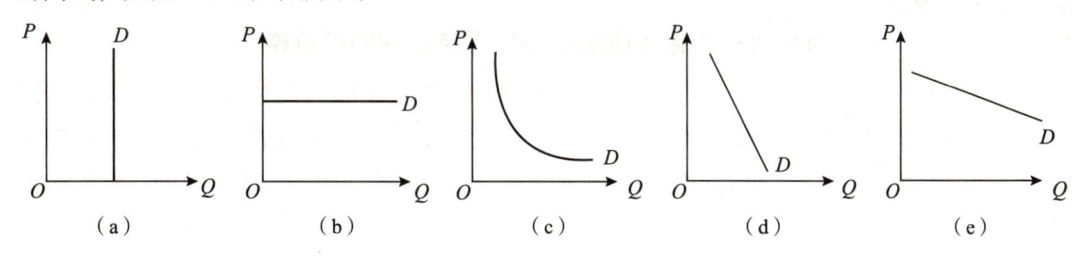

图 2-13　需求价格弹性的类型

4. 影响需求价格弹性的因素

同一种商品在不同价格水平下其价格弹性不同，不同商品的需求弹性也存在差异，特别是在消费品的需求弹性方面。通常情况下，很难定量地测定某商品在某价格下的需求弹性，常常只能定性地判断其弹性的大小，这就需要知道影响需求价格弹性的因素有哪些，会对需求的价格产生什么样的影响。

> **探索与思考**
>
> 　　从弹性理论角度，考虑到消费者收入的提高，厂商对产品专业摄影器材、高端手机等高档商品应别采取提价还是降价的措施？为什么？

（1）消费者对某商品的依赖程度。一般来说，消费者对商品的依赖程度越高，则该商品对消费者而言其弹性越小；反之则越大。例如，消费者对生活必需品的依赖程度很高，如一些基本生活用品，即使在战争年代食品价格飞涨，需求依然不会大幅度减少。而奢侈品往往是富有弹性的，如高档衣物打折的时候需求量会大幅增加。

（2）商品的可替代程度。一种商品的可替代品越多、可替代程度越高，它的需求就越富有弹性。因为价格上升时，消费者会购买其他替代品；价格下降时，消费者会购买这种商品来取代其他替代品。一种商品的可替代品越少、可替代程度越低，它的需求就越缺乏弹性。

（3）用于购买该商品的支出在总支出中所占的比例。商品的花费占总支出的比例越大，价格变动对需求的影响越大，需求弹性就越大；商品的花费占总支出的比例越小，价格变动对需求的影响越小，需求弹性就越小。例如，报纸以前的价格是0.5元/份，现在翻了一番为1元/份，需求量却不会有明显的变化；而汽车的价格下降30%，则需求量会呈现明显上升的趋势。

（4）商品本身用途的广泛性。一般来讲，商品的用途广泛，需求弹性就大，因为价格上升，会有多种途径导致对它的需求量减少；用途单一，则需求弹性小。

在以上影响需求弹性的因素中，最重要的是对商品的依赖程度、可替代程度和在总支出中所占的比例。商品的需求弹性到底有多大，是由上述这些因素综合决定的，而不能只考虑其中的一种因素。而且，某种商品的需求弹性也因时期、地区、价格、收入水平和消费者的不同而不同。

生活链接

为什么石油输出国组织不能保持石油的高价格

在20世纪70年代，石油输出国组织（OPEC）的成员国决定结成联盟提高世界石油价格，以增加其收入。他们联合采用减少石油产量的办法来实现这个目标。1973—1974年石油价格上升了50%，1979年上升了4%，1980年上升了34%，1981年也上升了34%。

但石油输出国组织国家发现，维持高价格是困难的。1982—1985年，石油价格连续每年下降约10%。1986年石油输出国组织国家之间的合作关系完全破裂，石油价格猛跌45%。1990年石油价格又回到了1970年的水平，而且20世纪90年代的大部分年份都保持了这个低水平。

这个事件表明，供给与需求在短期和长期的弹性是不一样的。在短期，供给与需求是比较缺乏弹性的。供给缺乏弹性是因为已知的石油储藏量开采能力不能改变；需求缺乏弹性是因为购买习惯不会立即对价格变动做出反应。这就表明了为什么石油输出国组织只能在短期内保持住石油的高价格。而在长期内，当供给和需求较为富有弹性时，石油输出国组织共同减少供给则使得他们在长期中无利可图。进入21世纪，石油输出国组织国家在控制石油价格上的合作越来越少，这主要是因为该组织过去在保持高价格策略上的失败。

二、需求收入弹性

1. 需求收入弹性的定义

价格是影响需求最重要的因素，除了价格因素外，人们对商品的需求和其收入水平也有很大的关系。当然，不同商品的需求量对收入变化反应的程度是不同的，需求收入弹性反映了某一种商品的需求量对消费者收入变动反应的敏感程度。

需求收入弹性又称收入弹性，是指收入变动的百分比所引起的需求量变动的百分比，即需求量变动对收入变动的反应程度。

一般用收入弹性的弹性系数来表示弹性的大小。这一弹性系数是需求量变动的百分比与收入变动的百分比的比率，可用公式表示为

$$E_m = \frac{\Delta Q_d / Q_d}{\Delta I / I} = \frac{\Delta Q_d}{\Delta I} \times \frac{I}{Q_d} \quad (2\text{-}8)$$

式（2-8）中，E_m 表示需求的收入弹性的弹性系数；$\frac{\Delta Q_d}{Q_d}$ 表示需求量变动的百分比；$\frac{\Delta I}{I}$ 表示收入变动的百分比。

例如，假定某消费者收入增加 10%，对该商品的需求量增加 12%，则 $E_m = \frac{0.12}{0.10} = 1.2$，这表明消费者收入增加 1% 时对该商品的需求量增加 1.2%。

> **知识点滴**
>
> 在计算收入弹性时，假设价格和其他影响需求的因素是不变的。（正常品）收入与需求量同方向变动，所以收入弹性系数一般为正值。

2. 需求收入弹性的分类

在其他条件不变的情况下，消费者对各种商品的需求量随收入的增加而增加，但是对不同商品来说，其需求增加的多少并不相同，因此各种商品的需求收入弹性大小也就不同。需求收入弹性一般分为五类，如图 2-14 所示。

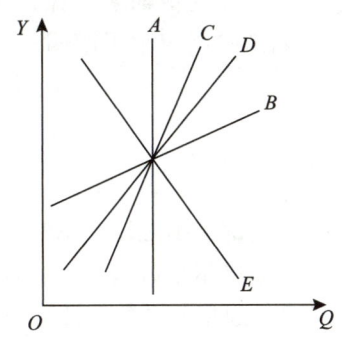

图 2-14 需求收入弹性

（1）$E_m = 0$，即需求收入无弹性。在这种情况下，无论收入如何变动，需求量都不会变化。这时收入—需求曲线是一条垂线，如图 2-14 中的 A 线所示。

（2）$E_m > 1$，即需求富有收入弹性。在这种情况下，需求量变动的百分比大于收入变动的百分比。这时收入—需求曲线是一条向右上方倾斜而比较平坦的线，如图 2-14 中的 B 线所示。

（3）$0 < E_m < 1$，即需求缺乏收入弹性。在这种情况下，需求量变动的百分比小于收入变动的百分比。这时收入—需求曲线是一条向右上方倾斜而比较陡峭的线，如图 2-14 中的 C 线所示。

（4）$E_m = 1$，即需求单位收入弹性。在这种情况下，需求量变动与收入变动的百分比相同。这时收入—需求曲线是一条向上方倾斜而与横坐标轴呈 45° 的线，如图 2-14 中的 D 线所示。

（5）$E_m < 0$，即需求负收入弹性。在这种情况下，需求量的变动与收入的变动呈反方向变化。这时收入—需求曲线是一条向右下方倾斜的线，如图 2-14 中的 E 线所示。

一般来说，消费者的收入与需求量是同方向变动的，但各种商品的需求收入弹性大小并不相同，依据需求收入弹性数值，可将商品分为正常品和劣等品。正常品的需求收入弹性系数为正值，这种商品的需求量将随收入的增加而增加。其中，$0 < E_m < 1$ 的称为生活必需品，如粮食、服装等；$E_m > 1$ 的称为奢侈品，如珠宝、高档服装等。劣等品的需求收入弹性系数为负值，这类商品的需求量将随收入的增加而减少。

3. 需求收入弹性与恩格尔定理

经济学家根据长期统计资料分析得出：生活必需品的收入弹性小，而奢侈品和耐用品的收入弹性大。19 世纪德国统计学家恩格尔对德国某些地区的消费统计资料进行研究，提出了恩格尔定理，该定理正是这个结论的证明。

名人档案

恩斯特·恩格尔（1821—1896），19 世纪德国统计学家和经济学家，以恩格尔曲线和恩格尔定律闻名。

1860—1882 年恩格尔在柏林任普鲁士统计局局长期间，以普鲁士统计局的名义为发展和加强官方统计学做了大量工作。他因反对俾斯麦的保护主义政策而辞职。他对官方统计学的影响不仅限于德国，1885 年还参与创立了国家统计学会。

恩斯特·恩格尔

恩格尔系数是用于食物的支出与全部支出之比。恩格尔系数可以反映一国或一个家庭的富裕程度与生活水平。一般来说，恩格尔系数越高，富裕程度和生活水平越低；恩格尔系数越低，富裕程度和生活水平越高。恩格尔系数的计算公式为

$$恩格尔系数 = \frac{食物支出}{全部支出} \quad (2\text{-}9)$$

恩格尔定理：随着收入水平的提高，食物支出在全部支出中所占的比例越来越小。

知识拓展

国际上常用恩格尔系数来衡量一个国家和地区人民生活水平的状况。

根据联合国粮农组织提出的标准，恩格尔系数在 59% 以上为贫困，50% ～ 59% 为温饱，40% ～ 50% 为小康，30% ～ 40% 为富裕，低于 30% 为最富裕。

在我国，运用这一标准进行国际和城乡对比时要考虑到那些不可比因素，如消费品价格比价的不同、居民生活习惯的差异，以及由社会经济制度不同所产生的特殊因素等。

我国恩格尔系数可在国家数据库"年度数据"页面"指数—人民生活—城镇居民家庭人均收入和恩格尔系数"中查询。

三、需求交叉价格弹性

需求的交叉价格弹性简称需求交叉弹性,表示一种商品价格变化的百分比所引起的另一种商品需求数量变化的百分比,即一种商品需求量变动的百分比与另一种商品价格变动的百分比之比,用公式表示为

$$E_{XY} = \frac{X商品需求量变化的百分比}{Y商品价格变化的百分比} = \frac{\Delta Q_X / Q_X}{\Delta P_Y / P_Y} \times \frac{P_Y}{Q_X} \quad (2\text{-}10)$$

需求的交叉弹性可以用来判断两种商品之间的关系。

当 $E_{XY} = 0$ 时,两种商品互不相关。

当 $E_{XY} > 0$ 时,两种商品为替代品。随着 Y 商品价格的提高,X 商品的需求量随之增加;随着 Y 商品价格降低,X 商品的需求量也随之减少,则 X 商品和 Y 商品互为替代品。如大米和面粉,当大米涨价时,人们对大米的需求减少,而相应地对面粉的需求量增加。需求交叉弹性系数 E_{XY} 越大,两种商品的替代性就越强。

当 $E_{XY} < 0$ 时,两种商品为互补品。随着 Y 商品价格提高,X 商品需求量随之减少;随着 Y 商品价格降低,X 商品的需求量随之增加,则 X 商品和 Y 商品为互补品。如汽车和汽油,随着汽油价格降低,汽车的需求量会上升。需求交叉弹性系数 $|E_{XY}|$ 越大,互补性越强。

四、供给价格弹性

1. 供给弹性的含义

供给价格弹性又称供给弹性,指价格变动的百分比所引起的供给量变动的百分比。它反映供给量变动对价格变动的反应程度。供给弹性的大小可用供给弹性系数来表示,供给弹性系数是供给量变动的百分比与价格变动百分比的比值。用公式表示为

$$E_s = \frac{\frac{\Delta Q_s}{Q_s}}{\frac{\Delta P}{P}} = \frac{\Delta Q_s}{\Delta P} \cdot \frac{P}{Q_s} \quad (2\text{-}11)$$

式(2-11)中,E_s 表示供给弹性系数;$\Delta Q_s / Q_s$ 表示供给量变动的百分比;$\Delta P / P$ 表示价格变动的百分比。因为供给曲线通常是向右上方倾斜的,供给量与价格一般呈同方向变动,所以供给弹性系数一般为正值。

2. 供给价格弹性的分类

根据弹性系数的大小,供给价格弹性可分为以下五类,如图 2-15 所示。

(1)$E_s = 0$,即供给完全无弹性,表示无论价格如何变动,供给量始终不变,如土地、文物、某些艺术品的供给。这时的供给曲线是一条与横坐标轴垂直的线,如图 2-15(a)所示。

(2)$E_s \to \infty$,即供给完全弹性。在这种情况下,价格既定而供给量无限。如在劳动力严重过剩的情况下,劳动力的价格(工资)即使不发生变化,劳动力的供给也会源源不断地增加。这时的供给曲线是一条与横坐标轴平行的线,如图 2-15(b)所示。

(3)$E_s = 1$,即供给单位弹性。在这种情况下,价格变动的百分比与供给量变动的

百分比相同。例如，某些机械产品的供给量变动幅度接近于它们的价格变动幅度。这时的供给曲线是一条与横轴呈45°角并向右上方倾斜的线，如图2-15（c）所示。

（4）$0<E_s<1$，即供给缺乏弹性。在这种情况下，供给量变动的百分比小于价格变动的百分比。一般来讲，资本密集型产品的供给多属于此类情况，因为这类生产不容易很快增加或减少，所以价格变动后供给量的增减不会太大。这时的供给曲线是一条向右上方倾斜且较为陡峭的线，如图2-15（d）所示。

（5）$E_s>1$，即供给富有弹性。在这种情况下，供给量变动的百分比大于价格变动的百分比。一般来说，劳动密集型产品的供给多属于这种情况，因为这种产品的生产增加或减少相对容易些，所以价格变动后供给量能较大幅度地改变。这时的供给曲线是一条向右上方倾斜且较为平坦的线，如图2-15（e）所示。

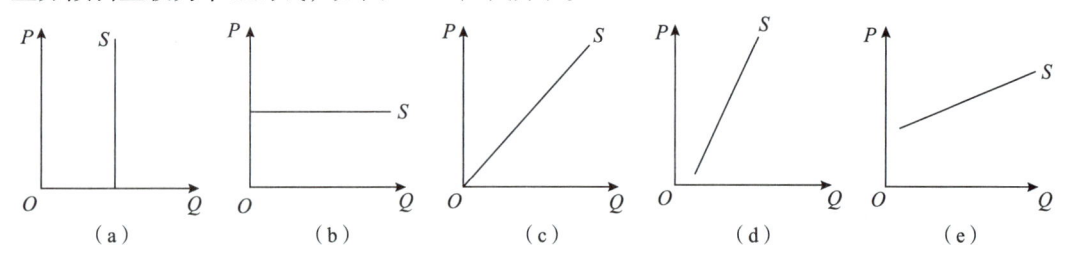

图 2-15　供给价格弹性的类型

3. 影响供给价格弹性的因素

供给弹性的大小主要受下列因素影响。

（1）生产周期的长短。市场上价格发生变化要影响到供给量的增减必须经过一段时间，调整生产要素，改变生产规模，从价格变化到供给量的变化有一个过程，存在一个时滞。时间越短，供给弹性越小；时间越长，供给弹性越大。

（2）生产的难易程度。一般而言，容易生产而且生产周期短的产品对价格变动的反应快，其供给弹性大；反之，生产不易且生产周期长的产品对价格变动的反应慢，其供给弹性小。

（3）生产要素的供给弹性。从一般理论来讲，产品供给取决于生产要素的供给。因此，生产要素的供给弹性大，产品供给弹性也大；反之，生产要素的供给弹性小，产品的供给弹性也小。

（4）生产所采用的技术类型。一般来讲，技术水平高、生产过程复杂的产品，其供给弹性小；而技术水平低、生产过程简单的产品，其供给弹性大。

在分析某种产品的供给弹性时，要把以上因素综合起来考虑。一般而言，重工业产品一般是资本密集型的，生产较为困难，并且生产周期长，所以供给弹性小；轻工业产品，尤其是食品、服装这类产品，一般采用劳动密集型技术，生产较为容易，并且生产周期短，所以供给弹性大。农产品的生产尽管也多采用劳动密集型技术，但因为生产周期长，所以供给仍然缺乏弹性。

五、需求弹性理论的应用

弹性理论在人们经济活动的分析中应用广泛，不论是企业制定营销策略，还是个人进行消费决策，抑或政府一些政策的制定，都可以用弹性理论来分析。下面以需求弹性与总收益的关系为例。

总收益也称总收入，是厂商出售一定量商品所得到的全部收入，也就是销售量与价格的乘积，其计算公式为

$$TR = P \times Q \tag{2-12}$$

式（2-12）中，TR 为总收益；Q 为与需求量一致的销售量；P 为价格。

厂商的总收益，对消费者来说就是他们为购买这一定量的商品而付出的总支出。所以说，分析需求弹性对厂商总收益的影响，实际上也就是分析需求弹性对消费者总支出的影响。

从总收益的计算公式可以看出，总收益取决于价格和需求量。因此，需求价格弹性若发生变化，必然会引起总收益的变动。

不同商品的需求弹性不同，对总收益的影响也不同。下面主要讨论需求缺乏弹性的商品及需求富有弹性的商品价格变动与总收益之间的关系。

1. 富有弹性商品的价格变动与总收益的关系

如商品需求是富有弹性的，则价格上升引起总收益减少，即价格和总收益呈反方向变动。这是因为需求量减少的幅度大于价格上升的幅度。这可用图 2-16 来说明。

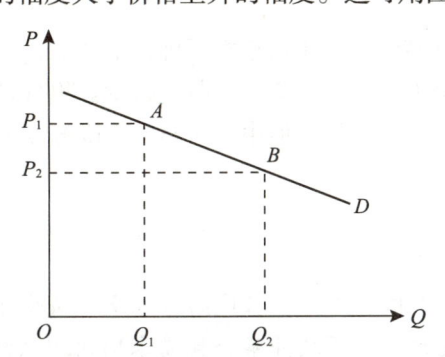

图 2-16　需求富有弹性是商品需求弹性与总收益的关系

在图 2-16 中，D 是某种富有弹性的商品的需求曲线。当价格为 P_1 时，需求量为 Q_1，总收益为 OQ_1AP_1；当价格为 P_2 时，需求量为 Q_2，总收益为 OQ_2BP_2。当价格由 P_1 下降为 P_2 时，总收益增加，$OQ_2BP_2 > OQ_1AP_1$；反之，当价格 P_2 上升为 P_1 时，总收益减少，$OQ_1AP_1 < OQ_2BP_2$。

根据这种富有弹性的商品价格上升与下降引起的总收益的变化，可以得出：如果某种商品的需求是富有弹性的，则其价格与总收益呈反方向变动，即价格上升总收益减少，价格下降总收益增加。富有弹性的商品价格下降而总收益增加，就是人们所说的"薄利多销"。

> **知识点滴**
>
> 在降低价格的情况下，虽然单个商品的利润减少，但由于降价而增加了销售量，反而使商家获得的总利润增加。电冰箱属于需求富有弹性的商品，其价格下降，虽然单个电冰箱的利润降低了，但通过增加的销售量却使获得的总利润增加了。

2. 缺乏弹性商品的价格变动与总收益的关系

如商品需求是缺乏弹性的，那么价格上升会引起总收益增加，这是因为需求量减少的幅度小于价格上升的幅度。这可用图 2-17 来说明。

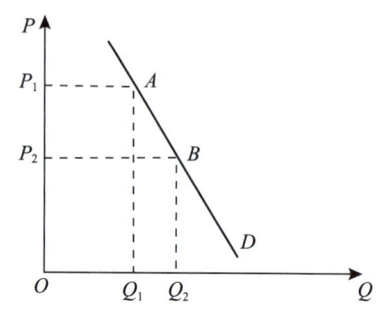

图 2-17　需求缺乏弹性的商品需求弹性与总收益的关系

在图 2-17 中，D 是某种缺乏弹性商品的需求曲线。当价格为 P_1 时，需求量为 Q_1，总收益为 OQ_1AP_1；当价格为 P_2 时，需求量为 Q_2，总收益为 OQ_2BP_2。当价格由 P_1 下降为 P_2 时，总收益减少，$OQ_2BP_2 < OQ_1AP_1$；当价格由 P_2 上升到 P_1 时，总收益增加，$OQ_1AP_1 > OQ_2BP_2$。

通过比较可以得出以下结论：对于需求缺乏弹性的商品，它的价格与总收益呈同方向变动。价格上升，总收益增加；价格下降，总收益减少。粮食是生活的必需品，需求价格缺乏弹性，降低价格虽然使销量增加，但由于价格的下降幅度大于销量的增加幅度，从而会使得销售收入反而下降。

知识点滴

在丰收的情况下，由于粮食下跌，农民的收入反而减少了因为农产品属于需求缺乏弹性的商品，丰收造成的粮价下跌并不会使需求同比例增加，从而总收减少，民受损失。

思政之窗

2022 年 3 月 5 日上午，十三届全国人大五次会议在人民大会堂开幕，国务院原总理李克强在大会上作政府工作报告。报告指出，一年来，我国统筹疫情防控和经济社会发展，全年主要目标任务较好完成，"十四五"实现良好开局。

政府工作报告也提出了今年发展主要预期目标，内容包括：国内生产总值增长 5.5% 左右；城镇新增就业 1100 万人以上；城镇调查失业率全年控制在 5.5% 以内；居民消费价格涨幅 3% 左右；居民收入增长与经济增长基本同步；进出口保稳提质，国际收支基本平衡；粮食产量保持在 1.3 万亿斤以上；生态环境质量持续改善，主要污染物排放量继续下降。

消费方面，继续支持新能源汽车消费，鼓励地方开展绿色智能家电下乡和以旧换新。加大社区养老、托幼等配套设施建设力度，在规划、用地、用房等方面给予更多支持。促进家政服务业提质扩容。

由此可见，政府的工作始终是将我国经济稳定发展放在第一位，将可持续发展作为重点,将民生问题放在心头。为实现国民富足,国家强大不懈奋斗。

本章小结

需求是指居民在某一特定时期内,在某一价格水平时愿意并且能够购买的某种商品量。需求定理的内容:在其他条件不变时,商品价格与需求量之间呈反方向变动。由商品价格变动引起的需求量在同一条曲线上的移动,称为需求量的变动。由其他因素包括收入、偏好、预期以及替代品和互补品价格等的变动引起的需求曲线位置的移动,称为需求的变动。

供给是指在某一特定时期内,厂商在某一价格水平愿意并且能够提供的商品量。供给定理的内容:在其他条件不变时,商品价格与供给量之间呈同方向变动。由商品价格变动引起供给量在同一条曲线上的移动,称为供给量的变动。由其他因素包括投入生产要素、技术以及预期等引起的供给曲线位置的移动,称为供给的变动。

供给曲线与需求曲线相交决定了市场均衡。在均衡价格时,需求量等于供给量。当市场价格高于均衡价格时,存在超额供给,会引起市场价格下降。当市场价格低于均衡价格时,存在超额需求,会引起市场价格上升。

价格政策就是为了纠正"市场失灵"而采取的政策。价格政策也包括许多种,在这里我们主要介绍两种:支持价格和限制价格。

需求价格弹性是需求量对价格变动的反应程度,或者说是价格的相对变动引起的需求量相对变动的程度。如果弹性小于1,可以说需求缺乏弹性;如果弹性大于1,可以说需求富有弹性。需求收入弹性又称收入弹性,是指收入变动的比率所引起的需求量变动的比率,即需求量变动对收入变动的反应程度。

供给价格弹性又称供给弹性,指价格变动的比率与供给量变动比率之比,即供给量变动对价格变动的反应程度。如果弹性小于1,可以说供给缺乏弹性;如果弹性大于1,可以说供给富有弹性。

本章习题

1. 简述影响需求和供给的因素。
2. 简述影响需求价格弹性的因素。
3. 汽车和汽油是互补商品,汽车的需求交叉价格弹性如何?汽车和飞机互为替代商品,汽车的需求交叉价格弹性有何不同?
4. 简述均衡价格的形成过程,并分析其对于制定价格政策的现实意义。

第三章 消费者行为理论

本章导读

本章主要介绍了消费者行为理论，将效用论分为基数效用论和序数效用论，并分别介绍了消费结构与恩格尔系数。

本章重点

效用、基数效用、序数效用、总效用、边际效用、边际效用递减规律、消费者均衡、无差异曲线、边际替代率、边际替代率递减规律、预算线、消费者剩余、替代效应、收入效应。

学习目标

知识目标
1. 理解效用论、基数效用论、序数效用论的定义及作用。
2. 掌握恩格尔系数概念及应用。

能力目标
1. 能够应用效用理论分析价格变动。
2. 能够利用消费者行为决策理论，分析消费者的选择。

素质目标
1. 培养读者在消费者行为分析中考虑社会效益和环境保护的意识，关注消费对社会可持续发展的影响。
2. 引导读者自觉遵循诚信、公平、公正的消费行为准则，形成高尚的消费观和文明的消费习惯。

思政目标

培养读者理性消费、注重节约和合理规划个人消费行为，树立正确的价值观，认识到个人行为对社会和家庭的影响，增强社会责任感和家国情怀。

案例导入

红罐王老吉的成功品牌定位

凉茶是广东和广西的一种由中草药熬制，具有清热去湿等功效的"药茶"。在众多老字号凉茶中，以王老吉最为著名。王老吉凉茶发明于清道光年间，至今已有175年，被公认为凉茶始祖，有"药茶王"之称。到了近代，王老吉凉茶更随着华人的足迹遍及世界各地。在2008年的汶川大地震中捐款一亿，更是让王老吉一夜成名天下知，得到了广大人民的认可，达到了品牌美誉度的最高峰。同时它的广告语"怕上火，喝王老吉"也街知巷闻。红罐王老吉之所以能在竞争激烈的饮料行业中稳中有升并确保其相对优势地位，是与其准确的品牌定位分不开的，它创造了一种新的产品品类，从而迅速进入了消费者的视野。

启发思考

（1）王老吉的成功反映了什么经济学原理？

（2）王老吉的成功，利用经济学中的效用理论可以做出很好的解释。

第一节 效用论

效用与消费者关系密切。消费者又称居民户，是指具有独立经济收入来源，能做出统一的消费决策的单位。消费者可以是个人，也可以是由若干人组成的家庭。消费者的最终目的不仅是要从商品和劳务的购买和消费中获得一定的满足，而且是要在既定收入的条件下获得最大的满足。

效用论

一、效用

效用是指消费者通过消费某种商品（或服务）所能获得的满足程度。消费某种商品（或服务）能满足欲望的程度高，就是效用大；反之，就是效用小。如果消费中没有任何满足感，则为零效用；如果不仅得不到满足感，反而感到痛苦，就是负效用。有无效用和效用的大小，决定于消费者的主观感受。

效用是对欲望的满足。效用和欲望一样，是一种心理感觉。某种商品效用的大小没有客观评价标准，完全取决于消费者在消费这种商品时的主观感受。例如，一个面包对饥饿者来说可以有很大的效用，而对酒足饭饱者来说则可能毫无效用。因此，效用本身没有客观评价标准。对不同的人而言，同样的商品所带来的效用是不同的。甚至对同一个人而言，同一商品在不同时间与地点的效用也是不同的。例如，同一件棉衣，在冬天或寒冷地区给人带来的效用很大，但在夏天或热带地区只能带来负效用。这就说明，效用的大小与有无完全是一种主观心理感受，因人、因时、因地而不同。因此，在理解效用概念时，要强调以下三点。

1. 效用的主观性

某种物品效用的大小没有客观标准，完全取决于消费者在消费某种物品时的主观感受。例如，榴莲对于喜爱者来讲可能是香甜美味的，而对于不喜欢榴莲的人来说可能毫无兴趣，甚至会厌恶榴莲的味道。这就说明效用的大小和有无完全是一种主观感受，会因人、因时、因地而有所不同。

探索与思考

最好吃的东西

兔子和猫争论，世界上什么东西最好吃。

兔子说："世界上萝卜最好吃。萝卜又甜又脆又解渴，我一想起萝卜就要流口水。"

猫不同意，说："世界上最好吃的东西是老鼠。老鼠的肉非常嫩，嚼起来又香又软，味道美极了！"

兔子和猫争论不休，相持不下，跑去请猴子评理。猴子听了，不由得大笑起来："瞧你们这两个傻瓜，连这点儿常识都不懂！世界上最好吃的东西是什么？是桃子呀！桃子不但美味可口，而且长得漂亮。我每天做梦都梦见吃桃子。"

兔子和猫听了，全都直摇头。那么，世界上到底什么东西最好吃呢？

请思考：兔子、猫和猴子的回答为什么不一样？

2. 效用不含伦理学判断

能满足人们某种欲望的物品就有效用，而这种欲望本身是否符合社会道德规范，则不在效用评价范围之内。

3. 效用可大、可小、可正、可负

消费者在消费活动中获得的满足程度高，效用就大；反之，效用就小。如果人们的效用活动使人们获得了欲望满足，则获得了正效用；如果感受到了痛苦或者不适，就是负效用。

生活链接

2007年之后，网络购物对我国普通百姓而言已经不是新鲜事。2017年，全国网上零售额同比增长32.2%，增长较2016年提高了6个百分点。其中，实物商品的网上零售额达到5.48万亿元，增长28%，占社会消费品零售总额的比例为15%，比2016年提升2.4个百分点；对社会消费品零售总额增长的贡献率为37.9%，比2016年提升7.6个百分点。网络零售对消费的拉动作用进一步增强。网络购物呈现出一些特点：市场规模不断增大、区域结构逐步优化、业态多元化、示范体系引领作用进一步增强、农村电商促进精准扶贫、"丝路电商"助力企业走出去。

请试着思考：为何网络购物在我国保持高速增长？网络购物给消费者带来的哪些好处？

二、基数效用论与序数效用论

消费者行为理论研究的是效用最大化问题。那么，如何来研究效用呢？一些经济学家认为效用可以用具体的数字来表示；另一些经济学家则认为效用作为一种心理现象，是不能用具体数字来表示的，但是可以按照效用的大小进行排序。由此就产生了两种不同的消费者行为理论：基数效用论与序数效用论。

1. 基数效用论

基数效用论认为效用大小是可以测量的，其计数单位就是效用单位。基数效用论的基本观点：效用是可以计量的，可以用基数（1，2，3，…）来表示人们对某种事物满足程度的大小，并且效用可以加总求和。例如，消费者消费一块面包的效用为 3 单位，消费一杯牛奶的效用为 5 单位，这样，消费者消费这两种商品所得到的总效用就是 8 单位。根据此理论，可以用具体数字来研究消费者效用最大化问题。

基数效用论采用边际效用分析法分析消费者均衡问题。

知识拓展

西方经济学效用理论的思想渊源可以追溯到以边沁和密尔为代表的英国功利主义哲学，但其直接奠基于 19 世纪 50～70 年代的"边际革命"。在此期间，德国的戈森、英国的杰文斯、奥地利的门格尔以及法国的瓦尔拉斯等人差不多同时发现了"边际效用递减规律"。边际效用学说建立在效用可以直接计量的假设之上，因此也被称为"基数效用论"。

2. 序数效用论

序数效用论的基本观点是：效用是不可以计量的，只能用序数（第一、第二、第三等）来表示人们对某种事物满足程度的高低顺序，因为效用的不可计量，所以效用是不能加总求和的。例如，消费者认为消费牛奶的效用大于消费面包的效用，那么牛奶的效用排序就是第一，面包的效用排序就是第二。

序数效用论采用无差异曲线分析法分析消费者均衡问题。

3. 两种效用论比较

两种效用分析的方法不同，但其分析目的、分析对象和分析结论是一致的。两者在分析方法上的最主要区别是：基数效用分析采用了效用可计量的假定；而序数效用分析采用了大小不可计量，只能分为高低、排顺序的假定，序数效用避免了使用基数效用所存在的计算上的困难。

在 19 世纪末和 20 世纪初期，西方经济学家普遍使用基数效用理论。基数效用理论认为效用如同长度、质量等概念是可以具体衡量并加以比较的。到了 20 世纪 30 年代，序数效用论逐渐为西方经济学家所使用。1934 年，希克斯和艾伦在《价值理论的再思考》中提出：效用作为一种心理现象是无法计量的，因为不可能找到效用的计量单位，消费者在市场上所做的并不是权衡商品效用的大小，而只是在不同的商品之间进行排序。序数效用论认为，效用的大小是无法具体衡量的，效用之间的比较只能通过顺序等级来表示。序数效用论还认为，就消费者行为来说，以序数来度量效用的假定比用基数来度量效用的假定所受到的限制少，并且可以减少一些被认为是值得怀疑的心理假设。

第二节 基数效用论

基数效用论认为，效用和长度、重量等概念一样，可以用基数 1，2，3……具体数字计量，并且可以加总求和。如某消费者早餐食用一根油条和一杯豆浆，吃一根油条的效用是 4 个效用单位，喝一杯豆浆的效用为 3 个效用单位，则其总效用为 7 个效用单位。基数效用论用边际效用分析方法研究消费者如何实现效用最大化。

一、效用的衡量

基数效用论用总效用与边际效用来衡量效用。

1. 总效用

总效用（total utility，TU）是指消费者在一定时间内从一定数量商品的消费中所获得的效用量的总和。假定消费者对一种商品的消费数量为 Q，则总效用函数可表达为

$$TU=f(Q) \quad (3\text{-}1)$$

2. 边际效用

边际效用（marginal utility，MU）是指消费者在一定时间内增加一单位商品的消费所得到的效用的增量。若 ΔQ 为商品消费量的增量，ΔTU 为总效用的增量，则边际效用函数可表达为

$$MU = \frac{\Delta TU}{\Delta Q} \quad (3\text{-}2)$$

3. 总效用与边际效用的关系

表 3-1 根据某消费者早餐吃小笼包时所获得的满足程度和主观评价，给出了他吃小笼包所获得的效用值。

在平面坐标系中画出表 3-1 中的各组数据点，连接各点，即得出总效用和边际效用曲线，如图 3-1 所示。

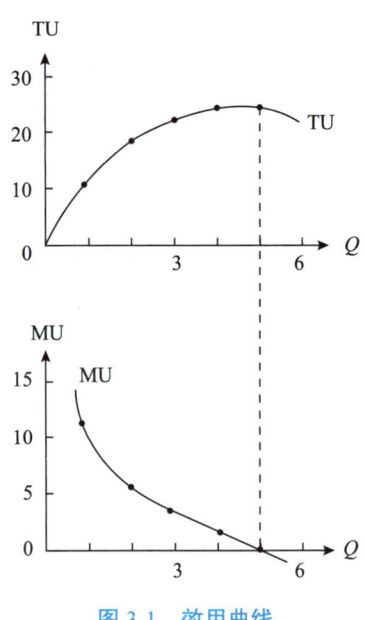

图 3-1 效用曲线

表 3-1 总效用与边际效用表

商品消费数量 Q	总效用 TU	边际效用 MU	客观状态
0	0	—	饥饿状态
1	12	12	饥饿状态
2	18	6	饥饿状态减轻

续表

商品消费数量 Q	总效用 TU	边际效用 MU	客观状态
3	21	3	饥饿状态进一步减轻
4	22	1	接近吃饱
5	22	0	正好吃饱
6	20	-2	过饱

从表 3-1 和图 3-1 可以看出，随着商品消费数量的增加，总效用不断增加，继而达到最大值，之后转而下降；而边际效用则呈现出递减趋势。总效用与边际效用之间的关系是：当 MU＞0 时，TU 上升；当 MU=0 时，TU 达到最大值；当 MU＜0 时，TU 下降。

二、边际效用递减规律

边际效用递减规律是指在一定时间内，在其他商品消费量保持不变的条件下，随着消费者对某种商品消费量的增加，消费者从该商品连续增加的每一消费单位中所得到的效用增量即边际效用是递减的，如图 3-1 中的 MU 曲线所示。

边际效用递减规律普遍存在于一切物品的消费中。英国经济学家马歇尔把这一规律称为"人类本性的一种平凡而基本的倾向"，并把这一规律作为解释消费者行为与需求定理的基础。

知识点滴

> 在一般情况下，需求曲线是一条向右下方倾斜的曲线，原因是：随着对某种商品消费量的连续增加，消费者所获得的边际效用递减，而愿意支付的价格也递减。

边际效用递减主要基于以下两个原因。

（1）消费者的生理或心理。消费者的消费行为是对其生理和心理的刺激过程，效用就是对这种刺激过程的心理感受。当消费者开始消费某种商品时，由于好奇等心理作用，最初获得的刺激比较大，得到的满足程度高；随着对同一商品消费量的不断增加，同一刺激不断重复，所做出的反应逐渐减少，所得到的效用也相应减少。

（2）商品用途的多样性。当一种商品同时具有多种用途，且不同用途的重要性不同时，消费者总是赋予第一个单位的商品以最重要的用途，此时边际效用最大；赋予第二个单位的商品以次要的用途，由于商品用途的重要性递减，消费者获得的边际效用也相应递减。

探索与思考

（1）你愿意连续为自己购买多件相同的外衣吗？你愿意每天吃相同的菜肴吗？请说明理由。

（2）在我国北方的很多城市，水资源极为稀缺，请列举水资源的家庭用途，并按重要性排序。

三、消费者均衡

消费者均衡是指单个消费者将既定收入分配在各种商品的购买与消费中，实现效用最大化时的状态。消费者均衡状态下的商品购买数量为最优购买数量。

研究消费者均衡，即研究消费者实现效用最大化的条件，是消费者确定商品最优购买数量的依据。

1. 购买一种商品时的均衡条件

如果不考虑成本支付即不考虑价格，则消费者消费商品的数量由边际效用决定，当MU=0时，总效用达到最大值。如表3-1所示，当MU=0时，总效用达到最大值22，该消费者消费小笼包的最佳数量为5个。

如果考虑成本支付，消费者会对购买商品的"收益"与"成本"进行比较。"收益"即边际效用MU，"成本"即价格P，成本以货币计量。货币如同商品一样具有效用，消费者用货币购买一种商品，就是用货币的效用去交换这种商品的效用。假设一元钱的边际效用是λ效用单位，当MU>λP时，消费者会增加购买；当MU<λP时，消费者会减少购买；当MU=λP（获得的效用＝付出的效用）时，所购买商品数量的总效用最大，即实现了最优购买。如表3-2所示，当λ=1，市场价格P=1元时，MU=λP=1，该消费者消费小笼包的最佳数量为4个，总效用为22个效用单位。

表3-2 消费者均衡　　　　　　　　　　（货币的边际效用 λ=1）

商品消费数量Q	总效用TU	边际效用MU	市场价格P（元）	λP	收益与成本比较	消费决策
1	12	12	1	1		
2	18	6	1	1	MU＞λP	增加购买数量
3	21	3	11	1		
4	22	1	1	1	MU=λP	增加购买数量
5	22	0	1	1	MU＜λP	增加购买数量
6	20	-2	1	1		

结论：购买一种商品的均衡条件为MU=λP。此均衡条件可转化为

$$\frac{\text{MU}}{P} = \lambda \tag{3-3}$$

式（3-3）表示消费者确定一种商品最优购买量的原则是使购买商品所花费的每一元钱带来的边际效用等于货币的边际效用。

> **知识点滴**
>
> 货币的边际效用：货币的边际效用是指消费者每增加一单位货币收入所带来的效用增量。货币的边际效用呈递减规律，但在消费者行为理论分析中通常假定它是一个不变的常数，以简化分析。

2. 购买多种商品时的均衡条件

假定消费者用既定收入 I 购买 n 种商品，P_1，P_2，…，P_n 分别为 n 种商品的既定价格，λ 为货币的边际效用（常数）。以 Q_1，Q_2，…，Q_n 分别表示 n 种商品的购买数量，MU_1，MU_2，…，MU_n 分别表示，n 种商品的边际效用，则消费者效用最大化的条件可表示为

$$\begin{cases} P_1Q_1 + P_2Q_2 + \cdots + P_nQ_n = I \\ \dfrac{MU_1}{P_1} = \dfrac{MU_2}{P_2} = \cdots = \dfrac{MU_n}{P_n} = \lambda \end{cases} \quad (3\text{-}4)$$

结论：在收入既定的条件下，消费者确定多种商品最优购买组合的原则是使自己所购买的各种商品的边际效用与价格之比相等，或使购买各种商品所花费的每一元钱带来的边际效用都相等，且等于货币的边际效用。

以消费者购买两种商品为例，其均衡条件可表达为

$$\begin{cases} P_1Q_1 + P_2Q_2 = I \\ \dfrac{MU_1}{P_1} = \dfrac{MU_2}{P_2} = \lambda \end{cases} \quad (3\text{-}5)$$

当 $MU_1/P_1 > MU_2/P_2$ 时，同样的一元钱购买商品 1 比购买商品 2 能得到更大的边际效用，理性的消费者会增加购买商品 1，同时减少购买商品 2，由此带来商品 1 边际效用的增加量大于商品 2 边际效用的减少量，使总效用增加。由于边际效用递减规律的作用，商品 1 的边际效用会随其购买量的增加而递减，商品 2 的边际效用会随其购买量的减少而递增，当同样的一元钱购买这两种商品所得到的边际效用相等，即 $MU_1/P_1 = MU_2/P_2$ 时，消费者获得最大效用。

> **知识点滴**
>
> 许多顾客把性价比看成选购商品的重要指标。性价比是商品性能与价格的比值。性能是商品的使用价值，是一种客观存在。一般而言，商品的性价比高，购买时所带来的满足程度也相应大。

同理，当 $MU_1/P_1 < MU_2/P_2$ 时，同样的一元钱购买商品 2 比购买商品 1 能得到更大的边际效用，理性的消费者会增加购买商品 2，同时减少购买商品 1，直到同样的一元钱购买这两种商品所得到的边际效用相等，即 $MU_1/P_1 = MU_2/P_2$ 时，消费者获得最大效用。

> **探索与思考**
>
> （1）某消费者有稳定的收入，存款颇丰却很节俭，吃、穿、住都不如意，他处于消费者均衡状态吗？
>
> （2）某消费者是"月光族"和"负翁"，见到喜欢的东西，常借钱去购买，他处于消费者均衡状态吗？

四、消费者剩余

消费者剩余是指消费者购买某一商品时，所愿意支付的价格高于市场价格的差额。此概念中"愿意支付的价格"是指消费者愿意支付的最高价格，称为支付意愿，用于衡量买者对商品的评价。

单个消费者通常根据自己对商品边际效用的评价来决定愿意支付的价格，但市场价格并不是由某个消费者的支付意愿决定的，而是由市场的供求关系决定的。当市场价格低于消费者愿意支付的价格时，消费者从商品的购买与消费中不仅得到了满足，而且还得到了额外的福利，即消费者剩余。如表3-3中资料所示，消费者购买4个小笼包愿意支付的总价格是22元，实际支付的总价格是4元，获得消费者剩余18元。

表3-3 消费者剩余

商品消费数量 Q（1）	边际效用 MU（2）	愿意支付价格(元)（3）	市场价格（元）（4）	消费者剩余(元)（5）=（3）-（4）
1	12	12	1	11
2	6	6	1	5
3	3	3	1	2
4	1	1	1	0
合计	22	22	4	18

注：货币边际效用 $\lambda=1$。

消费者剩余只是消费者心理上的一种主观感觉，不同的消费者对某种商品的消费估价不同，所愿意支付的最高价格也不同。消费者愿意支付的价格水平主要取决于其偏好程度。

探索与思考

某消费者购买一款羽绒服，愿意支付1200元，商场促销价为800元，则消费者剩余是多少？

生活链接

网络购物

截至2021年12月，我国网络购物用户规模达8.42亿，较2020年12月增长5968万，占网民整体的81.6%。

作为数字经济新业态的典型代表，网络零售继续保持较快增长，成为推动消费扩容的重要力量。2021年，网上零售额13.1万亿元，同比增长14.1%，其中实物商品网上零售额占社会消费品零售总额比重达24.5%。网络零售作为打通生产和消费、线上和线下、城市和乡村、国内和国际的关键环节，在构建新发展格局中不断发挥积极作用。

2021 年，全国"快递进村"比例超过 80%，苏浙沪等地基本实现"村村通快递"，新增 15.5 万个建制村实现邮快合作；电商扶贫累计带动 771 万农民就地创业就业，带动 618.8 万贫困人口增收。

五、边际效用理论的运用

在实际生活和工作中，边际效用理论被人们广泛、自觉或不自觉地运用着。

1. 消费者运用边际效用理论

消费者运用边际效用理论确定商品的最优购买数量，追求效用最大化。

（1）确定商品的最优购买数量。消费者根据消费者均衡原则，确定购买一种商品的最优购买数量或多种商品的最优购买组合，以实现效用最大化。如某消费者因某品牌彩电打折销售，一次性购买了 5 台，在 4 个卧室及客厅各放置 1 台。当商品降价销售时，不仅购买者会增多，而且每人次的购买量会增加，其原因就在于花费单位货币所带来的边际效用比商品降价前增加了。

（2）求新求异，追求效用最大化。如某位母亲为育儿每天推出不一样的食谱、人们每天变换着装等。在收入允许的条件下，人们会追求丰富多彩且有品质的生活，以免边际效用递减，从而实现效用最大化。

2. 厂商运用边际效用理论

厂商运用边际效用理论定价，选择恰当的作业方式，研发新产品，追求利润最大化。

（1）定价。根据边际效用递减规律，按消费者购买数量定价。购买量少，单价高；购买量多，单价低。如某超市出售某品牌白酒，单瓶销售价格为 108 元，整箱（6 瓶装）总价为 600 元，即平均每瓶销售价格为 100 元；某品牌 T 恤衫，单件销售价格为 120 元，一次购买 2 件时，第一件按原价销售，第二件按半价销售，即平均每件销售价格为 90 元。

（2）选择恰当的作业方式。如市场对商品的需求量是变化的，根据需求量的变化厂商可以选择手动操作和自动化操作两种方式，那么他们应该选择使得手动操作的边际收益大于自动化操作的边际收益的方式。

（3）研发新产品。边际效用递减规律表明，首次消费的边际效用最大，即消费的满足程度最大。新款产品可以阻止边际效用递减，因边际效用高，消费者愿意支付的价格就高，也就是新款产品的售卖价格高，从而使厂商获得更多的利润。这就要求厂商注重对产品和服务的不断创新，推出符合消费者需要的新产品，提供多样化服务，在满足消费者需要的过程中获取最大利润。顾客是上帝，如果厂商只追求产品数量的增加，而忽视产品质量、性能、款式等方面的创新，引起边际效用递减，就会在竞争中逐步丧失市场，惨遭淘汰。

> **探索与思考**
>
> 2019 年 11 月，在我国一款华为 Mate 30 RS 保时捷红色 5G 手机官方售价为 12999 元，有些商家加价到 2 万元左右出售仍供不应求；华为 5G 折叠屏的 MateX 官方售价 16999 元，被炒至 5 万元甚至 10 万元。与此形成对比的是，一款普通手机售价仅几百元，这是为什么？

3. 政府运用边际效用理论

消费者运用边际效用理论追求效用最大化，厂商运用边际效用理论追求利润最大化，政府运用边际效用理论追求资源配置最优化。

阶梯式水价、电价与气价制度的设计所依据的经济学理论是边际效用递减规律。随着水电气用量的增多，消费者所得到的边际效用递减，愿意支付的价格也递减。而此时逐级提高水电气价格，即实行阶梯式价格，可有效减少水电气资源的过度消费。

尽管实行阶梯式水价、电价与气价会减少消费者剩余，但有利于促进水电气资源的节约，优化资源配置。

第三节 序数效用论

一、无差异曲线

1. 效用的概念

在西方经济学中，效用是指商品满足人的欲望的能力，或者说，效用是指消费者在消费商品时所感受到的满足程度。一种商品对消费者是否具有效用，取决于消费者是否有消费这种商品的欲望，以及这种商品是否具有满足消费者的欲望的能力。效用这一概念与人的欲望是联系在一起的，它是消费者对商品满足自己欲望的能力的一种主观心理评价。

既然效用是用来表示消费者在消费商品时所感受到的满足程度，于是就产生了对这种满足程度即效用的度量问题。针对这一问题，西方经济学家先后提出了基数效用和序数效用的概念，并在此基础上形成了分析消费者行为的两种方法，即基数效用论者的边际效用分析方法和序数效用论者的无差异曲线的分析方法。本节主要介绍后者。

2. 关于消费者偏好的假定

序数效用论者认为，商品的效用是无法具体衡量的，它只能用顺序或等级来表示。序数效用论者指出：消费者对于各种不同的商品组合的偏好（即爱好）程度是有差别的，这种偏好程度的差别决定了不同商品组合的效用的大小顺序。具体地讲，对于A、B两个商品组合，若某消费者对A组合的偏好程度大于对B组合的偏好程度，则可以说A组合的效用水平高于B组合，或者说，A组合给消费者带来的满足程度大于B组合。

序数效用论者对消费者偏好有以下三个基本的假设条件。

（1）对于任何两个商品组合A和B，消费者总是可以做出判断，而且只能做出以下三种判断中的一种：对A的偏好大于对B的偏好，对A的偏好小于对B的偏好，对A和B的偏好相同。对A和B具有相同的偏好，也称为A和B是无差异的。

（2）对于任何三个商品组合A、B和C，如果某消费者已经做出判断：对A的偏好大于（小于或等于）对B的偏好，对B的偏好大于（小于或等于）对C的偏好，那么，该消费者必须做出对 A 的偏好大于（小于或等于）对 C 的偏好的判断。

（3）如果两个商品组合的区别仅在于其中一种商品的数量不同，那么，消费者总是更偏好含有这种商品数量较多的那个组合。这意味着，消费者对每一种商品的消费都具有"多多益善"的心理状态。

3. 无差异曲线及其特点

无差异曲线和偏好这一概念是联系在一起的。

无差异曲线是用来表示消费者偏好相同的两种商品的不同数量的各种组合的一条曲线。或者说，它是表示能给消费者带来相同的效用水平或满足程度的两种商品的不同数量的各种组合的一条曲线。

无差异曲线可以用表 3-4 和图 3-2 来说明。

表 3-4　某消费者的无差异表

商品组合	表 a X_1	表 a X_2	表 b X_1	表 b X_2	表 c X_1	表 c X_2
A	20	130	30	120	50	120
B	30	60	40	80	55	90
C	40	45	50	63	60	83
D	50	35	60	50	70	70
E	60	30	70	44	80	60
F	70	27	80	40	90	54

表 3-4 是由某消费者关于商品 1 和商品 2 的一系列组合所构成的无差异表。该表由三个子表即表 a、表 b 和表 c 组成，每一张子表中有商品 1 和商品 2 的不同数量的 6 种组合。每一张子表中的 6 种商品组合给该消费者所带来的效用水平被假设为相等的。以其中的表 a 为例分析：表 a 中有商品 1 和商品 2 的 A，B，C，D，E，F 6 种组合，A 组合中有 20 单位的商品 1 和 130 单位的商品 2；B 组合中有 30 单位的商品 1 和 60 单位的商品 2 等。消费者对于这 6 个消费组合的偏好程度是无差异的，他认为这 6 个组合各自给他所带来的满足程度是相同的。同理，消费者对表 b 中的 6 个商品组合的偏好程度也是无差异的，表 c 中的 6 个商品组合给消费者带来的满足程度也是相同的。

需要注意的是，尽管表 a、表 b 和表 c 各自代表一定的效用水平，但是，它们之间的效用水平是不相同的。根据消费者偏好的第三个假设，稍加分析，就不难发现，表 a 所代表的效用水平低于表 b，表 b 又低于表 c。当然，消费者的偏好的程度是无限多的，因此，他有无穷多个无差异子表。表 3-4 所示的是其中的 3 个。

既然消费者具有无穷多个无差异子表，那么，根据无差异子表所作出的无差异曲线也有无数条，图 3-2 所示的是其中的 3 条。

图 3-2 某消费者的无差异曲线

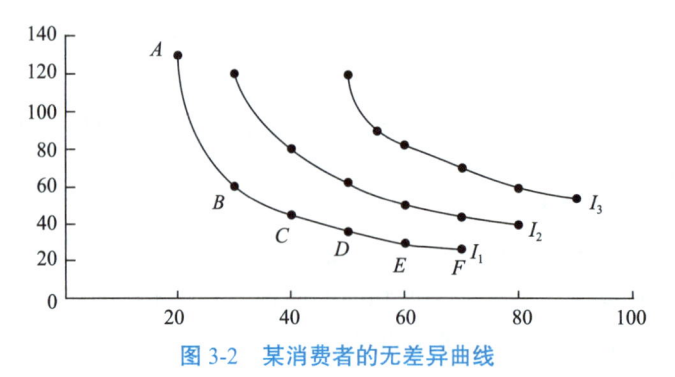

图 3-2 中的横轴表示商品 1 的数量 X_1，纵轴表示商品 2 的数量 X_2，I_1、I_2 和 I_3 分别代表与表 a、表 b 和表 c 相对应的三条无差异曲线。图中的无差异曲线是这样得到的：以无差异曲线 I_1 为例，假定商品数量可以无限细分，先在坐标图上描出表 a 中的 A、B、C、D、E、F 这 6 个组合点，然后用曲线将这 6 个点连接起来，便形成了光滑的无差异曲线 I_1。类似地，根据表 b 和表 c，可以分别作出无差异曲线 I_2 和 I_3。

图中的每一条无差异曲线上的任何一点，如无差异曲线 I_1 上的 A、B、C、D、E 和 F 点所代表的商品组合给消费者带来的效用水平都是相等的。显然，无差异曲线是消费者偏好相同的两种商品的各种不同组合的轨迹。每一条无差异曲线代表一个效用水平，不同的无差异曲线代表不同的效用水平。在图中，三条无差异曲线各自代表的效用水平是不相同的。其中，无差异曲线 I_3 代表的效用水平高于无差异曲线 I_2，无差异曲线 I_2 代表的效用水平高于无差异曲线 I_1。

无差异曲线具有以下特点。

（1）消费者对较高无差异曲线的偏好大于较低无差异曲线。消费者通常偏好更多而不是更少的商品。这种对更多数量的偏好反映在无差异曲线上。正如图 3-1 所示，较高的无差异曲线 I_3 所代表的商品量多于较低的无差异曲线 I_2 和 I_1。因此，消费者偏好较高的无差异曲线。

（2）无差异曲线向右下方倾斜。在大多数情况下，消费者两种商品都喜欢。因此，如果要减少一种物品的数量，为了使消费者满足程度不变，就必须增加另一种物品的数量。这意味着，无差异曲线通常向右下方倾斜。

（3）在同一坐标平面上的任意两条无差异曲线不会相交。这可以用图 3-3 来说明。

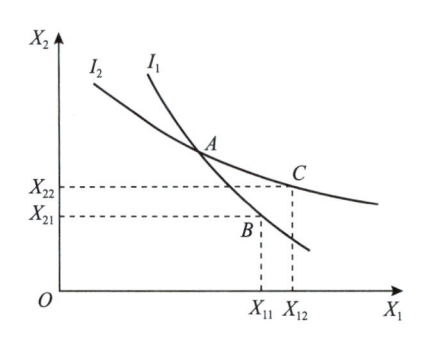

图 3-3 违反偏好假定的无差异曲线

在图 3-3 中，假设两条无差异曲线 I_1 和 I_2 相交于 A 点，这说明无差异曲线 I_1 上的 B 点的效用水平和无差异曲线 I_2 上的 C 点的效用水平都等于相交点 A 点的效用水平，消费者认为 B 点和 C 点是无差异的。但是，由于 C 点的商品组合所代表的两种商品的数量都大于 B 点的商品组合，根据消费者偏好的第三个假定，消费者对 C 点的商品组合的偏好必定大于对 B 点的商品组合的偏好。这样一来，消费者在认为 B 点和 C 点无差异的同时，又认为 C 点优于 B 点，这就违反了消费者偏好的第一个假定。所以，图 3-3 中两条无差异曲线相交的画法是错误的。

（4）无差异曲线是凸向原点的。从图 3-3 可见，无差异曲线不仅是向右下方倾斜的，即无差异曲线的斜率是负值，而且无差异曲线是凸向原点的，即随着商品 1 的数量的连续增加，无差异曲线的斜率的绝对值是递减的。无差异曲线的这一特点是由商品的边际替代率递减规律所决定的。

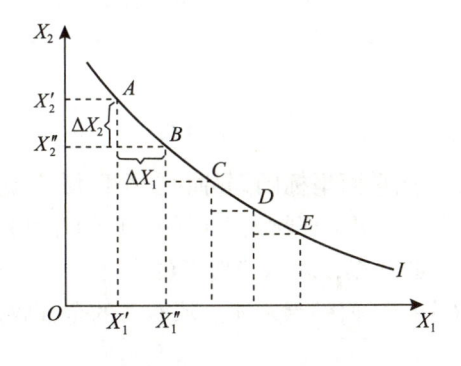

4. 商品的边际替代率

可以想象一下，当一个消费者沿着一条既定的无差异曲线上下移动时，两种商品数量的组合会发生变化，但消费者所得到的效用水平却是不变的。也可以反过来说，消费者若要维持效用水平不变，则在增加一种商品的消费量的同时，必然会减少另一种商品的消费量。由此可以得到商品的边际替代率的概念：在维持效用水平或满足程度不变的条件下，消费者增加 1 单位某种商品的消费所必须放弃的另一种商品的消费数量。以 MRS 代表商品的边际替代率，则商品 1 对商品 2 的边际替代率的公式为。

$$MRS_{12} = -\frac{\Delta X_2}{\Delta X_1} \qquad (3-6)$$

式（3-6）中，ΔX_1 和 ΔX_2 分别为商品 1 和商品 2 数量的变化量。由于 ΔX_1 和 ΔX_2 的符号肯定是相反的，为了使商品的边际替代率取正值以便于比较，所以，在公式中加了一个负号。

图 3-4 具体说明商品的边际替代率的概念。

图 3-4 商品的边际替代率

图 3-4 中一条既定的无差异曲线为 I。如果消费者沿着这条无差异曲线 A 点运动到 B 点，由于效用水平不发生变化，因此，当商品 1 的数量由 X_1' 增加到 X_1'' 时，商品 2 的数量会相应地由 X_2' 减少为 X_2''。或者说，消费者愿意放弃 X_2' X_2'' 即 ΔX_2 数量的商品 2，以取得 X_1' X_1'' 即 ΔX_1 数量的商品 1。在这种情况下，两种商品的变化量之比的绝对值即

$-\dfrac{\Delta X_2}{\Delta X_1}$，就是由 A 点到 B 点的商品1对商品2的边际替代率。

假定商品数量的变化量趋于无穷小，即当 $\Delta X_1 \to 0$ 时，则商品的边际替代率的式（3-6）可以写为

$$MRS_{12} = \lim_{\Delta X_1 \to 0}\left(-\dfrac{\Delta X_2}{\Delta X_1}\right) = -\dfrac{dX_2}{dX_1} \tag{3-7}$$

显然，无差异曲线上任何一点的商品的边际替代率等于无差异曲线在该点的斜率的绝对值。

二、消费者的预算线

任何消费者在购买商品时总要受到一定的收入水平的限制，因此，序数效用论者在分析消费者行为时又建立了消费者的预算线。

1. 预算线的含义

预算线又称为预算约束线、消费可能线或价格线。预算线表示在消费者收入和商品价格既定的条件下，消费者的全部收入所能购买的两种商品的不同数量的各种组合。

假定某消费者有一笔收入为80元，全部用来购买商品1和商品2，商品1的价格为4元，商品2的价格为2元。那么，全部收入都用来购买商品1可得20单位，全部收入都用来购买商品2可得40单位。由此做出的预算线为图3-5中的 AB 线段。

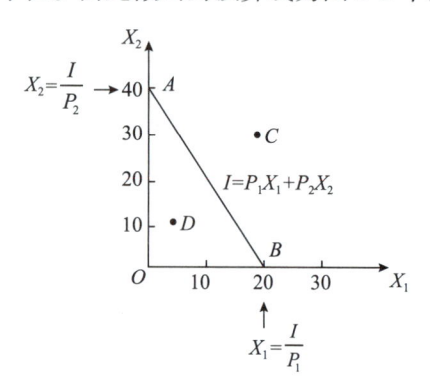

图 3-5 预算线

在图3-5中，预算线 AB 把平面坐标图划分为三个区域：预算线 AB 以外的区域中的任何一点，如 C 点，是消费者利用全部收入不可能实现的商品购买的组合点；预算线 AB 以内的区域中的任何一点，如 D 点，表示消费者的全部收入在购买该点的商品组合以后还有剩余；唯有预算线 AB 上的任何一点，才是消费者的全部收入刚好花完所能购买到的商品组合点。

如果以 I 表示消费者的既定收入，以 P_1 和 P_2 分别表示已知的商品1和商品2的价格，以 X_1 和 X_2 分别表示商品1和商品2的数量，那么，预算线的方程为：

$$I = P_1 X_1 + P_2 X_2 \tag{3-8}$$

式（3-8）表示：消费者的全部收入 I 等于他购买商品1的支出与购买商品2的支出的总和。

由式（3-8）可得，消费者全部收入购买商品1的数量为$\frac{I}{P_1}$，它是预算线在横轴的截距，即为图3-5中的OB。消费者全部收入购买商品2的数量为$\frac{I}{P_2}$，它是预算线在纵轴的截距，即为图3-5中的OA。预算线的斜率为：

$$-\frac{OA}{OB} = \frac{\frac{I}{P_2}}{\frac{I}{P_1}} = -\frac{P_1}{P_2} \quad （3-9）$$

这说明预算线的斜率可以表示为两商品价格之比的负值。当然，式（3-8）的预算线方程也可改写为：

$$X_2 = -\frac{P_1}{P_2}X_1 + \frac{I}{P_2} \quad （3-10）$$

显然，式（3-10）中$-\frac{P_1}{P_2}$为预算线的斜率；$\frac{I}{P_2}$为预算线在纵轴的截距。

2. 预算线的变动

既然预算线表示在一定的收入I的限制下，当两种商品的价格P_1和P_2已知时，消费者可以购买到的两种商品的各种组合，那么，消费者的收入I或商品价格P_1、P_2发生变化时，就会引起预算线的变动。预算线的变动可以归纳为以下四种情况。

（1）当两种商品的价格不变，消费者的收入发生变化时，预算线的位置会发生平移。这是因为商品的价格不变，则预算线的斜率$-\frac{P_1}{P_2}$不变。于是，收入的变化只能引起预算线的截距$\frac{I}{P_1}$和$\frac{I}{P_2}$的变化，如图3-6（a）所示。假定原有的预算线为AB，若消费者收入增加，则预算线由AB向右平移至$A'B'$。它表示消费者的全部收入用来购买其中任何一种商品的数量都因收入的增加而增加了。若消费者收入减少，则预算线由AB向左平移至$A''B''$。它表示消费者的全部收入用来购买其中任何一种商品的数量都因收入的减少而减少了。

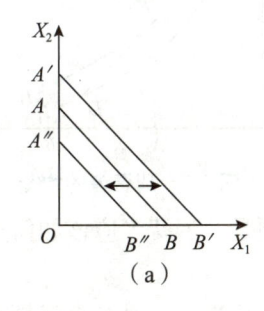

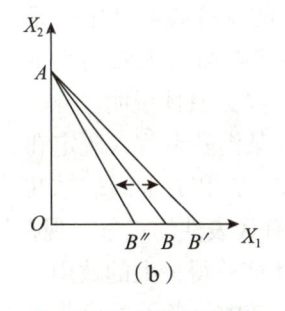

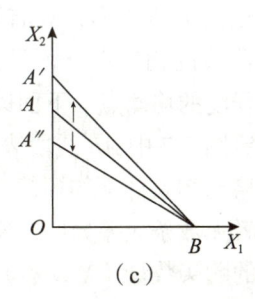

图3-6 预算线的变动

（2）当消费者的收入不变，两种商品的价格同比例、同方向变化时，预算线的位置也会发生平移。这是因为两种商品价格同比例、同方向的变化并不影响预算线的斜率$-\frac{P_1}{P_2}$，而只能引起预算线的截距$\frac{I}{P_1}$和$\frac{I}{P_2}$的变化。仍以图3-6（a）说明。若两种商品的价格同比例下降，则预算线 AB 向右平移至 $A'B'$；若两种商品的价格同比例上升，则预算线向左平移至 $A''B''$。前者表示消费者的全部收入用来购买其中任何一种商品的数量都同比例于价格的下降而增加，后者则表示都同比例于价格的上升而减少。

（3）当消费者的收入不变，一种商品的价格不变而另一种商品的价格发生变化时，不仅预算线的斜率 $-\dfrac{P_1}{P_2}$ 会发生变化，而且预算线的截距 $\dfrac{I}{P_1}$ 和 $\dfrac{I}{P_2}$ 也会发生变化。以图 3-6（b）来说明。假定原来的预算线为 AB。若商品 1 的价格 P_1 下降，则预算线由 AB 移至 AB'。它表示消费者的全部收入用来购买商品 1 的数量因价格 P_1 的下降而增加了，但全部收入用来购买商品 2 的数量并未受到影响。同理，若商品 1 的价格 P_1 提高，则预算线由 AB 移至 AB''。

类似地，在图 3-6（c）中，商品 2 的价格的下降与上升分别使得预算线由 AB 移至 $A'B$ 和 $A''B$。

（4）当消费者的收入和两种商品的价格都同比例、同方向变化时，预算线不发生变化。这是因为此时预算线的斜率 $-\dfrac{P_1}{P_2}$ 不会发生变化，预算线的截距 $\dfrac{I}{P_1}$ 和 $\dfrac{I}{P_2}$ 也不会发生变化。这说明消费者的全部收入用来购买其中任何一种商品的数量都是不变的。

三、消费者的均衡

序数效用论者把无差异曲线和预算线结合在一起来说明消费者的均衡。

任何一个理性的消费者在用一定的收入购买商品时，其目的都是从中获得尽可能大的消费满足。前面已经提到，消费者的偏好决定了消费者的无差异曲线，一个消费者关于任何两种商品的无差异曲线组合可以覆盖整个坐标平面；消费者的收入和商品的价格决定消费者的预算线，在收入既定和商品价格已知的条件下，一个消费者关于两种商品的预算线只能有一条。那么，当一个消费者面临一条既定的预算线和无数条无差异曲线时，他应该如何决策才能获得最大的满足呢？序数效用论的分析指出，只有既定的预算线与其中一条无差异曲线的相切点，才是消费者获得最大效用水平或满足程度的均衡点。下面以图 3-7 来具体说明。

假定图 3-7 中 AB 线段表示在某消费者收入既定和商品价格已知条件下的预算线，I_1、I_2 和 I_3 曲线表示在

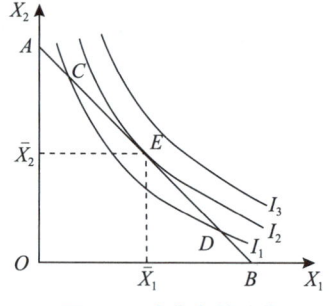

图 3-7 消费者的均衡

该消费者无数条无差异曲线中具有代表性的三条。现在的问题是：消费者应该如何选择两种商品的购买数量（X_1，X_2），才能获得最大的效用？

图 3-7 中既定的预算线 AB 和其中一条无差异曲线 I_2 相切于 E 点，则 E 点就是在既定收入约束条件下消费者能够获得最大效用的均衡点。这是因为就无差异曲线 I_3 来说，虽然它代表的效用水平高于无差异曲线 I_2，但它与既定的预算线 AB 既无交点又无切点。这说明消费者在既定的收入水平下是无法购买无差异曲线 I_3 的任何一点的商品组合的。就无差异曲线 I_1 来说，虽然它与既定的预算线 AB 相交于 C、D 两点，表明消费者利用现有收入可以购买无差异曲线 I_1 上的 C、D 两点的商品组合，但是无差异曲线 I_1 的效用水平低于无

差异曲线 I_2，C、D 两点的商品组合不会给消费者带来最大的满足。因此，理性的消费者是不会用全部收入去购买无差异曲线 I_1 上的 C、D 两点的商品组合的。

事实上，就 C 点和 D 点来说，若消费者能购买 AB 线段上位于 C 点右边和 D 点左边的任何一点的商品组合，则都可以达到比 I_1 更高的无差异曲线，以获得比 C 点和 D 点更大的效用。

这种沿着 AB 线段由 C 点往右和由 D 点往左的运动，最后必定在 E 点达到均衡。显然，只有当既定的预算线 AB 和无差异曲线 I_2 相切于 E 点时，消费者才在一定收入的约束条件下获得最大的满足。因此，E 点即为消费者效用最大化的均衡点。在均衡点 E 上，消费者关于商品 1 和商品 2 的最优购买数量的组合为 $(\overline{X_1}, \overline{X_2})$。

在切点 E，无差异曲线 I_2 和预算线 AB 的斜率是相等的。前面已经提到，无差异曲线的斜率的绝对值可以用商品的边际替代率来表示，预算线的斜率的绝对值可以用两商品的价格之比来表示，所以，在 E 点有

$$MRS_{12} = \frac{P_1}{P_2} \tag{3-11}$$

这就是消费者效用最大化的均衡条件。它表示在一定的收入约束条件下，为了得到最大的消费满足，消费者应选择最优的商品数量的购买组合，使得两种商品的边际替代率等于两种商品的价格之比。也可以说，它表示：在消费者的均衡点上，消费者愿意用 1 单位的某种商品去交换另一种商品的数量，应该等于该消费者能够在市场上用 1 单位的这种商品去交换另一种商品的数量。

式（3-11）中的消费者均衡条件的经济含义是什么呢？或者说，为什么说只有当 $MRS_{12} = \frac{P_1}{P_2}$ 时，消费者才能获得最大的满足呢？

按照序数效用论的解释，因为如果

$$MRS_{12} = -\frac{dX_2}{dX_1} = \frac{1}{0.5} > \frac{1}{1} = \frac{P_1}{P_2}$$

那么，从不等式右边看，市场上，在消费者购买总支出不变的条件下，消费者减少 1 单位的商品 2 的购买，就可以增加 1 单位的商品 1 的购买。而从不等式的左边看，消费者认为，在减少 1 单位的商品 2 的消费量时，只需增加 0.5 单位的商品 1 的消费量，就可以维持原有的满足程度。这样，消费者就因多得到 0.5 单位的商品 1 的消费量而使总效用增加。所以，在这种情况下，理性的消费者必然会不断地减少对商品 2 的购买和增加对商品 1 的购买，以便获得更大的效用。例如，在图 3-7 中的 C 点，无差异曲线的斜率的绝对值大于预算线的斜率的绝对值，即 $MRS_{12} > \frac{P_1}{P_2}$，消费者就会沿着预算线 AB 减少对商品 2 的购买和增加对商品 1 的购买，逐步达到均衡点 E。

相反，如果

$$MRS_{12} = -\frac{dX_2}{dX_1} = \frac{0.5}{1} < \frac{1}{1} = \frac{P_1}{P_2}$$

那么，从不等式的右边看，在市场上，在消费者的购买总支出不变的条件下，消费者减少 1 单位的商品 1 的购买，就可以增加 1 单位的商品 2 的购买。而从不等式的左边看，消费者认为，在减少 1 单位的商品 1 的消费量时，只需增加 0.5 单位的商品 2 的消费量，

就可以维持原有的满足程度。这样，消费者就因多得到 0.5 单位的商品 2 的消费量而使总效用增加。所以，在这种情况下，理性的消费者必然会不断减少对商品 1 的购买和增加对商品 2 的购买，以便获得更大的效用。例如，在图 3-7 中的 D 点，无差异曲线的斜率的绝对值小于预算线的斜率的绝对值，即 $MRS_{12} < \dfrac{P_1}{P_2}$，于是，消费者会沿着预算线 AB 减少对商品 1 的购买和增加对商品 2 的购买，逐步向均衡点 E 靠近。

显然，只有当消费者将两种商品的消费量调整到 $MRS_{12} = \dfrac{P_1}{P_2}$ 时，或者说，调整到由消费者主观偏好决定的两商品的边际替代率和市场上的两商品的价格之比相等时，消费者才处于一种既不想再增加也不想再减少任何一种商品购买量这样一种均衡状态。这时，消费者获得了最大的满足。

第四节 消费结构与恩格尔系数

人们的需要具有多样性和层次性，而人们的生活离不开衣、食、住、行等各种消费品。随着社会经济的不断发展，人们的生活需要日益复杂和多样化，消费结构及生活水平也在不断发生着变化。

一、消费结构

消费结构是指人们所消费的不同类型消费品的比例关系。在我国，消费品被划分为食品（含烟酒），衣着，居住，生活用品及服务，交通和通信，教育、文化和娱乐、医疗保健、其他商品和服务八大类。2021 年我国城乡居民人均消费支出与消费结构统计表如表 3-5 所示。

表 3-5　2021 年我国城乡居民人均消费支出与消费结构统计表

项目	城镇居民 金额（元）	城镇居民 比重（%）	农村居民 金额（元）	农村居民 比重（%）
食品（含烟酒）	8678	28.63	5200	32.67
衣着	1843	6.08	860	5.4
居住	7405	24.43	3315	20.83
生活用品及服务	1820	6.01	901	5.66
交通和通信	3932	12.97	2132	13.4
教育、文化和娱乐	3322	10.96	1646	10.34
医疗保健	2521	8.32	1580	9.93
其他商品和服务	786	2.59	284	1.78
合计	30307	100	15918	100

二、恩格尔系数

恩格尔系数是食物支出与总消费支出的比率。其计算公式为

$$恩格尔系数 = \frac{食物支出}{总消费支出} \times 100\% \qquad (3-12)$$

食物是维持人类生存最基本的必需品。在现实生活中，一个消费者的收入即使再少，用在食物上的支出也是必不可少的。因此，一个家庭收入越少，总支出中用于购买食物的费用所占比重越大；一个国家越穷，在消费者平均支出中用于购买食物的费用所占比重越大。随着消费者收入的增加，尽管食物开支的费用会增加，但食物开支在消费者总支出中所占比重会下降。这就是德国经济学家恩格尔所发现的规律，被人们称为恩格尔定律。

恩格尔系数可用来衡量一个家庭（含个人）、一个地区乃至整个国家民众生活水平的高低。一般来说，恩格尔系数越小，说明收入水平及与之相适应的消费结构的发展程度越高；恩格尔系数越大，说明收入水平及与之相适应的消费结构的发展程度越低。如表 3-2 所示，2021 年我国城镇居民恩格尔系数为 28.6%，农村居民恩格尔系数为 32.7%，表明城镇居民的生活水平高于农村居民。

联合国粮农组织所提出的根据恩格尔系数划分社会经济发展水平的标准如表 3-6 所示。

表 3-6　联合国粮农组织划分社会经济发展水平的标准

恩格尔系数（%）	≥60	50～60	40～50	30～40	<30
社会经济发展水平	贫困	温饱	小康	富裕	最富裕

第五节　效用理论的应用

一、价格变化和收入变化对消费者均衡的影响

在其他条件均保持不变时，一种商品价格的变化会使消费者效用最大化的均衡点位置发生移动，并由此可以得到价格—消费曲线。价格—消费曲线是在消费者的偏好、收入以及其他商品价格不变的条件下，与某一种商品的不同价格水平相联系的消费者效用最大化的均衡点的轨迹。

如图 3-8 所示，在收入不变、Y 商品价格不变的情况下，当 X 商品的价格从 P_1 一直下降到 P_4 时，4 条消费可能线与 4 条无差异曲线相切之点所决定的 X 商品的购买量分别为 x_1、x_2、x_3、x_4。把 4 条消费可能线与 4 条无差异曲线相切之点连接起来的线 PCC 就是价格—消费曲线。这条线表明，在收入与 Y 商品价格不变的情况下，X 商品价格下降时消费者购买的 X 商品与 Y 商品不同数量的组合，所以价格—消费曲线并不是消费者对 X 商品的需求曲线。

把图 3-8 中与各个 X 商品的价格（P_1、P_2、P_3、P_4 这种价格隐含在各条消费可能线中）对应的消费者购买的 X 商品的数量（x_1、x_2、x_3、x_4）描绘在图 3-9 中，就可以推导出消费者对 X 商品的需求曲线 D。因此，用无差异曲线分析法也可以推导出表明价格与需求量呈反方向变动的、向右下方倾斜的需求曲线。

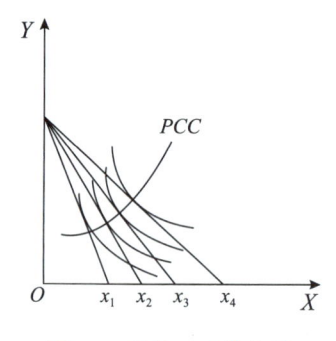

图 3-8　价格—消费曲线

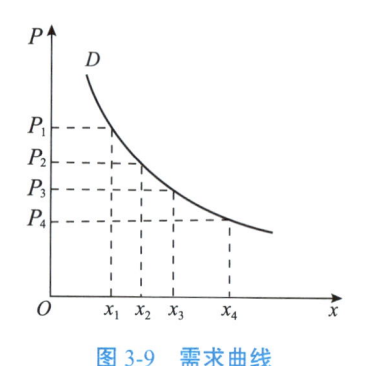

图 3-9　需求曲线

综上所述，需求定理是由消费者的行为决定的。

二、替代效应和收入效应

一种商品价格的变化会引起该商品需求量的变化，这种变化可以被分解为替代效应和收入效应两个部分。

一种商品的价格发生变化后，将同时对商品的需求量产生两种影响：①使消费者的实际收入水平发生变化，实际收入水平变化会引起效用水平的变化；②商品的相对价格发生变化。这两种变化都会改变消费者对该种商品的需求量。

（1）总效应：某商品价格变化的总效应，是当消费者从一个均衡点移动到另一个均衡点时该商品需求量的总变动。

（2）替代效应：替代效应是在商品相对价格发生变化而消费者实际收入不变的情况下商品需求量的变化。

（3）收入效应：收入效应是指由商品价格变动引起实际收入水平变动，进而由实际收入水平变动所引起的商品需求量的变动。

知识点滴

消费者购买商品 1 和商品 2 时，当商品 1 价格下降时，一方面，商品 1 相对商品 2 的价格发生变化，从而消费者会增加对商品 1 的购买而减少对商品 2 的购买，即替代效应；另一方面，消费者现有的货币收入购买力增强，即实际收入提高，从而提升效用水平，即收入效应。

替代效应强调消费者在实际收入不变时一种商品价格变动对其他商品相对价格水平的影响；收入效应则强调一种商品价格变动对实际收入水平的影响。

总效应与替代效应、收入效应之间的关系是总效应等于替代效应加收入效应。收入效应表示消费者的效用水平发生变化，替代效应则不改变消费者的效用水平。

商品可以分为正常商品和低档商品两大类。正常商品和低档商品的区别在于正常商品的需求量与消费者的收入水平呈同方向变动，即正常商品的需求量随着消费者收入水平的提高而增加，随着消费者收入水平的下降而减少。低档商品的需求量与消费者的收入水平呈反方向变动，即低档商品的需求量随着消费者收入水平的提高而减少，随着消费者收入水平的下降而增加。

1. 正常商品的替代效应和收入效应

对于正常品来说，在消费者实际收入不变的条件下，如果某种商品价格上涨而其他商品的价格没有变，那么其他商品的相对价格就下降了，消费者就会用其他商品来代替这种商品，从而对这种商品的需求量就会减少。例如，当橘子的价格上升而橙子价格不变时，橙子的价格相对于橘子的价格就下降了，人们就会购买更多的橙子而减少对橘子的购买。如果该商品价格上涨了，在消费者货币收入不变的条件下，即消费者的实际收入在减少的情况下，则其对这种商品的需求就会减少。例如，如果面粉的价格上升而消费者的货币收入不变，则消费者实际收入减少了，其对面粉的需求量也必然减少。因此，替代效应与价格呈反方向变动，收入效应也与价格呈反方向变动，在它们共同的作用下，总效应必定与价格呈反方向变动。正因为如此，正常商品的需求曲线是向右下方倾斜的。

2. 低档商品的替代效应和收入效应

对于低档商品来说，替代效应与价格呈反方向变动，收入效应与价格呈同方向变动。而且，在大多数场合，收入效应的作用小于替代效应的作用，所以总效应与价格呈反方向变动，相应的需求曲线是向右下方倾斜的。

但是，在少数的场合，某些低档商品的收入效应的作用会大于替代效应的作用，于是就会出现违反需求曲线向右下方倾斜的现象，这类需求量与价格呈同方向变动的特殊商品被称为吉芬商品。吉芬商品是一种特殊的低档商品，替代效应与价格呈反方向变动，收入效应则与价格呈同方向变动。吉芬商品的特殊性在于它的收入效应作用很大，以至于超过了替代效应的作用，从而使得总效应与价格呈同方向变动，这也是吉芬商品的需求曲线向右上方倾斜的原因。

现将正常商品、低档商品和吉芬商品的替代效应和收入效应所得到的结论综合于表 3-7 中。

> **探索与思考**
>
> 假设消费者在收入比较低时购买杏仁蜜作为化妆品，而在收入提高后购买欧莱雅化妆品。则杏仁蜜对于消费者来说是正常商品、低档商品还是吉芬商品？

表 3-7　商品价格变化所引起的替代效应和收入效应

商品类别	替代效应与价格的关系	收入效应与价格的关系	总效应与价格的关系	需求曲线的形状
正常商品	反方向变化	反方向变化	反方向变化	向右下方倾斜
低档商品	反方向变化	同方向变化	反方向变化	向右下方倾斜
吉芬商品	反方向变化	同方向变化	同方向变化	向右上方倾斜

三、消费者行为对企业决策的启示

利用消费者行为决策理论，可以分析消费者的选择，从而为企业的产品设计提供依据。例如，某汽车制造商准备推出新型号汽车，但如何确定汽车款式和性能，是制造商较难解决的问题。一辆汽车的款式和性能越好消费者越喜欢，但是，一辆汽车的款式和性能越好，其价格就越高。因此，在汽车售价大致确定的情况下，该汽车制造商可以通过两种方式进行市场调查：一种方式是直接向消费者调查他们对款式和性能的偏好，以及他们对两者之间替代关系的看法；另一种方式是根据以往消费者购买不同款式和性能汽车的统计资料分析款式和性能的关系。

假设经过调查该汽车制造商发现消费者的偏好可以分为两种类型，它们的无差异曲线分别如图 3-10（a）和图 3-10（b）所示。

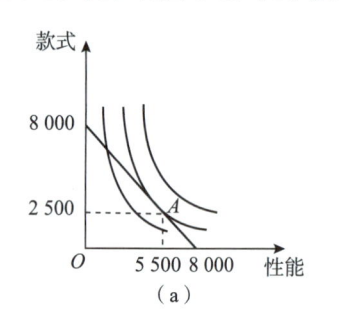

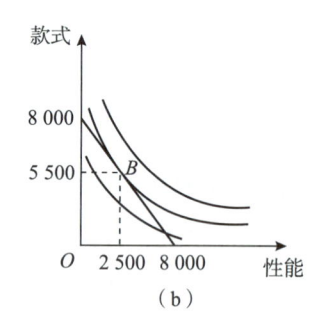

图 3-10　消费者对汽车特性的选择

图 3-10（a）表明，这部分消费者偏好性能，他们为了增进一点性能而放弃了较多的款式；图 3-10（b）表明，这部分消费者偏好款式，他们为了改进一点款式而放弃了较多的性能。调查结果显示，后一部分消费者多于前一部分消费者。

假设该汽车制造商准备在款式和性能上花费 8000 元，那么得到预算线。预算线与两组无差异曲线的切点表明，第一组消费者认为性能值 5500 元而款式只值 2500 元，第二组消费者认为款式值 5500 元而性能只值 2500 元。

根据对消费者选择的分析，该汽车制造商可以做出如下决策：第一，把款式和性能定位于图 3-10 预算线上 A、B 两点之间接近于 B 点的地方，以兼顾两组消费者的选择；第二，生产较多的注重款式的汽车，生产较少的注重性能的汽车，以适应两组消费者不同的选择。

思政之窗

2022 年 4 月 25 日，国务院办公厅发布《关于进一步释放消费潜力促进消费持续恢复的意见》（以下简称《意见》）。《意见》中明确指出：稳定增加汽车等大宗消费，各地区不得新增汽车限购措施，已实施限购的地区逐步增加汽车增量指标数量、放宽购车人员资格限制，鼓励除个别超大城市外的限购地区实施城区、郊区指标差异化政策，更多通过法律、经济和科技手段调节汽车使用，因地制宜逐步取消汽车限购，推动汽车等消费品由购买管理向使用管理转变。建立健全汽车改装行业管理机制，加快发展汽车后市场。全面取消二手车限迁政策，落实小型非营运二手车交易登记跨省通办措施。

阶段性减征部分乘用车购置税600亿元,对购置日期在2022年6月1日至2022年12月31日期间内单车价格(不含增值税)不超过30万元的2.0升及以下排量乘用车,减半征收车辆购置税。

在经济低迷的时候,政府便会实施一些刺激消费的政策,用来刺激经济发展,实现国内经济增长。这些消费政策会影响消费者的消费倾向,使资金流向经济需要发展的方向。跟着国家发展的步伐,便是对经济发展的最大支持。

本章小结

效用是指消费者从消费某种商品中所得到的满足程度。总效用是指从消费者消费一定量商品时所获得的总满足程度,用 TU 来表示,其函数为 $TU=f(Q)$。

基数效用论的基本观点是效用是可以计量的,可以用基数(1,2,3,……)来表示满足的程度,并且效用可以加总求和。基数效用论者使用边际效用分析法来量化分析消费者均衡的条件。序数效用论的基本观点是效用是不可以计量的,只能用序数(第一,第二,第三……)来表示满足程度的高低与顺序,并且因为效用不可计量,所以效用不能加总求和。序数效用论者采用的是无差异曲线分析法。无差异曲线是对于消费者来说能带来同等满足程度的各种不同商品组合点的轨迹。预算线必定与无差异曲线中的一条相切于一点,在这个切点上就实现了消费者均衡。

边际效用是指消费者从每增加一单位某种商品或劳务所增加的满足程度。总效用的增加量用 MU 表示,其定义式为 $MU=\Delta TU/\Delta Q$,当边际效用为正数时,总效用是增加的;当边际效用为零时,总效用达到最大;当边际效用为负数时,总效用减少。边际效用递减规律,是指在其他条件不变的情况下,随着消费者对商品消费量的增加,消费者从该商品连续增加的消费单位中所得到的边际效用是递减的。

消费者均衡是指消费者实现最大效用时既不想再增加也不想再减少任何商品购买数量的一种相对静止的状态。

替代效应是在商品相对价格发生变化而消费者实际收入不变的情况下商品需求量的变化。收入效应是指由商品价格变动引起的实际收入水平变动,进而由实际收入水平变动所引起的商品需求量的变动。总效应等于替代效应加收入效应。

本章习题

1. 简要说明基数效用论和序数效用论的基本观点。
2. 什么是无差异曲线?
3. 简述恩格尔系数定义及其作用。
4. 消费者行为理论对企业决策有什么启示?

第四章 生产者行为理论

本章导读

本章首先介绍了市场中厂商的生产行为,将生产行为从长期和短期两个角度去分析研究;其次介绍了成本理论,说明成本与生产之间的关系。

本章重点

厂商、生产要素、生产函数、短期和长期、总产量、平均产量、边际产量、边际产量递减规律、等产量曲线、等成本曲线、边际技术替代率、生产者均衡、生产要素的最优组合、生产扩展线、规模经济、成本、机会成本、显性成本、隐性成本、成本函数、总成本、固定总成本、可变总成本、平均成本、边际成本、长期总成本、长期平均成本、长期边际成本。

学习目标

知识目标
1. 掌握厂商、生产要素、生产函数等概念。
2. 了解生产函数、成本理论的概念。

能力目标
1. 能够应用生产分析价格波动。
2. 掌握短期成本与长期成本分析法。

素质目标
1. 培养读者在企业生产经营中树立社会责任感,注重企业的社会效益和环境保护。
2. 强调读者对企业行为的道德约束和合法合规意识,坚持诚信守法经营。

思政目标

培养读者尊重劳动、创新生产、拥护社会主义企业的观念，了解企业在社会主义市场经济中的作用和责任，培养爱岗敬业、奋发向上的工作态度。

案例导入

银行的人工出纳、自动柜员机和电子银行

当技术的进步诞生出一种高生产率的新资本品时，若其边际产量与价格之比大于其他投入要素，如某类劳动力的边际产量与价格之比，且新资本品是劳动力的替代品而非互补品，企业将用新资本品替代该类劳动力。在银行业，自动柜员机（ATM）取代了部分人工出纳，而移动支付则正在取代人工出纳和自动柜员机。

自动柜员机只有几十年的历史，却在20世纪末迅速普及全球。自动柜员机的边际产量极高，一台机器每天可以处理几千笔交易。自动柜员机可以办理取款、存款和转账业务。尽管对银行来说，购买和安装自动柜员机很贵，但自动柜员机每天能工作24小时，便于消费者使用，且每笔交易成本大大低于人工成本，不会怠工，也不会辞职。与人工出纳不同，自动柜员机可以放在银行，也可以放在繁华的街角、大学和超市。同一银行卡可在本地的自动柜员机上提取现金，也可在美国的自动柜员机上提取美元，在东京的自动柜员机上提取日元，在德国的自动柜员机上提取欧元。

边际产量更高、相对价格更低的自动柜员机减少了对人工出纳的需求。随着电子银行的兴起及移动支付的井喷式发展，现金交易明显减少，银行对自动柜员机的采购量急剧放缓。自2017年起，国内自动柜员机新增装机量呈断崖式下降，有些区域甚至出现零增长；一些人工出纳失去了工作，但整个社会明显进步了。社会在得到更便捷银行服务的同时，还得到了被取代的劳动要素所生产的更多其他产品。

启发思考

（1）银行用人工出纳、自动柜员机和电子银行上有什么区别？

（2）银行进行改革的原因有哪些？

第一节 厂商概述

厂商也称生产者，是指能够做出统一生产决策的单个经济单位。例如，跨国公司是厂商，街头小贩也是厂商。作为市场主体，厂商既是产品市场的供给者，也是要素市场的需求者。

厂商概述

一、厂商的主要组织形式

按照厂商的组织形式和所承担的法律责任的不同,可将厂商的组织形式划分为个人独资企业、合伙制企业和公司制企业。

1. 个人独资企业

个人独资企业也称个人业主制企业,是指由单个人出资经营的厂商组织。业主享有企业全部的经营所得,同时对企业债务承担无限责任。个人独资企业利益动机明确而强烈,经营决策自由灵活,易于管理;但资金有限,规模较小,阻碍了生产的发展,抗风险能力弱,容易破产。

> **探索与思考**
> 厂商与企业这两个概念有何区别、有何联系?

2. 合伙制企业

合伙制企业是指由两个或两个以上的自然人依合同或协议联合起来共同出资经营的厂商组织。合伙人共同分享企业所得,共同承担企业债务,并对企业债务承担无限连带责任。相对于个人独资企业,合伙制企业中合伙人分工合作,使专业化得到加强,具有一定的企业规模优势;但合伙人之间仅靠契约维系关系,组织不稳定,且合伙人集体决策,难以有效协调,企业的资金和规模仍有局限性。

3. 公司制企业

公司制企业是指按公司法设立和经营的具有法人资格的厂商组织,是现代企业最重要的组织形式。企业由股东所有,股东按出资额对企业债务承担有限责任,主要利用债券和股票来筹集资金。公司制企业有效地实现了出资者所有权和管理权的分离,具有筹资范围广泛、投资风险有限、组织制度科学、组织形式相对稳定、管理团队专业等突出优点。但公司尤其是股份有限公司设立程序相对复杂,所有权与管理权的分离会带来一系列的问题。在我国,公司制企业主要包括有限责任公司和股份有限公司。

(1)有限责任公司。有限责任公司是指由五十人以下的股东共同出资,每个股东以其所认缴的出资额对公司承担有限责任,公司以其全部资产对其债务承担责任的经济组织。其优点是公司的设立和解散程序比较简单,内部管理机构设置灵活,不必向社会披露财务状况;缺点是不能公开发行股票,筹集资金范围和规模都较小,一般适合于中小企业。

(2)股份有限公司。股份有限公司是指全部注册资本由等额股份构成并通过向公众发行股票筹集资本,公司以其全部资产对其债务承担有限责任的法人企业。股份有限公司的设立和解散有严格的法律程序,组织机构严密,筹资规模大,必须向公众披露经营状况,一般适合于大中型企业。

知识点滴

一人有限公司、个人独资企业和个体工商户的主要区别

①法律地位不同。一人有限公司是法人企业，个人独资企业是自然人企业，个体工商户只是公民参与生产经营活动的一种形式。②适用法律不同。一人有限公司按《公司法》设立，个人独资企业按《个人独资企业法》设立，个体工商户按《民法通则》《城乡个体工商户管理暂行条例》设立并受其调整。③承担的责任不同。前者承担有限责任，后两者承担无限责任。④税收管理不同。前者不仅缴纳企业所得税，在为股东分配利润时还要缴纳个人所得税，后两者只需缴纳个人所得税。

二、企业的本质

企业是一种营利性经济组织。作为厂商的主要组织形式，企业是商品经济发展到一定阶段的产物。企业是一种与市场并存且能以更低的交易成本替代市场的资源配置方式。任何交易都可以被看成交易双方所达成的一项契约，交易成本是围绕交易契约所产生的成本，包括寻找交易对象、了解商品价格与质量信息、信息传递、谈判签约、监督和执行契约成本。

在商品经济发展初期，商品生产一般以家庭为单位，由于市场狭小，交易成本很低。随着商品经济的发展，市场规模扩大，交易成本显著提高，生产者便把诸多生产要素和生产环节集合在一个经济单位即企业中，通过内部组织管理，大幅降低交易成本。市场和企业是两种不同的生产组织形式，前者采用协议买卖方式，后者采用内部管理方式，两种方式都存在一定的成本，前者是交易成本，后者是内部组织管理成本。企业产生的根源，就在于企业的内部组织管理成本低于市场的交易成本。

同一笔交易，既可以通过市场的组织形式来进行，也可以通过企业的组织形式来进行。市场和企业之所以会同时存在，是因为有的交易在市场进行成本更低，而有的交易在企业内部进行成本更低。市场和企业的相互替代，说明了一个问题的两个方面：在市场体系中，专业化的经济活动由"看不见的手"调节，分散的资源由价格信号配置；在企业内部，专业化的经济活动由"看得见的手"指挥，分散的资源由行政指令配置。企业的规模并不是越大越好，其扩大有一个边界。这个边界的确定原则是：增加一笔交易通过企业来实现所耗费的成本与通过市场来实现所耗费的成本相等。

探索与思考

企业停止扩大规模的条件是什么？为什么许多企业会把自己的部分业务外包出去？

知识拓展

微笑曲线与贴牌生产

微笑曲线是指在产业链中，附加值更多地体现在设计和销售两端，而处于中间环节的制造附加值最低。微笑曲线代表了各环节的获利能力,整个曲线看起来像个微笑符号,如图4-1所示。

贴牌生产的英文缩写为OEM,我国也称之为"代工生产""委托生产""委托加工""定牌制造""生产外包"等。它是指拥有优势品牌的企业为了降低成本、缩短运距、抢占市场,委托其他企业进行加工生产,并向这些生产企业提供产品的设计参数和技术设备支持,来满足对产品质量、规格和型号等方面的要求,生产的产品贴上委托方的商标出售的一种生产经营模式。贴牌生产实现了品牌与生产的分离,是国际大公司寻找各自比较优势的现实写照。

某大学教授认为,在我国的出口业务中,大多数企业从事的是组装和制造,这恰恰是最不赚钱的。如美国销售的芭比娃娃,在美国超市卖9.99美元,而我国生产企业只能分到2美元,其中1美元用于运输、保险等费用,还有0.65美元用于从美国进口原料,真正落到口袋中的只有0.35美元的加工费。当然,这样的例子很多。靠低工资、低成本来增加出口的道路,在改革开放初期是可以的,但目前已走不通了。这是因为,这种道路的前提条件是劳动力无限供给。到了一定阶段,当劳动力不再充足、工资必须增加时,经济增长就必须转型。

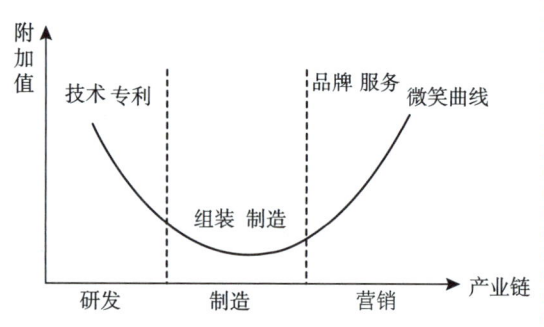

图4-1 微笑曲线

三、厂商的目标

厂商的目标是追求利润最大化。从短期来看,厂商的具体目标呈现出多元化且不断变化的特点,如有的企业以销售收入最大化为目标,有的企业以市场份额最大化为目标,有的企业因更注重社会责任而把稳定与增长作为目标等。从长期来看,如果企业在经营中一直亏损,则注定不能生存,更谈不上发展。盈利丰厚的厂商更有实力积累资本,研发并采用先进技术,优先从银行借到资金,从而更具市场竞争力。利润最大化是企业生存发展的基本准则,一个不以利润最大化为目标的企业终将遭到市场的淘汰。

知识点滴

我国西汉时期的文学家、史学家、思想家司马迁在《史记·货殖列传》中写道"天下熙熙皆为利来,天下攘攘皆为利往",一语道破了厂商逐利的目标。在我国民间广泛流传着"无利不起早"的说法,体现了劳动人民对厂商目标的认识。

第二节 生产要素与生产函数

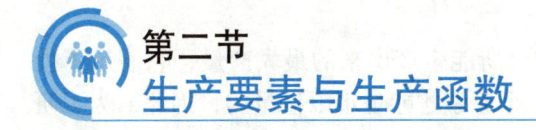

一、生产与生产要素

1. 生产与生产者

生产是指把各种经济资源（即生产要素）结合起来，使其转化成为社会所需要的产品和劳务的过程，即生产就是投入转化为产出的过程。它包括两个方面的投入产出内容：一方面是实物形态的投入产出，即生产要素的投入和相应产品、产量的产出；另一方面是价值形态的投入产出，即成本的投入和收益的产出。

生产者也称企业或厂商，是指能够做出统一生产决策的单个经济单位。

2. 生产要素

任何生产过程都离不开生产要素。基本的生产要素有四种，分别是劳动（L）、资本（K）、土地（N）和企业家才能（E）。

劳动是指生产中劳动者为生产活动提供服务的能力，即人的脑力和体力的耗费。

资本可以表示为实物形态和货币形态。实物形态的资本又被称为投资品或资本品，如厂房、机器、动力燃料和原材料等。资本的货币形态通常称为货币资本。

经济学上所讲的土地是一个广义的概念，是指生产中所使用的各种自然资源，包括土地、水源和自然矿藏等，即地上及地下一切可用于生产的资源。

企业家才能通常指企业家组建和经营管理企业的才能。在四种生产要素中，企业家才能特别重要。正是企业家才能的作用，土地、劳动和资本要素才能得以有效配置，并最终生产出各种各样的产品和劳务。

> **探索与思考**
>
> 在学校超市的经营活动中，其各项生产要素的具体内容分别是什么？

二、生产函数

在生产过程中，人们发现不同的生产要素数量组合与其所能生产出来的产量之间存在着一定的依存关系。生产函数就是指一定时期内，在技术水平不变的情况下，生产中所使用的各种要素的投入量与所能生产出来的最大产量之间的依存关系。

1. 生产函数公式

任何生产函数都是以一定时期的生产技术水平作为前提的，一旦技术水平发生变化，那么生产函数也会跟着发生变化，但生产函数本身并不涉及价格或成本问题。

假定投入劳动（L）、资本（K）、土地（N）和企业家才能（E）四种生产要素生产一种产品，则生产函数可表示为

$$Q = f(L, K, N, E) \tag{4-1}$$

式（4-1）中，产量 Q 是投入一定要素的组合所能生产出来的最大产量，它表示了投入要素的使用是有效率的。土地是固定不变的，企业家才能是难以估量的，因此，为了便于分析，我们通常假定在生产中只使用劳动和资本这两种投入来生产一种产品。那么，生产函数便简化为

$$Q = f(L, K) \tag{4-2}$$

2. 生产函数的分类

按照不同的标准，生产函数可以划分为不同的种类。

（1）按照时期的长短分类

按照时期的长短，可将生产函数划分为一种可变要素的生产函数、两种可变要素的生产函数。

在短期内，如果在各种生产要素组合中只有一种要素的数量是可变的，其他生产要素的数量保持不变，那么这种生产函数就被称为一种可变要素的生产函数。假定在劳动和资本两种要素中只有劳动（L）这种要素的数量是可变的，资本（K）始终保持不变，那么其生产函数可表示为

$$Q = f(L, K) = f(L) \tag{4-3}$$

式（4-3）反映了在技术水平不变、资本数量不变的条件下不同劳动数量与最大产出之间的关系。

在长期中，如果在各种生产要素组合里有两种要素的数量是可变的，而其他生产要素的数量不变，那么这种生产函数就被称为两种可变要素的生产函数。假定生产者在生产中只使用劳动与资本两种要素，且这两种要素的数量都是可变的，那么两种可变要素的生产函数即式（4-2）。式（4-2）中反映了在生产技术水平不变条件下劳动和资本这两种要素的不同数量组合与最大产出之间的关系。

知识拓展

在19世纪90年代前，人们对生产要素的认识普遍接受法国经济学家萨伊的观点，即认为生产要素包括劳动、资本和土地三种。在要素收入分配中，劳动获得工资，资本获得利息，土地获得地租，这后来被称为萨伊的"三位一体公式"。1890年，英国经济学家马歇尔出版《经济学原理》一书，提出了生产四要素说。他在萨伊理论的基础上，提出生产要素还应该包括企业家才能的主张，且认为企业家才能是四个生产要素中最重要的因素，只有企业家才能把劳动、资本和土地要素有效地配置在一起。这种观点被西方经济学界普遍接受，并一直沿用至今。

> **探索与思考**
>
> 一年时间，对于一家小型餐饮店和一家大型钢铁厂而言，时间长短的意义相同吗？为什么？

（2）按照技术系数的可变性分类

按照技术系数的可变性，可将生产函数划分为可变技术系数的生产函数和固定技术系数的生产函数。

生产函数总是在一定的技术水平下的生产函数，如果技术条件发生变化，生产函数也将发生变化。因此，一定的生产函数总是同一定的技术条件相适应的。

技术系数是指为生产某一单位产品所需要的各种生产要素之间的组合比例。不同产品生产的技术系数是不同的。如果生产某种产品所要求的各种投入的配合比例是可以改变的，如生产一种产品既可以少用劳动多用资本也可以多用劳动少用资本，那么这种生产函数就是可变技术系数的生产函数。

如果生产某种产品所要求的各种投入的配合比例是固定不变的，即每生产一单位某种产品必须按一个固定比例投入劳动和资本，那么这种生产函数就是固定技术系数的生产函数。假定生产过程中只使用劳动和资本两种要素，则固定技术系数的生产函数的一般形式为

$$Q = \min\left(\frac{L}{a}, \frac{K}{b}\right) \tag{4-4}$$

式（4-4）中，Q 为产量；L 和 K 分别为劳动和资本投入量；a 和 b 为常数，分别表示生产一单位产品所需要的固定的劳动投入量和资本投入量。$Q=\min(L/a, K/b)$ 表示产量，Q 取决于 L/a 和 K/b 这两个值中比较小的那一个。如劳动与资本的投入比为 1∶2，即 1 个单位的劳动与 2 个单位的资本要素组合。假设在这种组合下，一天可以生产 100 单位产品，现在要使产量增加到 200 单位一天，则必须投入 2 个单位的劳动和 4 个单位的资本，即劳动与资本的投入比为 2∶4。如果提高资本投入至 8 个单位，劳动投入不变，仍为 2 个单位，则产出取决于投入的劳动，仍将为 200 单位。

3. 柯布—道格拉斯生产函数

20 世纪 30 年代初，美国计量经济学家和统计学家保罗·霍华德·道格拉斯（1892—1976）与数学家 C.W. 柯布合作，根据历史统计资料研究了 1899—1925 年美国的资本和劳动这两种生产要素对产量的影响，得出了这一时期美国制造业的生产函数，这就是著名的柯布—道格拉斯生产函数：

$$Q = AL^\alpha K^\beta \tag{4-5}$$

式（4-5）中，Q 代表总产量；L 代表劳动投入量；K 表示资本投入量；A、α、β 都是常数，其中，$0 < \alpha < 1$，$0 < \beta < 1$，α 为劳动产生弹性，β 为资本产生弹性。

根据美国 1899—1925 年的统计资料，可将柯布—道格拉斯函数具体化为

$$Q = 1.01 L^{0.75} K^{0.25} \tag{4-6}$$

式（4-6）说明，这一时期美国每增加一个百分点的劳动所引起的产量的增长为3倍于每增加一个百分点的资本所引起的产量的增长，或者说，在这一时期的产量增长中，劳动所做的贡献占3/4，资本所做的贡献仅占1/4。该结论与美国这一时期工资收入与资本收入之比（3∶1）大体相符。

根据 $α$ 和 $β$ 相加的和，可以判断规模报酬。当 $α+β>1$ 时，规模报酬递增；当 $α+β=1$ 时，规模报酬不变；当 $α+β<1$ 时，规模报酬递减。

三、生产中的短期与长期

微观经济学的生产理论可以分为短期生产理论和长期生产理论。短期指生产者来不及调整全部生产要素的数量，至少有一种生产要素的数量固定不变的时间周期；长期则指生产者可以调整全部生产要素的数量的时间周期。相应地，在短期内，生产要素投入可以分为不变要素投入和可变要素投入：生产者在短期内无法进行数量调整的那部分要素投入是不变要素投入，如机器设备、厂房等；生产者在短期内可以进行数量调整的那部分要素投入是可变要素投入，如劳动、原材料、燃料等。在长期内，生产者可以调整全部的要素投入，例如，生产者根据企业的经营状况，可以缩小或扩大生产规模，也可以加入或退出一个行业的生产。由于在长期内所有的要素投入量都是可变的，因而也就没有可变要素投入和不变要素投入的区分了。

短期和长期的划分是以生产者能否变动全部要素投入的数量为标准的。对于不同的产品生产，短期和长期的具体时间的规定是不同的。例如，变动一个大型炼油厂的规模可能需要5年的时间，而变动一个豆腐作坊的规模可能仅需要1个月的时间，即前者的短期和长期的划分界线为5年，而后者仅为1个月。

微观经济学通常以一种可变生产要素的生产函数考察短期生产理论，以两种可变生产要素的生产函数考察长期生产理论。

第三节 短期生产函数

一、短期与长期

微观经济学常以一种可变生产要素的生产函数来考察短期生产理论，以两种可变生产要素的生产函数来考察长期生产理论。

在分析生产要素与产量之间的关系时，首先从最简单的一种生产要素的投入开始，即分析其他要素不变的情况下一种生产要素的增加对产量的影响，例如，假定劳动与资本这两种生产要素中资本量不变，来研究劳动量的增加对产量的影响，以及劳动量投入多少最合理。这种在一定时期不能改变所有生产要素，只能改变部分要素的分析，就是短期分析。短期生产函数即

$$Q = f(L) \tag{4-7}$$

这个函数表示产量 Q 随着劳动量 L 的变化而变化，产量和劳动量之间的关系还需要进一步分析。

二、总产量、平均产量和边际产量

1. 总产量、平均产量和边际产量的定义

在短期内，假定厂房、设备、土地等生产要素的投入量是固定不变的，而劳动（L）的投入量是可以改变的。劳动投入量的变化引起产量的变化，因此，产量是关于劳动的函数。

总产量（total product，TP）是指厂商投入一定量的某种生产要素（劳动）所生产出来的全部产量，短期总产量函数为

$$TP_L = f(L) \tag{4-8}$$

平均产量（average product，AP）是指平均每单位某种生产要素（劳动）所生产出来的产量，短期平均产量函数为

$$AP_L = \frac{TP_L}{L} \tag{4-9}$$

边际产量（marginal product，MP）是指每增加一单位生产要素（劳动）的投入所引起的总产量的增加。设劳动增量为 ΔL，由此增加的总产量为 ΔTP，则每增加一个单位劳动，总产量的增加量即劳动的边际产量为

$$MP_L = \frac{\Delta TP_L}{\Delta Q} \tag{4-10}$$

严格来说，边际产量是在特定的劳动投入量附近定义的，即为

$$MP_L = \lim_{\Delta L \to 0} \frac{\Delta TP_L}{\Delta L} = \frac{\mathrm{d}TP_L}{\mathrm{d}L} \tag{4-11}$$

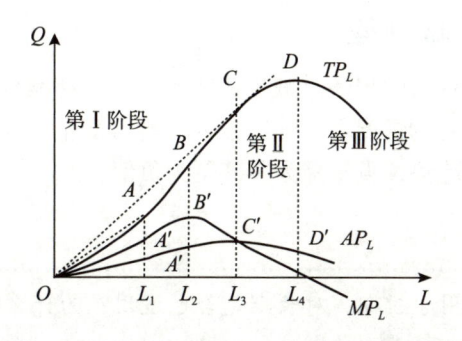

2. 总产量、平均产量和边际产量间的关系

无论总产量、平均产量还是边际产量，都是可变生产要素投入变化的函数。可变生产要素投入的变化，会引起总产量、平均产量和边际产量发生相应的变化。短期内，劳动量与劳动增量、总产量、平均产量和边际产量之间的关系如表 4-1 所示。

图 4-2　总产量、平均产量和边际产量曲线

根据表 4-1 绘制的总产量曲线、平均产量曲线和边际产量曲线如图 4-2 所示。在图 4-2

中，横轴表示劳动量，纵轴表示总产量、平均产量和边际产量。曲线 TP_L 表示总产量曲线，AP_L 表示平均产量曲线，MP_L 表示边际产量曲线。从表 4-1 和图 4-2 可知，总产量、平均产量和边际产量之间存在着如下关系。

（1）总产量、平均产量和边际产量在资本量不变的情况下，随着劳动量的增加，最初都是递增的，但是当劳动量增加到一定程度后，分别有不同程度的递减。

（2）当边际产量为正值时，总产量就增加；当边际产量为负值时，总产量就减少；当边际产量为零时，总产量达到最大，如图 4-2 中 A 点所示。

（3）平均产量曲线与边际产量曲线相交于平均产量曲线的最高点 C′。在 C′ 点以前，平均产量是递增的，边际产量高于平均产量（$MP > AP$）；在 C′ 点以后，平均产量是递减的，边际产量低于平均产量（$MP < AP$）；在 C′ 点，平均产量达到最大，边际产量等于平均产量（$MP = AP$）。

表 4-1　劳动投入对总产量、平均产量和边际产量的影响

劳动投入量（L）	劳动增加量（ΔL）	总产量（TP）	平均产量（AP）	边际产量（MP）
1	1	8	8	8
2	1	18	9	10
3	1	30	10	12
4	1	44	11	14
5	1	54	10.8	10
6	1	60	10	6
7	1	60	8.6	0
8	1	56	7	-4

（4）当总产量以递增的比率增加时，边际产量和平均产量都上升；当总产量开始以递减的增长率增加时，边际产量达到最大并转而下降，平均产量继续增加；当总产量继续以递减的增长率增加时，边际产量继续下降，平均产量开始下降；当总产量上升到最大时，边际产量降至零；当总产量下降时，边际产量降为负值。

三、边际产量递减规律

边际产量递减规律又称边际报酬递减规律或边际收益递减规律，是指在技术水平不变和其他生产要素投入量不变的情况下，连续投入一种可变生产要素达到一定量以后边际产量（报酬）将出现递减的趋势，直至降为零甚至为负值。

> **探索与思考**
>
> 边际产量递减适用于短期，对长期是否也适用？为什么？

理解边际产量递减规律时，需要注意以下几点。

（1）边际产量递减规律发生作用的前提是技术水平不变，即生产中所使用的技术没

有重大变革。无论在农业还是在工业中，一种技术水平一旦形成，总有一个相对稳定的时期，即使在科学技术飞速发展的当代，也并不是每时每刻都有重大的技术突破，这种情况就称为技术水平保持不变。因此，在一定时期内技术水平不变这一前提是存在的，离开了这一条件，此规律不能成立。

（2）边际产量递减规律研究的是把不断增加的一种可变生产要素，追加到其他不变的生产要素中去时对产量或收益产生的影响。

知识拓展

> 边际产量递减规律是从科学实验和生产实践中得出来的，在农业中的作用最明显。如有些地方在有限的土地上盲目密植，造成减产，这一事件证明了边际产量递减规律。行政部门中机构过多、人员过多也会降低行政办事效率。俗话说"一个和尚担水吃，两个和尚抬水吃，三个和尚没水吃"，也正是对边际产量递减规律的形象表述。

（3）在其他生产要素不变时，一种生产要素增加所引起的产量或收益的变动，可以分为三个阶段。

第Ⅰ阶段是产量递增，即这种可变生产要素的增加使产量或收益增加。这是因为在开始时不变的生产要素没有得到充分利用，这时增加可变的生产要素能使不变的生产要素得到充分利用，从而产量递增。

第Ⅱ阶段是边际产量递减，即这种可变生产要素的增加仍可使总产量增加，但增加的比率即增加每一单位生产要素的边际产量是递减的。这是因为这一阶段不变生产要素已接近充分利用，可变生产要素的增加已不像第一阶段那样能使产量迅速增加。

第Ⅲ阶段是产量绝对减少，即这种可变生产要素的增加使总产量减少。这是因为这时不变生产要素已经得到充分利用，再增加可变生产要素只会降低生产效率，减少总产量。边际产量递减规律之所以存在，是因为在生产过程中可变生产要素和不变生产要素之间存在着一个最佳的配合比例，并且它们在生产中通过相互结合、相互协作发挥效能。

很多时候，边际产量递减规律都会影响到人们的生活。农民在田里种地的时候，总是要将青苗保持一定的行距和间距。有些农民希望有更多的收成，就缩小行距和间距，搞密植，等收获的时候才发现自家的收成与别人家的收成相比少得多。再如我国从20世纪50年代到80年代初，几十年里，一方面人口翻了一番还多，而另一方面可耕地的面积却因种种原因一直在减少，按照边际产量递减规律，在有限的土地上连续追加投入，得到的产出的增加将越来越少，这些都是由边际产量递减规律制约导致的。

生活链接

三季稻不如两季稻

在1958年，当时的口号是"人有多大胆，地有多高产"。于是一些地方把传统的两季稻改为三季稻，结果总产量反而减少了。从经济学的角度来看，这是因为违背了一个最基本的经济规律：边际产量递减规律。

两季稻是农民长期生产经验的总结，它行之有效，说明在传统行业技术下固定生产要素已经得到了充分利用。改为三季稻之后，土地过度利用，引起肥力下降，设备、肥料、水利资源等由两次使用改为三次使用，每次使用的数量不足，这样，三季稻的总产量就低于两季稻了。对于此，人们总结的经验"三三见九，不如二五一十"形象地说明了这一道理。

四、短期生产的三个阶段

根据短期生产的总产量曲线、平均产量曲线和边际产量曲线之间的关系，可以将短期生产划分为三个阶段，如图 4-2 所示。

在第 Ⅰ 阶段，产量曲线的特征：劳动的平均产量始终是上升的，且达到最大值；劳动的边际产量达到最大值，然后开始下降，且劳动的边际产量始终大于劳动的平均产量；劳动的总产量始终是增加的。这说明在这一阶段不变生产要素资本的投入量相对过多，生产者增加可变要素劳动的投入量是有利的。任何理性的厂商都不会在这一阶段停止生产，而是会连续增加劳动要素的投入量，以增加总产量，并将生产扩大到第 Ⅱ 阶段。

在第 Ⅲ 阶段，产量曲线的特征：劳动的平均产量继续下降，劳动的边际产量降为负值，劳动的总产量也呈下降趋势。这说明在这一阶段可变生产要素劳动的投入量相对于不变要素资本已经过多，此时生产者减少可变要素劳动的投入是有利的。即使在这个阶段可变要素劳动的供给是免费的，理性的厂商也不会增加劳动投入量，而是通过减少劳动投入量来增加总产量，以摆脱劳动的边际产量为负值和总产量下降的局面，并退回到短期生产的第 Ⅱ 阶段。

综上所述，理性的厂商既不希望将生产停留在第 Ⅰ 阶段，也不希望将生产扩张到第 Ⅲ 阶段，他们总会选择将生产停留在第 Ⅱ 阶段。在生产的第 Ⅱ 阶段，厂商可以得到由第 Ⅰ 阶段增加可变要素劳动的投入所带来的全部好处，又可避免将可变要素劳动投入增加到第 Ⅲ 阶段而带来的不利影响。因此，第 Ⅱ 阶段是理性的厂商进行短期生产的合理生产区间。在第 Ⅱ 阶段的起点处，劳动的平均产量曲线和劳动的边际产量曲线相交，即劳动的平均产量达到最高点。在第 Ⅱ 阶段的终点处，劳动的边际产量曲线与横轴相交，即劳动的边际产量为零。至于生产要素投入量的第 Ⅱ 阶段的哪一点为最佳，还要考虑成本、收益和利润等其他因素。

知识拓展

生产要素的合理投入区域是第 Ⅱ 阶段。至于生产要素投入量究竟在第 Ⅱ 阶段内的哪一点为最佳，则需要考虑其他因素。如果厂商的目标是使平均产量达到最大，那么劳动量增加到图 4-2 中的 L_3 点就可以了；如果厂商的目标是使总产量达到最大，那么劳动量就可以增加到图 4-2 中的 L_4 点；如果厂商以利润最大化为目标，那就要考虑成本、产品价格等因素后再做定夺。

第四节 长期生产函数

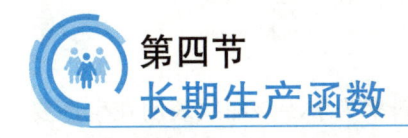

微观经济学认为，如果生产要素的投入从一种增加到两种或两种以上，生产要素投入量与产量之间的关系就会表现得更为复杂些。如果两种或两种以上的生产要素按原有的技术系数增加投入，就会使原有的生产规模扩大。研究两种或两种以上生产要素的合理投入，就是要确定最适宜的生产规模的问题，这涉及生产理论的规模经济问题。为了研究方便，通常以两种生产要素资本和劳动的连续投入来说明，而不考虑两种以上生产要素的投入情况。

在长期，劳动和资本两种生产要素的投入都是可变的，两种可变生产要素投入的长期生产函数可表示为

$$Q = f(L, K) \tag{4-12}$$

式（4-12）中，L 为可变生产要素劳动的投入量；K 为可变生产要素资本的投入量；Q 为产量。该函数表明产量与资本、劳动投入量之间的关系。

为了寻找这个长期生产函数的最优投入组合，需要利用等产量曲线和等成本曲线进行分析。

一、等产量曲线

1. 等产量曲线的含义

等产量曲线是指生产既定产量的两种要素投入量的各种组合点的轨迹。在技术条件不变的前提下，如果两种生产要素的不同组合能够生产出同等水平的产量，那么把这些组合连接起来形成的曲线就是等产量曲线。等产量曲线类似于消费者行为理论中的无差异曲线。

假定某厂商用资本和劳动两种生产要素生产某种产品，两种生产要素分别有A、B、C、D四种组合方式，且每种组合方式都可以生产出相同的产量，如表4-2所示。据此做出的等产量曲线如图4-3所示。

表4-2 同一产量下不同要素的组合

组合方式	资本（K）	劳动（L）
A	6	1
B	3	2
C	2	3
D	1	6

在图4-3中，横轴和纵轴分别表示劳动和资本的投入数量，Q 曲线为等产量曲线。等产量曲线上任何一点所表示的都是资本和劳动的不同数量组合，且这些组合都能生产出相

同的产量。

2. 等产量曲线的特征

等产量曲线具有以下四个特征。

（1）等产量曲线一般是一条向右下方倾斜的曲线，斜率为负。该曲线表明在生产要素价格既定的条件下，为了生产相同的产量，在增加劳动这种生产要素时必须减少资本这种生产要素。劳动与资本两种生产要素之间存在替代关系。

（2）根据给定的生产函数，在同一坐标平面上可以有无数条等产量曲线，且每一条等产量曲线上的产量相等。不同的等产量曲线代表的产量不同，离原点越近的等产量曲线代表的产量水平越低，离原点越远的等产量曲线代表的产量水平越高。在图 4-4 中，Q_1、Q_2、Q_3 是三条不同的等产量曲线，它们分别代表不同的等产量水平，$Q_1 < Q_2 < Q_3$。

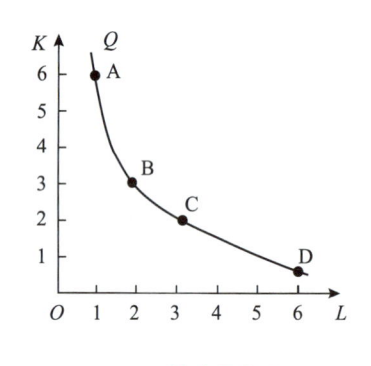

图 4-3　等产量曲线　　　　图 4-4　三条不同的等产量曲线

（3）在同一坐标平面，任意两条等产量曲线不能相交，因为在交点上两条等产量曲线代表了相同的产量水平，这与第二个特征相矛盾。

（4）等产量曲线是一条凸向原点的线，这是由边际替代率递减规律所决定的。

> **探索与思考**
>
> 等产量曲线与无差异曲线有何异同？

3. 边际技术替代率及其递减规律

边际技术替代率（marginal rate of technical substitution，MRTS）是在维持相同的产量水平时增加一单位某种生产要素投入量所减少的另一种要素的投入量。以 ΔL 代表劳动的增加量，ΔK 代表资本的减少量，$MRTS_{LK}$ 代表劳动对资本的边际技术替代率，则有

$$MRTS_{LK} = -\frac{\Delta K}{\Delta L} \tag{4-13}$$

式（4-13）中，加一负号是为了使 $MRTS_{LK}$ 的值在一般情况下为正，以便于比较。

假定等产量曲线是连续的且生产要素的变化量趋于无穷小，则有

$$MRTS_{LK} = \lim_{\Delta Q \to 0}\left(-\frac{\Delta K}{\Delta L}\right) = -\frac{\mathrm{d}K}{\mathrm{d}L} \tag{4-14}$$

边际技术替代率还可以表示为两种要素的边际产量之比，则有

$$MRTS_{LK} = \frac{MP_L}{MP_K} \tag{4-15}$$

边际技术替代率呈递减规律。在维持产量不变的前提下，当一种生产要素的投入量不断增加时，每一单位的这种生产要素所能替代的另一种生产要素的数量是递减的。

知识拓展

边际技术替代率呈递减趋势的原因

在正常情况下，边际技术替代率呈递减的趋势。这是因为，根据边际产量递减规律，随着劳动量的增加，边际产量递减。这样，每增加一定数量的劳动所能替代的资本量越来越少，即 ΔL 不变时 ΔK 越来越小。边际技术替代率也就是等产量曲线的斜率。等产量曲线的斜率递减，决定了它是一条凸向原点的曲线。

二、等成本曲线

等成本曲线是表示等量的成本所购得的两种生产要素的各种不同数量组合的轨迹。

生产函数的经济区域说明，生产者不能随心所欲地选择生产要素的投入组合，必须考虑技术上的合理性、经济性，防止技术上的无效率或低效率。除此之外，生产者还面临经济上的约束，要考虑预算约束，而不能随意选择位置高的等产量曲线。

由于要素的价格各不相同，而同等的成本支出可以形成不同比例的生产要素组合。因此，生产者所承受的成本水平就是要素的价格和要素投入量的乘积之和。假定只有资本和劳动两种生产要素，则生产者的成本约束可表示为

$$C = \omega L + rK \tag{4-16}$$

式（4-16）中，C 为货币成本；ω 劳动力的价格；L 为劳动力的购买量；r 为资本的价格；K 为资本的购买量。如果成本和要素价格水平既定，则所投入的生产要素资本和劳动之间具有替代关系，且这种替代关系必须保持在同等的成本水平限制之内，即要符合生产者的预算约束。等成本曲线就是用来描述这种关系的。

由成本方程可得

$$K = -\frac{\omega}{r}L + \frac{C}{r} \tag{4-17}$$

成本线如图 4-5 所示。在图 4-5 中，等成本曲线以内区域中的任何一点，如 B 点，表示既定的全部成本都用来购买该点的劳动和资本的组合以后还有剩余。等成本曲线以外的任何一点，如 P 点，表示用既定的全部成本来购买该点的劳动和资本的组合是不够的。只有等成本曲线上的任何一点，才表示用既定的全部成本能刚好购买到的劳动和资本的组合。

在成本固定和要素价格已知的条件下，连接资本和劳动两种要素组合在横轴和纵轴上的对应点，就可以得到一条成本线。当成本和要素价格发生变动时，会使等成本曲线发生变化。如图 4-6 所示，当要素价格增加时，等成本曲线 AB 向下平移到 A_2B_2；当成本增加时，

等成本曲线 AB 向上平移到 A_1B_1。

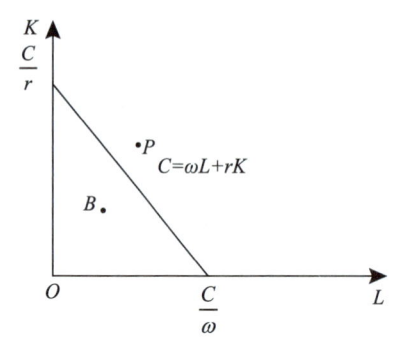

图 4-5 等成本曲线

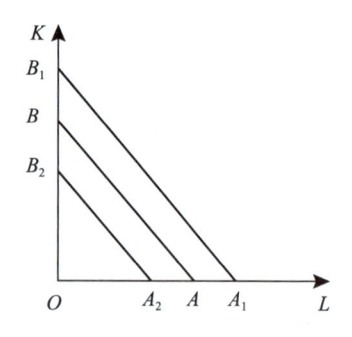

图 4-6 等成本曲线的移动

三、生产者均衡

1. 生产要素的最优组合

厂商为了实现既定成本下的产量最大化，就应该选择最佳的要素投入量，考虑使用各种生产要素所能获得的边际产量与所付出的价格这两个因素。生产要素最适组合即实现生产均衡：在成本与生产要素价格既定的条件下，厂商应该选择最佳的要素投入量，使所使用的各种生产要素的边际产量与要素价格的比例相等，也就是使每一单位货币成本所带来的生产要素的边际产量相等，实现既定成本下的产量最大化。

> **探索与思考**
>
> 某车间男工和女工各一半。男工和女工可以互相替代。假定男工每增加 1 人可增产 10 件；女工每增加 1 人可增产 8 件。男工每小时工资为 4 元，女工每小时工资为 2.5 元。若你为该车间主任，请思考车间男工和女工的组合比例是否为最优？

（1）既定产量下的成本最小化

如图 4-7 所示，既定的产量曲线 Q_1 与三条等成本曲线相交、相切、不交也不切，三条等成本曲线所代表的成本 $C_1 < C_2 < C_3$，所以成本 C_2 便是：量的最低成本。

满足最优要素投入组合，要求等成本曲线与等产量曲线 Q_1 相切。也就是说，在最优投入切点 E，等成本曲线 C_2 的斜率与等产量曲线 Q_1 的斜率相等。

（2）既定成本下的产量最大化

在图 4-8 中有一条等成本曲线和三条等产量曲线 Q_1、Q_2 和 Q_3。等成本曲线 AB 代表了一个既定的成本量。由图可知，等成本曲线 AB 与其中一条等产量曲线 Q_2 相切于 E 点，该点就是生产的均衡点。在既定成本条件下，企业应该按照 E 点的要素组合进行生产，即劳动投入量和资本投入量分别为 L_1 和 K_1，这样厂商就会获得最大的产量。

（3）成本变动对生产者均衡的影响

生产要素的最优投入组合，就是等成本曲线和等产量曲线相切之点所代表的那种组合，它可以实现以最小的成本生产出既定的产量，或者以既定的成本生产出最大的产出。在生产要素中的价格、生产技术和其他条件不变的情况下，如果厂商改变成本，等成本曲线就会发生平移，从而与新的等产量曲线相切，形成新的均衡点，新的均衡点就代表了生产要素新的最优组合。

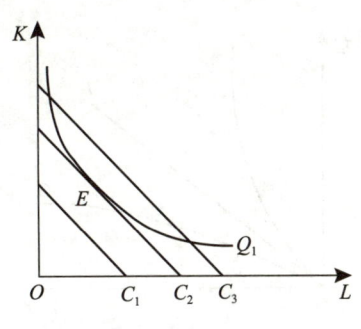

图 4-7　既定产量下的成本最小

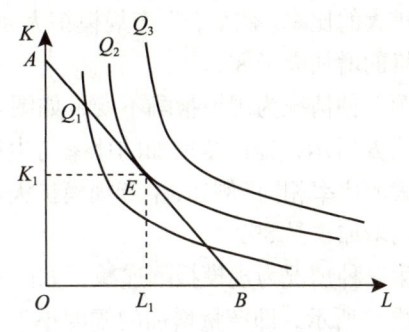

图 4-8　既定成本下的产量最大

> **知识点滴**
>
> 无论是成本的最小组合，还是产量的最大组合，都是等产量曲线与等成本曲线切点的组合。在这个切点上，实现了利润最大化，即实现了生产要素的最优组合。

2. 生产扩展线

在图 4-9 中，等产量曲线 Q_1、Q_2、Q_3 表示从低到高的产量水平，等成本曲线 A_1B_1、A_2B_2、A_3B_3 表示从低到高的成本水平。当成本由等成本曲线 A_1B_1 表示时，E_1 点所代表的生产要素组合就是在这个既定的成本水平上所能生产出的最大产量的最优组合。当成本依次提高到 A_2B_2 和 A_3B_3 所代表的水平时，E_2 点和 E_3 点所代表的生产要素组合就是成本发生变化以后的最优组合，即 E_1、E_2、E_3 三点分别代表不同成本和产量水平下的最优组合，这些点也被称为生产者均衡点。把这些均衡点连接起来，就是生产扩展线，即扩展线表示的是各均衡点的轨迹。

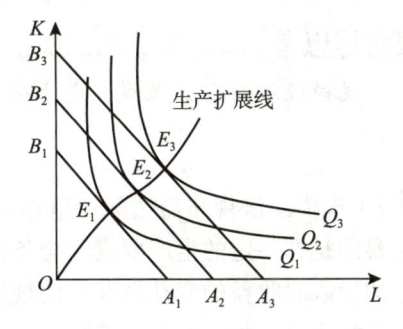

图 4-9　成本变动对生产要素最优组合的影响

在生产要素价格、生产函数和其他条件不变的情况下，当生产的成本或产量发生变化时，厂商必然会沿着生产扩展线来选择最优生产要素组合，从而实现既定成本条件下的最大产量或既定产量条件下的最小成本。

四、规模经济

1. 规模经济的含义

规模经济是指在技术水平不变的情况下，当两种生产要素按比例同时增加，即生产规模扩大时，最初这种生产规模的扩大会使产量的增加幅度大于生产规模扩大的幅度，但当规模扩大超过一定限度后，产量的增加幅度便会小于生产规模的扩大幅度，甚至出现产量绝对减少的情况，出现规模不经济。

如图 4-10 所示，两种生产要素增加引起的产量或报酬变动的情况，可以分为规模报酬递增、规模报酬不变、规模报酬递减三种情况。

第一种情况为规模报酬递增，如图4-10中曲线 A 所示，即产量增加的比率大于生产规模扩大的比率。例如，生产规模扩大8%，而产量的增加大于8%。

第二种情况为规模报酬不变，如图4-10中曲线 B 所示，即产量增加的比率与生产规模扩大的比率相同。例如，生产规模扩大8%，产量的增加也是8%。

第三种情况为规模报酬递减，如图4-10中曲线 C 所示，即产量增加的幅度小于生产规模扩大的幅度，甚至使产量绝对减少。例如，生产规模扩大8%，而产量的增加小于8%或者是负数。

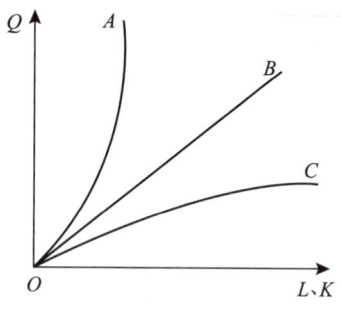

图 4-10 规模报酬

对规模经济规律的理解，要注意以下几点。

（1）规模经济规律产生作用的前提也是技术水平不变，即不改变原有的技术系数，在生产中所使用的资本和劳动两种生产要素在量上同比例增加。例如，农业中土地数量和劳动量的同时增加，或若干小农单位合并为大农场；工业中机器设备、厂房和劳动量同时增加，或若干小厂合并为大厂。这些均属于这种情况。

探索与思考

规模经济对企业来说，是十分重要的，你知道何种情况下可能会出现规模经济吗？

（2）规模经济规律与边际产量递减规律是有区别的。这种区别在于，边际产量递减规律考察的是在一定的生产要素组合条件下，其他生产要素的投入不变而某一种生产要素连续增加投入时收益的变动情况；而规模经济规律考察的是在所有生产要素连续同时增加或减少其投入量时收益的变动情况。

（3）两种生产要素同比例连续投入所引起的产量或收益的变动情况分为三个阶段：第Ⅰ阶段为规模报酬递增阶段，即在这一阶段产量增加的幅度大于生产规模扩大的幅度；第Ⅱ阶段为规模报酬不变阶段，即在这一阶段产量增加的幅度等于生产规模扩大的幅度；第Ⅲ阶段为规模报酬递减阶段，即在这一阶段产量增加的幅度小于生产规模扩大的幅度，甚至产量绝对减少。

2. 规模经济变化的原因

（1）内在经济与内在不经济

内在经济是指一个厂商在生产规模扩大时由自身内部因素所引起的产量与收益的增加。经济学家罗宾逊在1931年出版的《竞争产业的结构》中提出了五种与内在经济相关的因素。

① 技术经济。生产规模扩大，厂商可以购置和使用更加先进的机器设备；可以提高专业化程度，提高生产效率；还有利于实现资源的综合开发和利用，使生产要素效率得到

充分发挥。

② 管理经济。随着生产规模的扩大，它使用的劳动力和机器设备的数量必然增加，这可以促进企业范围内劳动的进一步分工和各种投入品用途的专门化，从而使规模报酬上升。

③ 商业经济。由于技术经济的原因，厂商的产品可以以较低的价格出售，也可以以优惠的价格购买大宗原材料，大厂商还可以利用广告等手段提高品牌的知名度以吸引更多顾客并建立起对厂商品牌的忠诚，从而增加厂商其他产品的销售。

④ 财务经济。厂商越大，财务利益就越大。较大的厂商可以轻易地从银行和有关机构以优惠的利率获得贷款。它还能以比小厂更低的费用发行股票和债券来筹集资金，并取得投资者的信任。

⑤ 风险分担经济。所有厂商都可能在某一时候遇到风险，但很显然较大的厂商在这方面有明显的优越性。当市场需求变化时，大厂商有能力支付研究和发展的费用，通过新产品研发和生产占领新的市场，小厂商则经常会被不断变化的市场迭代。

大规模生产所带来的好处是显而易见的，经济学上通常把这种好处叫作"大规模生产的经济"，但是生产规模并不是越大越好，如果一个厂商由于生产规模过大而引起产量或收益减少，就是内在不经济。内在不经济的主要原因有以下两方面。

① 管理效率的降低。一个厂商生产规模过大时，其管理机构常常也过于庞大，从而管理和决策缺乏灵活性，对市场需求的变化难以很快做出反应。管理机构的庞大，也会造成各管理环节的漏洞，这些都会降低生产效率，使产量和收益绝对减少。

② 各种费用的增加。生产要素的供给并不是无限的，生产规模过大必然会大幅度增加对生产要素的需求，而使生产要素价格上升。同时，生产规模过大，产品大量增加，也增加了销售的困难，需要增设更多的销售机构和人员，增加了销售费用。由此可见，生产规模也并不是越大越好。

生活链接

过大的原料需求，会使原料供应紧张，原料价格上升；过大的劳动需求，会提高工资水平等。同时，生产规模过大，必然造成产品供给增加，销售困难，使销售机构和人员增多，从而费用加大，成本提高，最终致使产量或收益减少。

（2）外在经济与外在不经济

外在经济是指整个行业生产规模扩大和产量增加后给个别企业带来的产量与收益的增加。造成外在经济的主要原因：行业规模的扩大可以设立专业技术学校，培养熟练劳动力和工程技术人员，提高整个行业的劳动力素质；行业规模的扩大可以建立共同的服务组织，如市场推销机构、科研机构等，从而提高整个行业的经济效益；行业规模的扩大可以建立便利的交通运输和通信网络，个别厂商可以从整个行业的扩大得到更多的信息和更好的人才；行业规模的扩大，也使行业内部分工更加精细，从而使产量和收益增加。

外在不经济是指整个行业生产规模扩大和产量增加后给个别企业带来的产量与收益的

减少。造成外在不经济的原因：随着整个行业规模的扩大和产量的增加，劳动力、原料、燃料、土地和运输的供给变得紧张起来，各个厂商为争夺生产要素和产品销售市场，必须付出更高的代价。此外，行业规模的扩大还可能引起严重的环境污染，或者使产品的销售变得困难，从而使个别企业的成本增加，使产量与收益减少。

生活链接

义乌模式的外部规模经济

刘跃军教授撰文《从外部规模经济视角解读规模经济》指出义乌模式挑战传统商圈成功，这得益于外部规模经济造就了义乌的竞争优势。

他在文中谈到，以小商品批发市场为标志的商贸圈建设、小商品市场建设贯穿于义乌经济发展的始终。义乌一举成为全国最大的小商品集散地和浙江经济圈黄金点。义乌市场的兴起最初是抓住了改革的机遇，资源禀赋的劣势锤炼了义乌人"敢为天下先"的胆识和魄力。但是，义乌能在各地后起的商业大潮中屹立潮头，很大程度上得益于外部规模经济。

外部规模经济主要来源于整个市场规模的扩大，即随着整个市场规模扩大，该市场内各个商家的单位交易成本将会降低。这是因为：第一，规模扩大可以使基础设施更加完善，在该市场内的商家有可能享受到高效率、集中化和专业化的服务；第二，规模扩大可以导致劳动力资源的共享，专业人才的集中；第三，规模扩大易于传递新信息，有利于知识积累。

产业集聚是形成外部规模经济的主要原因，产业集聚强化了竞争优势。义乌的产业集聚经历了横向集聚和纵向集聚两个阶段。20世纪80年代中期至90年代初期，义乌的产业集聚主要是横向的商业集聚，从而带动了交通运输业、电信服务业、旅游餐饮业、房地产业与各种服务业等第三产业的迅速发展。90年代初以后，商业集聚效应向纵向延伸，带动了工业集聚。

3. 适度规模

适度规模就是使资本和劳动两种生产要素的增加即生产规模的扩大正好使收益递增达到最大，当收益递增达到最大时就不再同比例增加生产要素，并使这一生产规模维持下去。对于不同行业的厂商来说，适度规模大小是不同的，并没有一个统一的标准。在确定适度规模时，应该考虑的因素主要有以下几点。

探索与思考

我国的哪些成语中蕴含"适度规模"的思想？请列举出来。

（1）**本行业的技术特点**。生产需要的投资量大，所用设备复杂先进的行业，适度规模也就大，如汽车、石油等行业；相反，需要的投资小，所用设备比较简单的行业，适度规模也小。

（2）**市场条件**。生产市场需求量大且标准化程度高的产品的厂商，适度规模应该比较大；相反，生产市场需求小且标准化程度低的产品的厂商，适度规模较小。

（3）自然资源状况、交通运输条件、政府政策等也会影响适度规模的大小。自然资源丰富的产品厂商，政府支持的行业，其适度规模相对较大；相反，自然资源贫乏的产品厂商，政府政策限制发展的行业，其适度规模相对较小。

生活链接

乳业适度规模 提质量保安全

牧场"规模越大，环保、污染、疾病控制难度就越大"。一两千头的牧场规模刚刚适宜，因为牧场规模太大的话，防疫成本将会明显上升，奶牛患病的概率将明显提升，并且一旦出现口蹄疫等疾病，损失将不堪设想，尤其是羊牧场，由于羊的体格小，抗病能力差，疾病传染更快，防疫将更麻烦。因此，保持一两千头的规模，无论是在防疫上还是从环保层面来讲都是最有利的。作为企业牧场，不应该盲目追求规模发展，而要做到规模合理。

第五节 成本理论

一、成本的概念

成本（cost）是指厂商在生产中所使用的各种生产要素的货币支出，即每种生产要素的价格与投入要素的数量的乘积。成本函数描述的是产品数量与成本之间的函数关系，其公式为

$$C = f(Q) \tag{4-18}$$

1. 机会成本与会计成本

经济学中的成本概念与会计中的成本概念是不同的。企业生产与经营中的各种实际支出称为会计成本。会计成本是作为成本项目计入会计账的费用，它通常是会计师根据各种生产要素的市场价格和生产经营中所付费用，连同厂房设备的折旧费等一起系统记录在账面上的。

机会成本是指生产者利用一定资源获得某种收入时所放弃的该资源在其他用途上所能获得的最大收入。机会成本是与资源的稀缺性紧密相连的，在资源稀缺的前提下，当企业用一定的经济资源生产一定数量的一种或几种产品时，这经济资源就不能同时被用在其他生活用途上了。会计师重视会计成本，经济学家重视机会成本。

生产一单位的某种商品的机会成本，是指生产者所放弃使用相同的生产要素在其他生产用途上所能得到的最高收入。使用一种资源的机会成本，是指把该资源投入某一特定用途以后所放弃的在其他用途中所能获得的最大利益。

生活链接

上大学的机会成本

一种东西的机会成本是为了得到这种东西所放弃的其他东西。你可曾问过自己：读大学的成本是什么？回答这个问题时，你可能会把上大学期间的学费、书费、生活费加总起来，认为这就是自己上大学的成本。但你可能还不明白，这种总和并不是一个大学生上大学所付出的全部代价。

读大学的学费、书费和生活费只是上大学的会计成本，而计算上大学的成本还需要考虑机会成本。从这个意义上讲，生活费并不是上大学的真正成本，因为你即使不上学也要有睡觉的地方，也要吃饭。只有在大学的住宿和伙食比其他地方贵时，贵的部分才是上大学的成本。上大学最大的成本是时间。当你把数年的时间用于听课、读书和写文章时，就不能同时把这段时间用于工作了。

对于大多数学生来说，为上学所放弃的就业工资是他们接受高等教育最大的机会成本。因此，计算上大学的代价时，应当对因上大学而付出的一切包括显性成本和隐性成本进行加总。上大学的收益是使知识丰富，拥有更好的工作机会，以及获得因较高的收入、学历而带来的荣誉、地位等。每个人上大学的成本相差不大，但收益相差很大。

知识拓展

经济学是研究如何合理配置稀缺资源的，因此要用成本来解释消费者或厂商的行为。例如，一位大学生每天19～21点上自习，那他就不能在相同的时间内去看电影，他所放弃的看电影给他带来的收益就是上自习的机会成本。同理，如果某个厂商决定使用一定的经济资源去生产一定数量的A产品，那么，这些资源就不能再去生产B产品，从而会损失该资源用于生产B产品所取得收入的机会。而这种机会损失，是消费者或生产者在做决策时必须考虑的。会计师计算成本是为了编制损益表，并作为纳税的基础。采用会计的成本概念，有助于从经济学的视角去解释人们的行为。两者的目的不同。

2. 显性成本与隐性成本

企业的生产成本可以分为显性成本和隐性成本两个部分。

显性成本（explicit cost）是指厂商在市场上购买或租用他人所拥有的生产要素的实际支出。显性成本就是通常所说的会计成本，它是厂商在会计账目上作为成本项目计入账上的各项支出费用，包括厂商支付给所雇用的管理人员和工人的工资，所借贷的资金的利息，租借土地、厂房的租金，以及用于购买原材料或机器设备、工具和支付交通、能源费用等支出的总额。

隐性成本（implicit cost）是指厂商本身所拥有的且被用于该企业生产过程的那些生产要素的总价格。隐性成本通常包括三部分：经营者自身管理才能的报酬工资、自有资金的利息和厂商自有的地租。西方经济学认为，既然借用了他人的资本需付利息，租用了他人的土地需付地租，聘用他人来管理企业需付薪金，那么同样的道理，厂商自身管理企业也应该得到工资，自有资金也应该有利息，自有厂房也应该有地租。这些费用通常不能通过会计成本反映出来，因此被称为隐性成本。隐性成本必须从机会成本的角度按照企业自有生产要素在其他用途中所能得到的最高收入来支付，否则厂商会把自有生产要素转移出本企业，以获得更高的报酬。

生活链接

假定某店主每年花费20000元的资金租赁商店设备。年终，该店主销售中所获毛利为30000元。该店主赚了多少钱？从显性成本的角度来看，该店主赚了10000元，因为厂商的显性成本是20000元。但从隐性成本的角度来看，该店主可能一点儿也没赚。企业的隐性成本计算比较复杂。假定市场利率为10%，该店主从事其他职业所能获得的收入是20000元，则该店主的隐性成本是24000元（20000+40000×10%）。店主的机会成本是44000元。从机会成本的角度来看，该店主不仅没有赚钱，反倒赔了钱。可以说，该店主获得的会计利润是10000元，但获得的经济利润是-14000元（30000－44000）。会计利润以会计成本为基础进行计算，经济利润以机会成本为计算基础。

3. 沉没成本与可回收成本

沉没成本是指已经发生且没有办法收回的成本。例如，某电影在上映之前，花了1亿元用于广告宣传，上映后，反响平平，去电影院观看的人数不多，票房很低，那么该制片商用来做广告宣传的1亿元就是沉没成本。沉没成本提供了与现在决策相关的信息，但是与具体成本本身无关。当无法改变过去的决策时，已经花去的钱就已经没有了，所以沉没成本也称作历史成本，是指不依决策方案的有无而发生变化的成本。

而在已经发生的会计成本中，有的如办公楼、汽车和计算机等，可以通过出售或出租的方式在很大程度上加以回收，因此称其为可回收成本。

探索与思考

假设你花35元买了一张电影票，在入场观看了10分钟后，发现影片不好看，请问此时你如何做才是理性的？（请从沉没成本角度考虑）

4. 私人成本与社会成本

私人成本是从生产者个体角度所考虑的成本。私人成本既包括生产者为生产一定量的产品所花费的货币支出即会计成本，也包括生产者自身所拥有的投入生产中的要素成本即隐性成本。

社会成本是从全社会的角度来考虑的成本，它不仅包括生产者为生产经营活动所必须投入的成本，而且包括整个社会为此所付出的代价。

社会成本和私人成本都与外部密切相关。典型的社会成本是对环境污染的治理费用。私人成本通常是按照企业所使用的资源的市场价格来计算的。如果资源的市场价格准确地反映了资源的最好替换用途所体现出来的对社会的价值，那私人成本与社会成本就是一致的，但实际上两者并不一致。

二、短期成本分析

1. 短期成本的分类

（1）短期总成本

短期总成本（total cost，TC）是指短期内生产一定量产品所需要的成本总和。在短期内，有些生产要素可以调整，而有些生产要素不可以调整，因此，短期总成本又分为固定成本和可变成本两类。

固定成本（total fixed cost，TFC）是指短期内在一定产量范围内不随产量变动而变动的成本，也就是说，厂商即使暂时关闭其工厂，什么也不生产，也会承担费用，这个费用包括厂房设备投资的利息、折旧费、维修费、各种保险费、一些税金，以及即使在暂时停产期间也要继续雇用的人员的工资和薪金。固定成本是一个常数。

可变成本（total variable cost，TVC）指短期内随着产量变动而变动的成本。可变成本包括工人的工资，厂商为购进原料以及其他物品而发生的支出，以及电力费、营业税和短期借款的利息等。它随产量的增加而增加，当产量为零时可变成本为零。

如果用 STC 代表短期总成本，TFC 代表固定成本，TVC 代表可变成本，则有

$$STC = TVC + TFC \qquad (4\text{-}19)$$

（2）短期平均成本

短期平均成本（average cost，AC）指短期内平均每一单位产品所消耗的全部成本，它是由平均固定成本和平均可变成本构成的。

平均固定成本（average fixed cost，AFC）指短期内平均每一单位产品所消耗的固定成本，用公式表示为

$$AFC = \frac{TFC}{Q} \qquad (4\text{-}20)$$

平均可变成本（averrage variable eost，AVC）指短期内平均每一单位产品所消耗的可变成本，用公式表示为

$$AVC = \frac{TVC}{Q} \qquad (4\text{-}21)$$

如果用 SAC 代表短期平均成本，则有

$$SAC = \frac{STC}{Q} \qquad (4\text{-}22)$$

$$SAC = \frac{FC}{Q} + \frac{VC}{Q} = AFC + AVC \qquad (4\text{-}23)$$

（3）短期边际成本

短期边际成本（marginal cost，MC）指短期内厂商增加一单位产量所增加的总成本量。

如果用 MC 代表边际成本，以 ΔQ 代表增加的产量，则有

$$MC = \frac{\Delta TC}{\Delta Q} = \frac{\Delta TVC}{\Delta Q} \quad (4\text{-}24)$$

$$MC = \lim_{\Delta Q \to 0} \frac{\Delta TC}{\Delta Q} = \frac{\mathrm{d}TC}{\mathrm{d}Q} = \frac{\mathrm{d}TVC}{\mathrm{d}Q} \quad (4\text{-}25)$$

2. 短期成本表和短期成本曲线

短期成本表如表 4-3 所示。

表 4-3　总成本、平均成本和边际成本的关系

产量 Q	总成本 TC			平均成本 AC			边际成本 MC
	TFC	TVC	STC	AFC	AVC	SAC	MC
0	1200	0	1200	0	0	0	0
1	1200	600	1800	1200	600	1800	600
2	1200	800	2000	600	400	1000	200
3	1200	900	2100	400	300	700	100
4	1200	1050	2250	300	262.5	562.5	150
5	1200	1400	2600	240	280	520	350
6	1200	2100	3300	200	350	550	700

各种短期成本的变动规律及各种短期成本曲线之间的关系如图 4-11 所示，其中，横轴表示产量 Q，纵轴表示成本 C。

在图 4-11（a）中，STC 为总成本曲线。它是一条从固定成本出发的曲线，前段向下弯，后段向上弯，两段之间有一个拐点，即图中虚线通过的点。拐点以前边际成本递减，即随着产量的增加每单位产量带来的总成本的增加幅度是递减的；拐点以后边际成本递增，即随着产量的继续增加每单位产量带来的总成本的增加幅度是递增的。

知识点滴

图 4-11（b）中的 A 点称为收支相抵点，这时的价格为平均成本，一平均成本等于边际成本，生产者的成本与收益相等，即 P = SMC = SAC。

TFC 为固定成本曲线，是一条由原点出发的水平线，它表示在一定产量范围内 TFC 是固定不变的。

TVC 为可变成本曲线，其形状与 STC 曲线基本相似，只是其纵坐标与 STC 曲线相差一个常数且该常数为 TFC。

在图 4-11（b）中，SAC 为平均成本曲线，它与平均可变成本曲线类似。当 SMC < SAC 时，SAC 曲线不断下降；当 SMC > SAC 时，SAC 曲线不断上升。因此，SAC 曲线也是先

降后升，且 SMC 曲线通过 SAC 曲线的最低点 A 点。

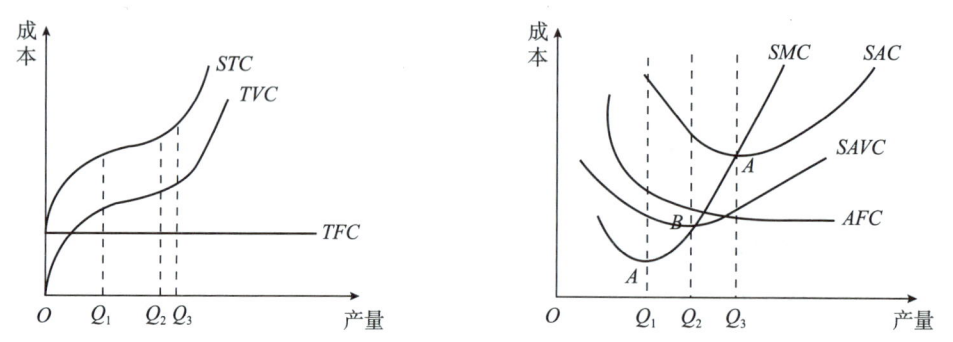

（a）短期总成本曲线、固定成本曲线、可变成本曲线　（b）短期平均成本、平均固定成本、平均可变成本、边际成本曲线

图 4-11　各种成本的变动规律及各种成本曲线之间的关系

知识点滴

图 4-11（b）中的 B 点称为停止营业点，即在这一点上价格只能弥补平均变动成本，这时所损失的是不生产也要支付的平均固定成本。如果低于这一点，不能弥补变动成本，则生产者就应停止生产。

因为 TFC 固定不变而产量是不断增加的，所以 AFC 曲线随产量 Q 的增加不断下降。

AVC 为平均可变成本曲线。当 $SMC < SAVC$ 时，SAVC 曲线不断下降，即最初随着产量的不断增加平均可变成本是不断下降的；当 $SMC > SAVC$ 时，SAVC 曲线不断上升，即随着产量的继续增加平均可变成本开始不断上升。因此，SAVC 曲线是先降后升，呈"U"形，且和 SMC 曲线相交于自身的最低点 B 点。

三、长期成本分析

1. 长期成本概述

长期总成本（long-run total cost，LTC）是指厂商在长期中在每一产量水平上通过改变生产规模所能达到的最低总成本。没有产量时没有长期总成本。长期总成本随产量的增加而增加，长期总成本的函数表达式为

$$LTC = f(Q) \tag{4-26}$$

长期平均成本（long-run average cost，LAC）是长期中平均每单位产品所需要的成本支出，即厂商在长期中按产量平均计算的最低总成本。长期平均成本的表达式为

$$LAC = \frac{LTC}{Q} \tag{4-27}$$

长期边际成本（long-run marginal cost，LMC）是指厂商在长期内每增加一单位产量所引起的最低总成本的增量。长期边际成本等于长期总成本的变动量除以产品产量的变动

量。长期边际成本的表达式为

$$LMC = \frac{\Delta LTC}{\Delta Q} \tag{4-28}$$

2. 长期成本曲线

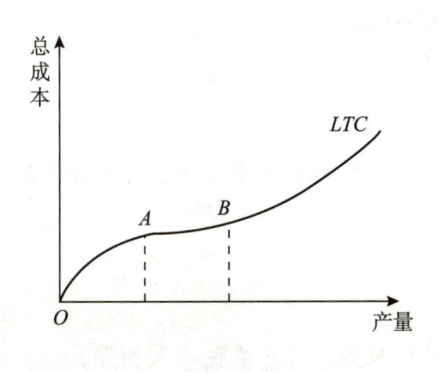

（1）长期总成本曲线

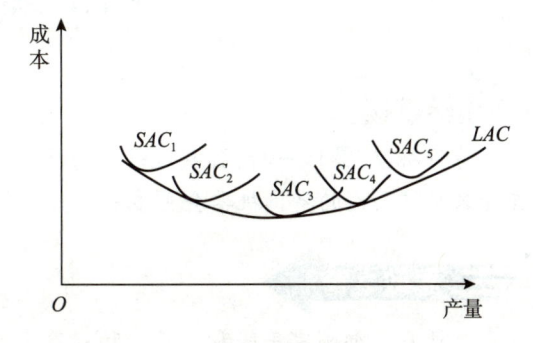

长期总成本曲线表现为厂商在长期中各种产量水平上通过改变生产规模所能达到的最低总成本的轨迹，即长期总成本是在各种最优规模上进行生产所支付的总成本。长期总成本曲线如图 4-12 所示。

在图 4-12 中，长期总成本曲线是一条从原点出发向右上方倾斜的曲线，说明长期总成本随产量的增加而增加。在 OA 段，成本的增加幅度大于产量的增加幅度，表现为曲线比较陡峭；在 AB 段，成本的增加幅度小于产量的增加幅度，表现为曲线比较平缓；在 B 点以后，成本的增加幅度又大于产量的增加幅度，表现为曲线比较陡峭。

长期总成本随产量的增加而增加。产量较低时生产要素无法充分利用，成本的增加幅度要大于产量的增加幅度；当产量增加到一定程度后，由于规模报酬作用，成本增加的幅度小于产量的增加幅度；最后，由于规模报酬递减，成本的增加幅度又大于产量的增加幅度。

（2）长期平均成本曲线

在长期中生产要素都是可变的，从而不存在固定成本。厂商在决定其产量规模时，总是要使相对于每一产量的平均成本达到最低，因此，长期成本曲线是所有短期成本曲线的包络线，如图 4-13 所示。

在图 4-13 中，长期平均成本曲线 LAC 也是一条先下降后上升的"U"形曲线，它是众多短期平均成本曲线的包络线。

长期平均成本随着产量的增加先减少后增加，这是因为随着产量的增加规模报酬递增平均成本减少，随着产量的继续增加规模报酬递减平均成本又逐渐增加。长期平均成本的这种变化规律和短期平均成本相同，但形成的原因不一样。短期平均成本曲线的"U"形是由边际报酬递减规律引起的，长期平均成本曲线的"U"形是由规模报酬递减规律引起的。

图 4-12　长期总成本曲线

图 4-13　长期平均成本曲线

经济学

知识点滴

在长期平均成本曲线的最低点，短期平均成本曲线的最低与其相切。在长期平均成本曲线最低点的左侧，短期平均成本曲线最低点的左侧与其相切；在长期平均成本曲线最低点的右侧，短期平均成本曲线最低点的右侧与其相切。

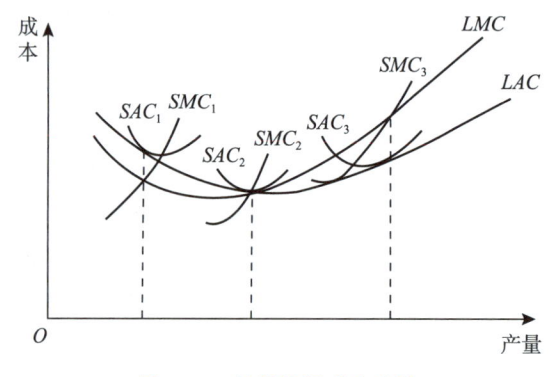

（3）长期边际成本曲线

长期边际成本曲线也是随产量的增加先下降后上升的向右上方倾斜的一条曲线。但是，长期边际成本曲线不是短期边际成本曲线的包络线，它是每一产量上短期边际成本与短期平均成本相交确定的产量所对应的短期边际成本连接而成的一条光滑的曲线，如图4-13所示。

在图4-14中，长期边际成本曲线LMC呈"U"形，随着产量的不断增加，长期边际成本先是下降，然后又不断上升，它与长期平均成本曲线相交于长期平均成本曲线的最低点。

当LAC曲线处于下降阶段时，LMC曲线一定位于LAC曲线的下方，即$LMC<LAC$；相反，当LAC曲线处于上升阶段时，LMC曲线一定位于LAC曲线的上方，即$LMC>LAC$。因为LAC曲线在规模内在经济和内在不经济的作用下呈先下降后上升的"U"形，这就使得LMC曲线也必然呈先下降后上升的"U"形，并且两条曲线相交于LAC曲线的最低点。

图4-14 长期边际成本曲线

生活链接

特价机票，最低一折，你买过吗？为什么会出现特价机票？机票有什么样的降价规律？在什么时候买到的特价机票会更多一些？

思政之窗

为认真贯彻国家玉米和大豆、稻谷等生产者补贴政策，稳定农民收入预期，调动农民生产积极性，按照相关文件，各地政府陆续发布了补贴政策落实工作的通知。内容大致有以下几个方面。

①明确补贴对象，认真核实补贴面积；②严格核实面积，及时发放补贴；③加强监督检查，严肃处理违法行为；④强化组织领导，加大政策宣传力度；⑤加快补贴发放，及时备案发放情况。

农民是最基本的生产者，保证农民的生产积极性是一个国家粮食安全的根本保障。同样，生产者作为社会经济环节中重要的一个环节，他们的行为会严重影响到社会经济走向。

本章小结

生产函数是指在一定时期内，在技术水平不变的条件下，生产中所使用的各种生产要素的数量与所能生产的最大产量之间的关系。

边际产量递减规律，是指在其他条件不变时，连续将某一生产要素的投入量增加到一定数量之后，总产量的增量即边际产量将会出现递减的现象。在这个变化过程中，总产量、平均产量和边际产量之间会形成密切的相互关联和影响关系。总产量、平均产量和边际产量的运动规律及其相互关系，对生产者的要素投入决策极其重要。

当企业规模扩大时，其规模报酬有三种情况：规模报酬递增，所有投入要素增加的倍数小于产出增加的倍数；规模报酬递减，所有投入要素增加的倍数大于产出增加的倍数；规模报酬不变，所有投入要素增加的倍数等于产出增加的倍数。这对于企业选择适度规模具有重要意义。

经济学中的成本是企业进行生产活动所使用的生产要素的价格，或生产要素的所有者必须得到的报酬或补偿。经济分析中的成本和财务会计分析中的成本，含义并不完全相同。会计成本是指企业生产过程中按市场价格直接支付的一切费用，这些费用一般可以通过会计账目反映出来；而经济分析中所使用的成本，是指企业为从事生产所投入的全部要素的机会成本。

成本函数反映了企业的成本与其所生产的产品产量之间的相互关系。厂商的成本函数分为短期成本函数和长期成本函数。短期成本包括短期总成本、短期平均成本、短期边际成本、平均固定成本和平均可变成本。长期成本包括长期总成本、长期平均成本和长期边际成本。

收益函数反映了各种价格条件下企业的收益与其所生产的产品产量之间的关系。收益分为总收益、平均收益和边际收益。

企业生产所追求的利润即经济利润（也叫作超额利润），是指成本和收益之间的差额。利润最大化的基本条件是边际收益等于边际成本。

本章习题

1. 为什么企业沿着生产扩展线扩大生产规模？
2. 为什么说边际报酬递减规律是短期成本变动的决定因素？
3. 什么是等产量曲线？等产量曲线有何特点？
4. 为什么边际技术替代率是递减的？

第五章 市场结构理论

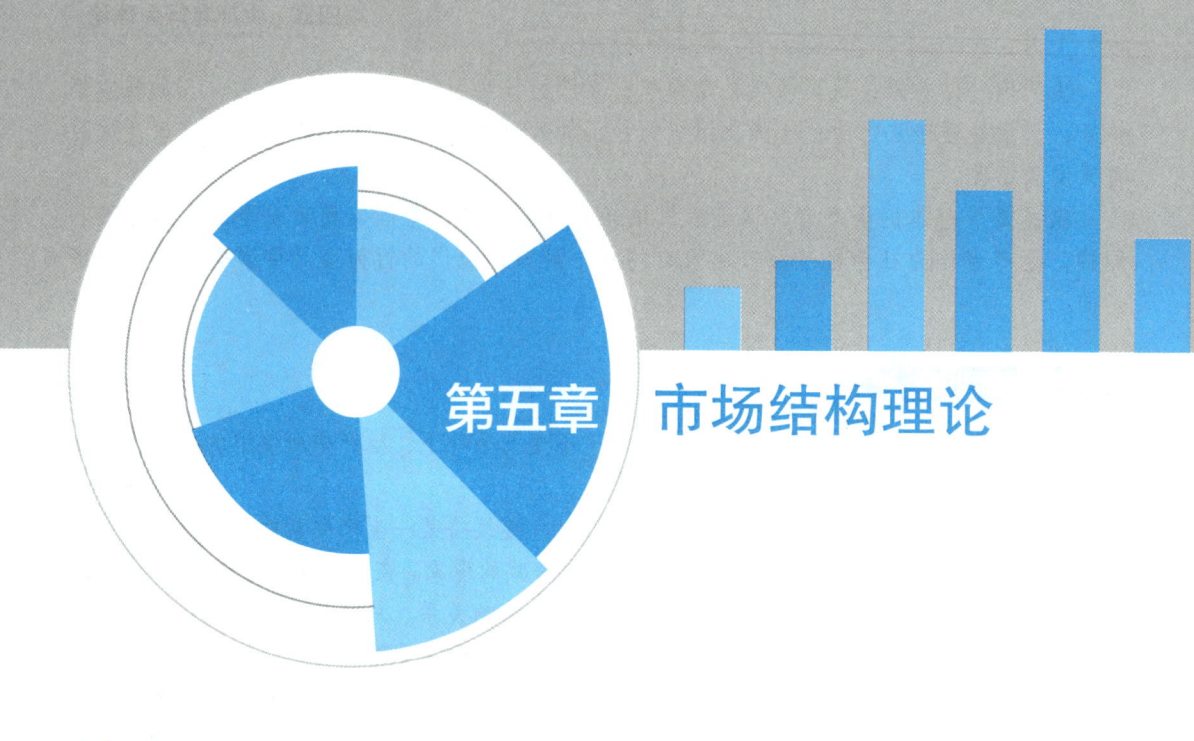

本章导读

市场结构不同，厂商所处的市场地位和市场环境也不同，为实现利润最大化目标所采用的竞争策略也不同。市场结构理论分析厂商在不同的市场结构下如何确定产量和价格以实现利润最大化，是厂商进行生产与营销决策的理论基础。

本章重点

市场结构、完全竞争市场、完全垄断市场、垄断竞争市场、寡头垄断市场、短期均衡、长期均衡、价格歧视、差异化竞争策略。

学习目标

知识目标

1. 了解市场结构，熟悉市场结构的类型及特征。
2. 理解不同市场的需求曲线和收益曲线。

能力目标

1. 能够根据收益曲线与需求曲线判别出市场类型。
2. 能够根据市场类型确定定价策略。

素质目标

1. 强调读者对市场竞争与垄断行为的认知，引导读者积极参与公平竞争，维护市场公平竞争秩序。
2. 培养读者对市场经济中的市场失灵与政府干预问题进行深入研究，增强其对国家治理体系和政府作用的理解和认同。

第五章 市场结构理论

思政目标

培养读者正确理解市场结构对资源配置和产业竞争的影响，增强对社会主义市场经济体制的认同，认识到公平竞争对社会经济发展的重要意义。

案例导入

2023年我国智能手机的市场结构

市场研究机构 BCI 的最新数据显示，苹果以 21.1% 的市场份额位列第一；小米占比 18.3%，重回市场第二；荣耀、华为销量相近，以约 14% 的占比分列三、四位；vivo、OPPO 则位列第五和第六。

增速方面，华为以 75.6% 的同比增速遥遥领先，小米次之，同比增速为 44.1%。另外荣耀的增速为 12.6%，苹果为 2.2%。而 vivo、OPPO 的激活量同比下滑均超过 10%。

另外值得关注的是在4000元以上的高端市场，虽然苹果以 50.8% 的市场份额保持第一，但其正在面临来自国产手机品牌的挤压。

11月份，凭借华为 Mate60 系列和小米 14 系列的出色表现，华为和小米在高端市场的份额分别达到 22.3%、14.4%。在增速上，苹果同比减少 21.2%，而华为同比增长 8.8%，小米同比增长 11.8%。

启发思考

（1）2023年我国智能手机市场结构属于何种类型？

（2）大型手机企业有哪些竞争优势？

第一节 市场结构

市场结构是指市场的垄断与竞争程度。根据市场的垄断与竞争程度，可将市场结构分为不同的类型。

一、划分市场结构的依据

在划分市场结构时，通常以市场集中度、产品差别化和市场壁垒三个方面的标准为依据。

知识点滴

罗宾逊夫人在《不完全竞争经济学》一书中从市场集中度、产品差别化、市场壁垒、价格决策形式、信息完备度五个方面对市场结构进行了划分。这五种决定市场结构类型的因素之间是相互影响、相互制约的，一个因素发生变化会导致其他因素随之变化，从而使整个市场结构发生变化。通常认为，市场集中度和产品差别化是决定市场结构类型最基本的因素，而市场壁垒可以认为是市场集中的延伸，价格决策形式是市场集中与产品差别化的必然结果。

1. 市场集中度

市场集中度（market concentration rate）是指在某一行业中，大厂商对市场的控制程度。行业是指生产或提供同一产品或类似产品的所有厂商的集合。市场集中度通常用行业内规模最大的前几位厂商的市场占有率之和来表示，一般选取前四位或前八位厂商作为计量依据。其计算公式为

$$CR_n = \sum_{i=1}^{n} S_i \tag{5-1}$$

式（5-1）中，CR_n 为市场集中度，S_i 为行业内规模最大的前 i 位厂商的市场占有率，n 为纳入计算依据的厂商数目。单个厂商的市场占有率是单个厂商的销售额（或销售量）占整个市场或行业销售额（或销售量）的比重。

在一个行业中，厂商规模越大，厂商数目越少，市场集中度越高，大厂商对市场的控制程度越高，市场的垄断程度就越高；反之，一个行业，厂商规模越小，厂商数目越多，市场集中度越低，大厂商对市场的控制程度越低，市场的竞争程度就越高。一般认为，当市场集中度 $CR_4 < 30\%$ 或 $CR_8 < 40\%$ 时，该行业为竞争型；当市场集中度 $CR_4 \geq 30\%$ 或 $CR_8 \geq 40\%$ 时，该行业为寡占型。

在案例导入中，四家企业的市场集中度为79%（注：CR_4=27%+20%+20%+12%=79%），大于30%，表明2018年我国智能手机市场结构属于寡占型。

名人档案

琼·罗宾逊（Joan Robinson，1903-1983），英国著名女经济学家，新剑桥学派的代表人物，垄断竞争论的创始人，20世纪世界级经济学家当中唯一的女性，因发表《不完全竞争经济学》一书而闻名。此书的出版正式宣告了"斯密传统"的彻底结束。

20世纪30年代初，她和卡恩等人组成"凯恩斯学术圈"，对促进凯恩斯经济思想的形成起到过相当重要的作用。

名言："学习经济学的主要目的就是不受经济学家的欺骗。"

琼·罗宾逊

2. 产品差别化

产品差别化（又称产品差异化）是指厂商在其提供给顾客的产品上，通过各种方法造成足以引发顾客偏好的特殊性，使顾客能够把它同其他竞争性厂商提供的同类产品有效地区别开来，从而使自己在市场竞争中占据有利地位。

产品差别化是一种有效的非价格竞争手段。它的意义在于通过让顾客感知本企业所提供产品的独特差异性来影响其购买行为，使顾客产生偏好和忠诚度，甚至不惜为此支付更高的价格。产品差别化的途径主要有设计与众不同的产品外观、包装，赋予不同的品牌，提供特殊的服务，创造不同的营销渠道，设计新颖独特的产品广告和促销活动等。通过产品差别化，厂商可以寻找到属于自己的稳定的目标市场，并降低自身产品被其他竞争性产品替代的可能性。现有厂商的产品差别化对于试图进入该市场的新厂商而言，无疑在一定

程度上构成了障碍。试图进入市场的新厂商必须通过自己产品差别化的行为,寻找新的目标市场或目标顾客,或者争取使原有厂商的顾客转变偏好,而选择自己的品牌。要做到这一点,需要付出更大的努力。因此,市场的产品差别化程度越高,市场的竞争程度就越低,市场的垄断程度也就越大。

3. 市场壁垒

市场壁垒是指厂商进入或退出某个行业所遇到的障碍或干扰。市场进出障碍越少,竞争程度就越大;反之则越小。市场壁垒可以分为市场进入壁垒和市场退出壁垒。进入壁垒是指和潜在的进入者相比,市场中现有企业所具有的优势。正是这些优势,使现有企业可以维持高于竞争对手的价格并阻止新企业的进入。厂商进入市场的壁垒主要有规模经济、产品差别化、绝对成本优势、政策、法律制度等。

> **探索与思考**
>
> 铁路行业的进入和退出壁垒高吗?养猪行业的进入和退出壁垒高吗?请说明理由。

(1)规模经济。由于新企业难以立即达到生产成本最低的适度规模,而缺乏规模效益的企业竞争力较低,因此较难进入市场。

(2)产品差别化。产品差别化使不同企业产品之间的替代性大大降低,市场内的垄断程度有所增加。通常老企业通过长期的产品差别化行为已经建立起一定的产品知名度和美誉度,新企业只能采用低价或促销的手段寻找新顾客或争取原有企业的老顾客,这无疑增加了新企业的生产成本。

(3)绝对成本优势。行业内原有企业会比新进入企业具有更低的成本优势,如稳定的原材料供应渠道、生产技术的专利权、高水平的管理人员和技术工人、完善的销售服务体系以及较低的借贷成本等。这些优势是新企业所不具备的,不仅提高了原有企业的竞争力,还阻碍了新企业的加入。

(4)政策法律制度。政府的某些政策性因素也能成为阻碍新企业进入的原因,如生产经营许可证、信贷政策、差别税率、专利制度等。

退出壁垒是指企业在退出某个市场时所遇到的障碍。如果一个行业的退出壁垒很高,企业进入市场的动机就会削弱。退出壁垒主要包括资产专用性、违约成本和信誉损失等。

(1)资产专用性。如果企业的资产专用性很强,难以有其他生产用途,那么退出时很难收回前期的投资,退出的障碍就很大。

(2)违约成本和信誉损失。企业在退出某个市场时,如有未能履行的合同,必须承担相应的违约成本。同时,退出的企业会被认为竞争力不足,从而对企业造成信誉损失。这些因素都会阻碍企业退出原有行业。

二、市场结构的类型及特征

根据市场集中度、产品差别化、市场壁垒等标准,可以把市场结构分为完全竞争市场、垄断竞争市场、寡头垄断市场、完全垄断市场四种类型。完全竞争市场和完全垄断市场是两个极端，垄断竞争市场和寡头垄断市场是介于这两个极端之间的状态，也是竞争与垄断不同程度的结合。各类市场的主要特征如表 5-1 所示。

表 5-1　各类市场的主要特征

项目	完全竞争市场	垄断竞争市场	寡头垄断市场	完全垄断市场
厂商数量	很多	很多	几个	一个
产品价格	无差别	有差别	有差别或无差别	唯一产品，无替代品
价格控制能力	无，接受者	小，影响者	大，寻求者	很大，制定者
进入和退出壁垒	无	无	高	很高
市场信息	完全信息	不完全信息	不完全信息	不完全信息
广告使用情况	无	普遍使用	普遍使用	不经常使用
常见实例	农产品、股票等	服装、食品等轻工业品	钢铁、汽车、电信等	公用事业、烟草专卖等

第二节　完全竞争市场

一、完全竞争市场的条件

微观经济学中对完全竞争市场的假设条件主要有以下四个。

第一，市场上有无数的买者和卖者。由于市场上有为数众多的商品的需求者和供给者，他们中的每一个人的购买份额或销售份额相对于整个市场的总购买量或总销售量来说是微不足道的，好比是一桶水中的一滴水。他们中的任何一个人买与不买或卖与不卖，都不会对整个商品市场的价格水平产生任何影响。所以，在这种情况下，每一个消费者或每一个厂商都是市场价格的被动接受者，对市场价格没有任何控制的力量。

第二，同一行业中的每一个厂商生产的产品是完全无差别的。这里的完全无差别的商品，不仅指商品之间的质量完全一样，还包括在销售条件、商标、包装等方面也是完全相同的。因此，对消费者来说，购买哪一家厂商的商品都是一样的。如果有一个厂商提价，它的商品就会完全卖不出去。当然，单个厂商也没有必要降价，因为在一般的情况下，单个厂商总是可以按照既定的市场价格实现属于自己的那一份相对来说是很小的销售份额。

第三，厂商进入或退出一个行业是完全自由的。厂商进出一个行业不存在任何障碍，所有的资源都可以在各行业之间自由流动。厂商总是能够及时地向获利的行业运动，及时地退出亏损的行业。在这样的过程中，缺乏效益的企业会被市场淘汰，取而代之的是有效益的企业。

第四，市场中的每一个买者和卖者都掌握与自己的经济决策有关的商品和市场的全部信息。这样，市场上的每一个消费者或生产者都可以根据自己所掌握的完全的信息，确定自己的最优购买量或最优生产量，从而获得最大的经济利益。而且，这样也排除了由于市场信息不畅通而可能产生的一个市场同时存在几种价格的情况。

显然，理论分析所假设的完全竞争市场的条件是很严格的。西方学者承认，在现实的经济生活中，完全竞争的市场是不存在的，通常只是将某些农产品市场看成是比较接近的市场类型。

二、完全竞争厂商的收益曲线

（1）厂商的收益。厂商的收益就是厂商的销售收入。厂商的收益可以分为总收益、平均收益和边际收益，它们的英文简写分别为 TR，AR 和 MR。

总收益指厂商按一定价格出售一定量产品时所获得的全部收入。以 P 表示既定的市场价格，以 Q 表示销售总量，则有

$$TR(Q) = P \cdot Q \quad (5-2)$$

平均收益指厂商在平均每一单位产品销售上所获得的收入，即

$$AR(Q) = \frac{TR(Q)}{Q} \quad (5-3)$$

边际收益指厂商增加一单位产品销售所获得的总收益的增加量，即

$$MR(Q) = \frac{\Delta TR(Q)}{\Delta Q} \quad (5-4)$$

或

$$MR(Q) = \lim_{\Delta Q \to 0} \frac{\Delta TR(Q)}{\Delta Q} = \frac{dTR(Q)}{dQ} \quad (5-5)$$

显然，每一销售量水平上的边际收益值就是相应的总收益曲线的斜率。

（2）完全竞争厂商的收益曲线。厂商的销售收入即收益与市场上消费者对该厂商所生产的产品的需求状况有着直接的联系，所以，分析厂商收益曲线必须以该厂商所面临的需求曲线为依据。

在完全竞争条件下，厂商所面临的需求曲线是一条水平线。它表示单个厂商无法通过改变销售量来影响市场价格，而只能被动地接受市场价格。在这样的前提下，假定某厂商所面临的既定的市场价格 P 为 2 美元，由此编制的该厂商的收益如表 5-2 所示。

表 5-2 完全竞争厂商的收益表

价格 P	销售量 Q	总收益 $TR = P \cdot Q$	平均收益 $AR = \frac{TR}{Q}$	边际收益 $MR = \frac{\Delta TR}{\Delta Q}$
2	100	200	2	2
2	200	400	2	2
2	300	600	2	2
2	400	800	2	2
2	500	1000	2	2

从表 5-2 中可见，对每一个商品销售量水平，厂商都按既定的市场价格 P 为 2 元出售商品。随着商品销售量的增加，厂商的总收益 TR 是不断增加的。但由于商品的单位销售价格是固定不变的，这就不仅使得厂商的平均收益 AR 必然保持不变，且等于商品的单位价格 2 元，而且使得厂商每增加一单位商品的销售所获得的边际收益 MR 也必然保持不变，且等于商品的单位价格 2 元。这表明完全竞争厂商在任何商品销售量水平上都有

$$AR = MR = P \tag{5-6}$$

假定市场上消费者的需求量总能得到满足，单个厂商的销售量总是等于他所面临的市场对其他产品的需求量，且商品的数量和价格可以无限分割，则可以根据表 5-2 绘制出相应的完全竞争厂商的收益曲线，如图 5-1 所示。

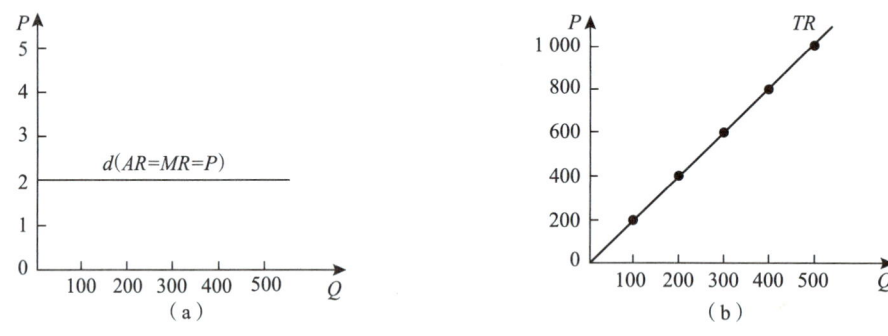

图 5-1 完全竞争厂商的收益曲线

图 5-1（a）中的横轴表示厂商所面临的商品需求量即销售量 Q，纵轴表示商品的价格 P。图中的收益曲线具有以下特征。

第一，完全竞争厂商的平均收益 AR 曲线、边际收益 MR 曲线和需求曲线 d 这三条线是重合的，它们是用同一条水平线 d 来表示的。这是因为对于完全竞争厂商来说，在既定市场价格下的任何需求量上都有 AR=MR=P，而完全竞争厂商所面临的需求曲线本身就是一条由既定的市场价格水平出发的水平线。

第二，完全竞争厂商的总收益 TR 曲线是一条由原点出发的呈上升趋势的直线，如图 5-1（b）。它之所以呈斜率不变的直线形，是因为每一销售量上的边际收益值是相应的总收益曲线的斜率，即 $MR = \dfrac{dTR}{dQ}$，而完全竞争厂商的边际收益是不变的，它等于既定的市场价格。

三、厂商实现最大利润的均衡条件

在微观经济学中，企业的经济利润被定义为企业的总收益和总成本之差。企业所追求的最大利润指的就是最大的经济利润。此外，还需要区分经济利润和正常利润。正常利润是指厂商对自己所提供的企业家才能或组织才能的报酬支付。一般，正常利润是厂商生产成本的一部分。由于正常利润属于成本，因此经济利润中不包含正常利润，所以，当厂商的经济利润为零时，厂商可以得到正常利润。

在短期内，完全竞争厂商只能通过对产量的调整来实现最大利润。厂商实现最大利润所要遵循的原则可以表述为：在其他条件不变的情况下，厂商应该选择最优的产量，使得

最后一单位产品所带来的边际收益等于所付出的边际成本。或者简单地说,厂商实现最大利润的均衡条件是边际收益等于边际成本,即 $MR=MC$。

为什么只有当 $MR=MC$ 时,厂商才能实现最大的利润呢?下面利用图 5-2 加以说明。

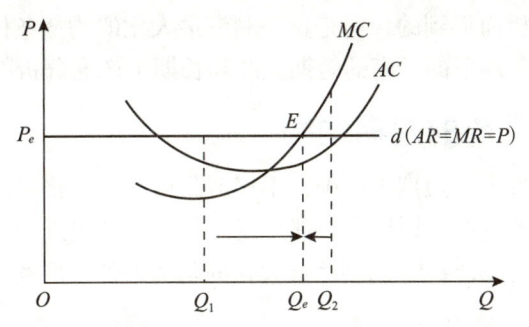

图 5-2　厂商实现最大利润的均衡条件($MR=MC$)

图 5-2 中的横轴代表产量 Q,纵轴代表价格 P。厂商经营活动中的生产成本状况可以用第 4 章所论述的短期边际成本 MC 曲线和短期平均成本 AC 曲线来表示,厂商的销售收益状况用厂商所面临的水平的需求曲线 d 表示。根据 $MR=MC$ 的均衡条件,MC 曲线和 MR 曲线的交点 E 便是厂商实现最大利润的均衡点,相应的最优产量为 Q_e。

如果厂商选择的产量在小于 Q_e 的产量范围内,如图中的 Q_1,那么,厂商便处于 $MR > MC$ 的阶段。这表明厂商此时每增加一单位产量所得到的收益增量大于所付出的成本增量。权衡得失的增量,厂商会在这一阶段继续增加产量,以增加利润。由图中还可见,只要厂商沿着箭头方向扩大产量,边际收益 MR 始终保持不变,边际成本 MC 是不断增加的。也就是说,随着产量的不断增加,$MR > MC$ 的状况会逐步地转化为 $MR=MC$ 的状况。而在这一过程中,厂商会得到由扩大产量所带来的全部经济上的好处,获得他所能得到的最大利润。

相反,如果厂商选择的产量在大于 Q_e 的产量范围内,如图中的 Q_2,那么,厂商便处于 $MR < MC$ 的阶段。这意味着厂商此时每增加一单位产量所得到的收益增量小于所付出的成本增量。在这一阶段,厂商会不断地减少产量,以增加利润。由图中还可见,只要厂商沿着箭头方向缩减产量,边际收益 MR 和边际成本 MC 之间的差额就会逐步缩小,直至实现 $MR=MC$。而在这一过程中,厂商得到了他所能得到的最大利润。

由此可见,不管是增加产量,还是减少产量,厂商都是在寻找一个最优的产量点。只要厂商实现了这一最优的产量点,便必然能够从产量的调整过程中,既得到可能的利润增加的全部好处,又避免可能的利润减少的全部损失。这个最优的产量点只能是使 $MR=MC$ 的均衡产量点。所以,$MR=MC$ 是厂商实现最大利润的均衡条件。

这里需要强调的一点是,尽管在对图 5-2 的分析中,厂商在 $MR=MC$ 的均衡点上获得了最大的利润,但这并不是说,在任何情况下,只要厂商实现了 $MR=MC$ 的均衡条件,就一定能获得利润。对 $MR=MC$ 时的均衡状态的全面理解应该是:在 $MR=MC$ 的均衡点上,厂商可能是盈利的,也可能是亏损的。如果厂商是盈利的,那么,这时的利润就一定是相对最大的利润;如果厂商是亏损的,那么,这时的亏损就一定是相对最小的亏损。总之,当厂商实现 $MR=MC$ 的均衡条件时,不管是盈利还是亏损,厂商都处在由既定的收益曲线和成本曲线所能产生的最好的境况之中。这也正是 MR=MC 的利润最大化的均衡条件有时也被称为利润最大或亏损最小的均衡条件的原因。

还需指出的是，虽然上述 MR=MC 的利润最大化的均衡条件是以完全竞争厂商短期内的产量调整为例进行分析而得到的，但是这一利润最大化的均衡条件，对于完全竞争市场条件和不完全竞争市场条件下的厂商的短期生产和长期生产的分析都是适用的。

四、完全竞争厂商的短期均衡

在完全竞争市场条件下的短期生产中，不仅产品市场的价格是既定的，而且生产中的不变要素投入量是无法改变的，即厂商只能用既定的生产规模进行生产，所以，厂商只有通过对产量的调整来实现 MR=MC 的利润最大化的均衡条件。厂商短期均衡时的盈亏状况可以用图 5-3 来说明。

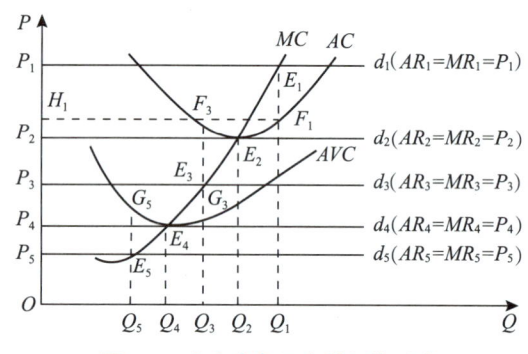

图 5-3 完全竞争厂商的短期均衡

图 5-3 中的三条成本曲线 MC，AC 和 AVC 共同代表厂商的既定的短期生产规模；厂商所面临的五条需求曲线 d_1，d_2，d_3，d_4 和 d_5 分别代表在五个不同市场价格水平下厂商的收益状况。下面的分析将表明，对于厂商的一个既定的生产规模来说，不同的市场价格水平将直接影响厂商的短期均衡的盈亏状况。厂商的短期均衡可以分为以下五种情况。

第一种情况：平均收益大于平均总成本，即 $AR>AC$，厂商获得利润。

当市场价格较高为 P_1，相应的厂商所面临的需求曲线为 d_1 时，根据 MR=MC 的利润最大化的均衡条件，厂商选择的最优产量为 Q_1，因为在 Q_1 的产量上，MC 曲线和 MR_1 曲线相交于 E_1 点，E_1 点是厂商的短期均衡点。这时，厂商的平均收益为 E_1Q_1，平均总成本为 F_1Q_1，平均收益大于平均总成本，厂商在单位产品上所获得平均利润为 E_1F_1，利润总量为 $E_1F_1 \cdot OQ_1$，相当于图中矩形 $H_1P_1E_1F_1$ 的面积。

第二种情况：平均收益等于平均总成本，即 $AR=AC$，厂商的利润刚好为零。

相对于第一种情况，市场价格由 P_1 下降为 P_2，厂商所面临的需求曲线相应地向下平移为 d_2 曲线，而且，厂商所面临的需求曲线 d_2 恰好与短期平均总成本 AC 曲线相切于后者的最低点 E_2，短期边际成本 MC 曲线也经过该点。由于该点就是 MC 曲线和 MR_2 曲线的交点，所以，E_2 点就是厂商的短期均衡点，相应的均衡产量为 Q_2。在 Q_2 的产量水平上，平均收益为 E_2Q_2，平均总成本也为 E_2Q_2，厂商的利润为零，但厂商的正常利润全部实现了。由于在这一点上，厂商既无利润，又无亏损，所以，MC 曲线与 AC 曲线的交点也称为厂商的收支相抵点。

第三种情况：平均收益小于平均总成本，但仍大于平均可变成本，即 $AVC<AR<AC$，厂商亏损，但继续生产。

当市场价格继续降为 P_3，相应的厂商所面临的需求曲线为 d_3 时，MC 曲线和 MR_3 曲线相交所决定的短期均衡点为 E_3，均衡产量为 Q_3。在 Q_3 的产量水平上，平均收益为 E_3Q_3，平均总成本为 F_3Q_3，平均收益小于平均总成本，厂商是亏损的，单位产品的亏损额为 F_3E_3，总亏损量为 $F_3E_3 \cdot OQ_3$。平均可变成本为 G_3Q_3，它小于平均收益 E_3Q_3。此时，厂商虽然亏损，但仍继续生产，因为只有这样，厂商才能在用全部收益弥补全部可变成本之后，还能弥补在短期内总是存在的不变成本的一部分。所以，在这种情况下，生产要比不生产有利。

第四种情况：平均收益等于平均可变成本，即 $AR=AVC$，厂商亏损，处于生产与不生产的临界点。

当市场价格进一步下降为 P_4 时，相应的厂商所面临的需求曲线为 d_4，而且 d_4 曲线与 AVC 曲线恰好相切于后者的最低点 E_4，MC 曲线也经过该点。在这种情况下，根据 $MR=MC$ 的利润最大化的原则，E_4 点就是厂商的短期均衡点。在均衡点 E_4 上，平均收益小于平均总成本，厂商是亏损的。同时，平均收益和平均可变成本相等，都为 E_4Q_4。于是，厂商可能继续生产，也可能不生产。或者说，生产与不生产的结果对厂商来说都是一样的。若继续生产，厂商的全部收益只够弥补全部的可变成本，而不能弥补任何的不变成本。若不生产，厂商虽不必支付可变成本，但不变成本仍然是存在的。所以，MC 曲线与 AVC 曲线的交点是厂商生产与不生产的临界点，通常称该点为停止营业点或关闭点。

第五种情况：平均收益小于平均可变成本，即 $AR<AVC$，厂商亏损，停止生产。

当市场价格下降为更低的 P_5，相应的厂商所面临的需求曲线为 d_5 时，$MR_5=SMC$ 的短期均衡点为 E_5，均衡产量为 Q_5。这时，平均收益为 E_5Q_5，它小于平均可变成本 G_5Q_5，厂商亏损，停止生产，因为倘若厂商继续生产，其全部收益连可变成本都无法全部弥补，就更谈不上对不变成本的弥补了。而事实上，厂商只要停止生产，可变成本就降为零。显然，此时不生产要比生产有利。

综上所述，完全竞争厂商短期均衡的条件是：

$$MR=MC \tag{5-7}$$

式（5-7）中，$MR=AR=P$。在短期均衡时，厂商可以获得最大利润。可以利润为零，也可以蒙受最小亏损。

五、完全竞争厂商的短期供给曲线

从完全竞争厂商的短期均衡分析中可以得到完全竞争厂商的短期供给曲线。

完全竞争厂商的短期均衡条件为 $MR=MC$，由于 $AR=MR=P$，所以，该均衡条件也可以写为

$$P=MC \tag{5-8}$$

式（5-8）说明：完全竞争厂商为了获得短期的最大利润，应该选择最优的产量 Q，使得商品的价格 P 和边际成本 MC 相等。也就是说，在每一个短期均衡点上，在厂商的产

量与商品的价格之间都存在着一种对应的关系。这种对应关系在图 5-3 中得到充分的体现。根据 $P=MC$ 或 $MR=MC$ 的短期均衡条件，当市场的商品价格为 P_1 时，厂商所选择的最优产量为 Q_1；当商品价格为 P_2 时，厂商所选择的最优产量为 Q_2。因为每一个商品价格水平都是由市场给定的，所以，在短期均衡点上商品价格和厂商的最优产量之间的对应关系可以明确地表示为以下函数关系：

$$Q_s = f(P) \quad (5\text{-}9)$$

式（5-9）中，P 为商品的市场价格，且 $P=MC$；Q_s 为厂商的最优产量或供给量。显然，（5-9）是完全竞争厂商的短期供给函数。

此外，从图 5-3 中还可以清楚地看到：根据 $P=MC$ 或 $MR=MC$ 的利润最大化的短期均衡条件，商品的价格和厂商的最优产量的组合，如 E_1，E_2，E_3，E_4 都出现在厂商的边际成本 MC 曲线上。更严格地讲，商品的价格和厂商所愿意提供的（能使他获得最大利润或最小亏损的）产量的组合，都出现在 MC 曲线上等于和高于 AVC 曲线最低点的部分，即 MC 曲线上等于和高于停止营业点的部分。在这一部分的曲线体现了（5-9）的函数关系。

由此可以得到这样的结论：完全竞争厂商的短期边际成本 MC 曲线上等于和高于平均可变成本 AVC 曲线最低点的部分，就是完全竞争厂商的短期供给曲线。显然，完全竞争厂商的短期供给曲线必定是向右上方倾斜的。根据图 5-3 所绘制的完全竞争厂商的短期供给曲线如图 5-4 的实线部分所示。至此，本节从对完全竞争厂商的追求利润最大化的经济行为中推导出了完全竞争厂商的向右上方倾斜的短期供给曲线，从而对第 2 章第 2 节所描绘的单个生产者的供给曲线向右上方倾斜的现象做出了解释。

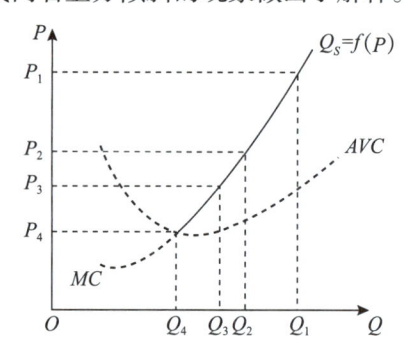

图 5-4 完全竞争厂商的短期供给曲线

从以上对完全竞争厂商的短期供给曲线的推导过程，可以清楚地看到供给曲线背后的生产者追求最大利润的经济行为。供给曲线表示在其他条件不变的情况下生产者在每一价格水平愿意而且能够提供的产品的数量。更重要的是，生产者所提供的产品数量是在既定价格水平下能够给其带来最大利润或最小亏损的产品数量。

六、完全竞争行业的短期供给曲线

任何一个行业的供给量都是该行业中所有厂商供给量的总和，完全竞争行业也同样如此。据此，假定生产要素的价格不变，那么，完全竞争行业的短期供给曲线就是由行业内所有厂商的短期供给曲线的水平加总而构成的。或者说，把完全竞争行业内所有厂商的

MC 曲线上等于和高于 AVC 曲线最低点的部分水平相加,便构成了该行业的短期供给曲线。关于这点可用图 5-5 来说明。

假定某完全竞争行业中只有两个相同的厂商,每一个厂商的短期供给曲线,即 MC 曲线上等于或高于 AVC 曲线最低点的部分,如图 5-5(a)所示。那么,将这两个厂商的相同的短期供给曲线水平相加,便可以得到行业的短期供给曲线,即图 5-5(b)中的 S 曲线。从图 5-5(a)和图 5-5(b)中可见,在每一个价格水平,行业的供给量都等于这两个厂商的供给量之和。例如,当价格为 P_1 时,行业供给量为 40,它等于两厂商的供给量之和,即 $20 \times 2 = 40$;当价格为 P_2 时,行业供给量为 70,它同样等于两厂商的供给量之和,即 $35 \times 2 = 70$。

由于行业的短期供给曲线是单个厂商的短期供给曲线的水平相加,所以行业的短期供给曲线也是向右上方倾斜的。行业短期供给曲线上的每一点都表示在相应价格水平下能够使全体厂商获得最大利润(或最小亏损)的行业短期供给量。

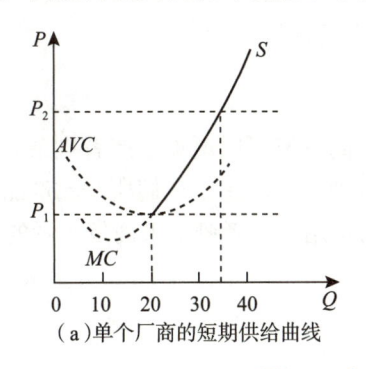

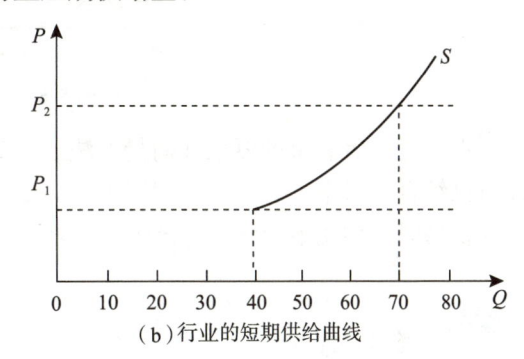

图 5-5 完全竞争行业的短期供给曲线

七、生产者剩余

对于生产者来说,它必须区分成本和价格。成本是生产者为生产某产品所必须支付的,而价格是生产者出售该产品时所得到的。由于成本是生产者愿意生产该产品的"底线",所以成本是衡量生产者生产产品的意愿。每个生产者都渴望以高于其成本的价格生产产品,拒绝以低于其成本的价格生产其产品,而对在价格正好等于其成本时生产其产品持一般的心态。无论是生产该产品还是把他的时间和精力用于其他方面,都觉得可以。在生产者付出的成本和实际的市场价格之间有可能产生一个差额,这个差额便构成了生产者剩余的基础。

考虑一个油漆工粉刷一间房子所提供的劳务。如果他得到的工钱(价格)超过了从事这项工作的成本,他就愿意接受这项工作。油漆工的成本是他愿意接受这项工作的最低价格,成本反映了油漆工出售其劳务的意愿程度。每个油漆工都渴望以高于其成本的价格出售其劳务,拒绝以低于其成本的价格出售其劳务。如果油漆工的成本是 500 元,即他愿意以 500 元从事这项工作。当雇主愿意为这项工作支付 600 元时,该油漆工不仅很高兴地接受这份工作。而且微观经济学还认为他得到了 100 元(600 元－500 元)的生产者剩余。一般来说,生产者剩余是卖者得到的货币额减去生产成本。生产者剩余实际上衡量的是卖者参与市场的收益。

正如消费者剩余与需求曲线密切相关一样,生产者剩余也与供给曲线密切相关。生产者剩余可以由市场价格之下和供给曲线以上的面积来衡量,如图 5-6 所示。

图 5-6 中,供给曲线的高度衡量卖者的成本,而价格和生产成本之间的差额则是卖者的生产者剩余。如果图 5-6 中的供给曲线是单个生产者的供给曲线,则该图中的阴影部分给出的是单个生产者的生产者剩余。如果图 5-6 中的供给曲线是市场供给曲线,则该图中的阴影部分给出的是市场中所有卖者的生产者剩余的总和。

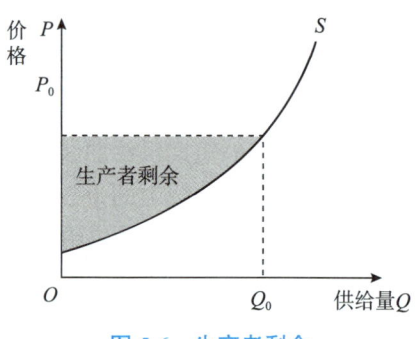

图 5-6　生产者剩余

有了生产者剩余的概念和衡量方法,由此可得,高价格可以增加生产者剩余。读者可以自己结合图形来进行分析。理解了这一点,当你听到卖者总想使他们所卖的产品卖到一个高价格时,你就不会感到奇怪了。总之,经济学通常用生产者剩余来衡量卖者的福利。

第三节　完全垄断市场

完全垄断又称独占,是指一家厂商完全控制某种产品生产与销售的市场结构。完全垄断市场不存在竞争现象,是另一种极端的市场类型。

一、完全垄断市场的特征

完全垄断市场有以下几个特征。

第一,厂商唯一。市场上只有一个提供产品的厂商,因而厂商就是行业,市场集中度为 100%。垄断厂商控制了整个行业的供给,是产品价格的制定者。

第二,产品唯一。完全垄断厂商出售的产品无任何相近的替代产品,所以其产品的需求交叉弹性为零。

第三,进入壁垒非常高。其他厂商进入该行业极为困难或不可能。

完全垄断在市场经济中并不多见,主要包括自来水、有线电视等市场。

> **知识点滴**
>
> 自然垄断是指独家生产的总成本低于多家分别生产的成本之和的现象。自然垄断存在于自来水、电力、燃气、热力供应、电信、铁路、航空等行业中。

二、完全垄断市场的需求曲线和收益曲线

完全垄断市场的需求曲线和收益曲线有别于完全竞争市场。

1. 完全垄断厂商的需求曲线

在完全垄断市场上,只有唯一的一家厂商,而它就是整个行业。因此,整个行业的需求曲线也就是一家厂商的需求曲线。如图5-7所示,垄断厂商面临的需求曲线 d 是一条向右下方倾斜的曲线,表明垄断厂商提高产品价格,消费者就会减少购买这种产品,或垄断厂商减少产品产量,产品价格就会上升。

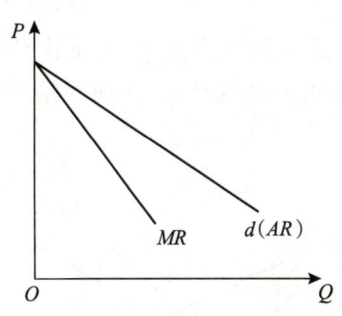

图 5-7 完全垄断厂商的需求曲线与收益曲线

对于垄断厂商而言,只要有可能就愿意收取高价,并在这种高价时卖出大量产品。但需求曲线限制了这种情况的发生,并具体描述了垄断厂商所能得到的价格和产量组合。由此可见,垄断厂商只能沿着需求曲线来调整产量和价格,实现利润最大化。

2. 完全垄断厂商的平均收益曲线与边际收益曲线

在完全垄断市场上,平均收益仍然等于价格,平均收益曲线 AR 仍然与需求曲线 d 重合。但当销售量增加时,产品价格会下降,边际收益会减少,由于边际收益比价格下降得更快,边际收益曲线 MR 不再与需求曲线重合,而是位于需求曲线下方。即边际收益小于平均收益,而且随着产量的增加,边际收益曲线与需求曲线的距离越来越大,如表5-3和图5-7所示。

表 5-3 某垄断厂商的收益

销售量 Q	0	1	2	3	4	5	6	7	8	9
价格 P	110	101	92	83	74	65	56	47	38	29
总收益 TR	0	101	184	249	296	325	336	329	304	261
平均收益 AR	—	101	92	83	74	65	56	47	38	29
边际收益 MR	—	101	83	65	47	29	11	-7	-25	-43

结论:垄断厂商的边际收益总是小于其产品的价格。当垄断厂商增加产品的销售量时,会对总收益产生两种效应:其一,产量效应,即因销售量 Q 增加,有可能增加总收益;其二,价格效应,即销售量增加时,价格 P 下降,有可能减少总收益。

三、完全垄断厂商的利润最大化分析

在完全垄断市场上,厂商仍然根据边际收益与边际成本相等即 $MR=MC$ 的原则来决定

产量。如图 5-8 所示，MR 为边际收益曲线，AR 为平均收益曲线，d 为需求曲线并与 AR 重合，MC 为边际成本曲线，AC 为平均成本曲线，在 MR 与 MC 的交点即均衡点 E 上，$AR > AC$，厂商获得最大利润，最大利润额为 $FK \cdot Q_e$，即图中阴影部分 $FKGP_e$。

在图 5-8 中，厂商在低于 Q_e 的产量水平上生产时，$MR > MC$，每增加一单位产量的边际收益大于增加的成本，利润增加，因此厂商通过增加产量来提高利润；厂商在高于 Q_e 的产量水平上生产时，$MR < MC$，每减少一单位产量所节省的成本大于失去的收益，因此厂商通过减少产量来提高利润；当厂商将产量调整为 Q_e 时，$MR=MC$，厂商获得最大利润。

结论：垄断厂商实现利润最大化的产量 Q_e 是最优产量，由边际收益曲线与边际成本曲线的交点 E 决定，需求曲线上最优产量 Q_e 所对应的价格 P_e 是最优价格，如图 5-8 所示。

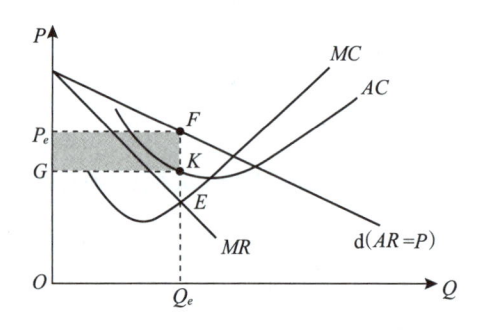

图 5-8 垄断厂商的利润最大化

从短期来看，完全垄断厂商有可能盈利，如图 5-8 所示；也有可能盈亏平衡，如图 5-9 所示；甚至还有可能亏损，如图 5-10 所示。其停止营业决策原理类似于完全竞争的情形，此处不再赘述。从长期来看，完全垄断厂商通过调整生产规模，在高产低价与低产高价中进行选择，获得并保持最大经济利润，其长期均衡条件为 $MR=LMC=SMC$。

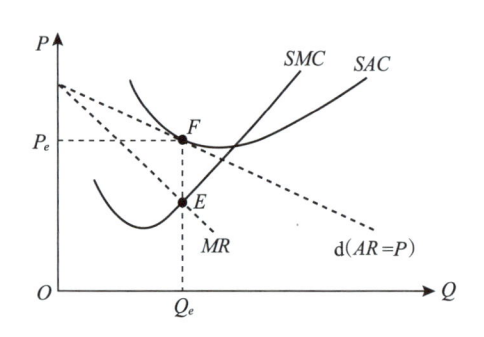

图 5-9 完全垄断厂商利润为零的情形

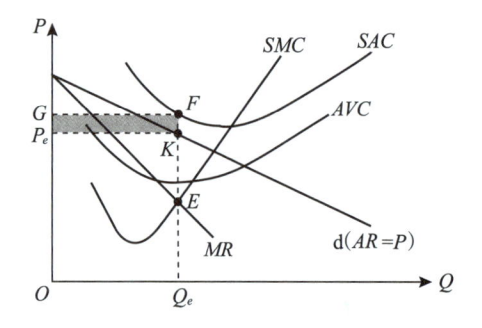

图 5-10 完全垄断厂商亏损的情形

知识点滴

完全竞争厂商与完全垄断厂商利润最大化分析的主要异同点如下。

（1）相同点为利润最大化原则相同，都遵从 $MR=MC$。

(2) 不同点为产品价格与边际成本的关系不同。在完全竞争市场上，P=MC（因为在均衡点上，P=MR=MC）；在完全垄断市场上，P＞MC（因为在均衡点上，P=AR，AR＞MR，MR=MC）。

四、垄断厂商的定价策略

在完全垄断市场上，垄断厂商凭借其市场势力及在交易中的优势地位而成为价格的制定者。垄断厂商的定价策略分为单一定价和歧视定价。单一定价是指同一种商品收取相同的价格，其定价原则是对缺乏弹性的商品采用高价策略，对富有弹性的商品采用低价策略。歧视定价是指以不同价格出售相同产品。价格歧视是垄断厂商追求利润最大化的一种理性策略。由于不同消费者对同一种商品的出价有高有低，歧视定价便根据支付意愿划分消费者，从而获得比单一定价更多的利润。因此，垄断厂商更偏向于选择歧视定价。

> **探索与思考**
>
> 观赏一部最新的影片，在大学里只需 10 元左右，但在电影院通常要花数十元甚至上百元；预订南方航空中午时段的机票，人们很容易以 900 元左右的价格买到从广州到济南的经济舱机票，但只能以 1040 元左右的价格买到从济南到广州的经济舱机票，乘的是同一航空公司的飞机，甚至同一架飞机、同一个机组，里程也一样。请解释此类现象？

1. 实行价格歧视的条件

实行价格歧视需要具备三个条件。一是厂商必须拥有一定的"市场垄断力量"，即作为"价格制定者"；二是不同市场能有效分离，防止购买者之间转卖行为的发生，否则当垄断者对同一种商品收取两种不同的价格时，以低价购买商品的消费者就有可能转卖商品，这样价格歧视就难以实现；三是不同市场的需求价格弹性不同，垄断者可以对需求弹性小的市场实行高价格，以获得垄断利润。

2. 价格歧视的类型

根据价格差别的程度，可将价格歧视分为三种类型。

（1）一级价格歧视

一级价格歧视又称完全价格歧视，是指垄断厂商在出售其产品时，每一单位产品都按消费者愿意支付的最高价格销售。在一级价格歧视下，垄断厂商完全了解每位顾客的支付意愿，因而收取的价格正好等于该顾客的支付意愿，消费者剩余全部转化为垄断厂商的超额利润。

拍卖是类似于完全价格歧视的一个例子。拍卖适用于单一物品有多方竞购的场合，由竞购者中出价最高者购得，中标者的消费者剩余接近或等于零。

实行一级价格歧视，以垄断厂商完全了解每位顾客的支付意愿为前提条件。在营销实践中，由于客户信息的不完全以及获取信息的巨额成本，完全价格歧视很难得到运用。

经济学

> **知识点滴**
>
> 厂商不标明价格或报出高价，在与买方讨价还价的过程中了解其支付意愿并按这一价格成交。例如，农贸市场和专业市场，其商品通常不标明价格，即使标价也是"明码不实价"，卖主的报价通常很高，目的就是试探顾客的购买与支付意愿，于是顾客就在一轮又一轮的还价中逐渐将自己的支付意愿暴露给了卖主，最后顾客的消费者剩余也在不知不觉中转变为卖主的利润。因此，不少地方政府要求这类市场的卖主对商品明码标价且"明码实价"，以保护消费者的合法利益。

（2）二级价格歧视

二级价格歧视是指垄断厂商在出售其产品时，按购买数量分段定价销售。在二级价格歧视下，消费者购买数量越少，价格越高；购买数量越多，价格越低。许多企业对购买量大的顾客提供低价格，如某企业出售某品牌保温杯，购买量2～49个，单价68元；购买量50～99个，单价66元；购买量≥100个，单价64元。

（3）三级价格歧视

三级价格歧视是指垄断厂商针对不同的市场，按不同的价格销售同一种产品。在三级价格歧视下，垄断厂商把消费者划分为不同的群体。如按不同地区把消费者分为北方人与南方人、城里人与农村人等，按消费时段把消费者分为淡季购买者与旺季购买者、低谷时段使用者与高峰时段使用者等。此外，还可按消费者的年龄、偏好及收入等细分市场。只要市场可以被区分并有不同的需求价格弹性，厂商就可以采用差别定价以获得更多的利润。

三级价格歧视在现实中很常见，如旅游景点的内外宾门票价格不同，航班上商务旅客与普通旅客的机票价格不同，电信公司对晚间电话收费更低等。

生活链接

三级价格歧视的应用

实行三级价格歧视的关键是区分对一种产品具有不同需求弹性的市场，并向低需求弹性者索要高价格。

在汽车租赁市场，日租赁费比周租赁费按天计算的费用要高。因为汽车出租公司认为，单日汽车出租市场与按周出租市场相比有更多的商务旅行者和那些需求更强烈或需求更缺乏弹性的人。

在一些航线上，工作日时载客率较高，旅客对航空服务的需求弹性相对较小，机票价格更高；周六日载客率较低，旅客对航空服务的需求弹性相对较大，机票价格有所折扣。

在服装店，刚上市的新款服装价格更高，因为购进高价新款服装的消费者为了追赶时尚对服装的需求缺乏弹性；而同样的服装有些人则选择在减价促销时购买，因为他们对服装的需求弹性更大，所以花的钱会少得多。

另外，许多商家在报纸和杂志上向居民提供折扣券，买者为了下次购买时得到优惠而剪下折扣券。商家为什么不直接降低产品价格呢？因为商家清楚，并不是所有的顾客都愿意花时间剪下折扣券。那些繁忙且富有者可能不会在意价格的高低，因而忽视折扣券；而那些穷困者则更有可能剪下折扣券，因为他们的支付意愿较低。

可见，通过实行价格歧视，厂商将商品销售给更多有购买意愿的消费者，最大限度地获取了利润。

结论：价格歧视是利润最大化垄断厂商的一种理性策略，不论何种类型的价格歧视都表现为垄断厂商把单一价格下的消费者剩余转化为自身的超额利润。垄断厂商实行价格歧视时根据支付意愿划分消费者，在使自身获得更多利润的同时，也满足了更多消费者的需求。

五、完全垄断市场评价

许多经济学家认为完全垄断市场有利有弊，且弊大于利。

完全垄断市场的优越性主要表现为：其一，形成规模经济，降低产品成本，特别适合投资大、投资周期长且利润率低，但与经济发展及人民生活密切关联的公用事业，这类公用事业由政府完全垄断会增加社会福利；其二，垄断厂商因利润丰厚，更具研发新技术、新产品的实力和动力，从而促使技术进步，推动社会发展。

完全垄断市场的缺陷主要表现为：其一，垄断厂商实行价格歧视，减少消费者剩余，造成社会福利损失，加剧官员腐败、社会收入分配不公平及贫富两极分化；其二，垄断扼杀竞争，垄断厂商凭借优势地位采用减少产量、提高产品价格的方法比提高生产效率的方法更容易获利，因而造成社会生产效率损失。

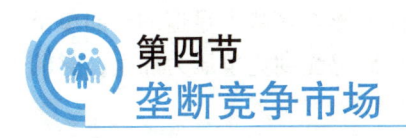

第四节
垄断竞争市场

一、垄断竞争市场的特点

前面介绍了完全竞争和垄断。在现实经济中，这种纯粹的竞争市场和纯粹的垄断市场都是很少见的。现实中存在的市场更多的是某种竞争与垄断的混合。有些市场竞争的成分多一些，有些市场垄断的成分多一些。本节主要介绍以竞争为主要特征但同时又有垄断因素的市场，称为垄断竞争市场。垄断竞争市场具有以下特点。

（1）市场中存在大量的厂商（这条假设和完全竞争相同）。每一个厂商在市场中的份额都很小，对市场的影响几乎可以忽略不计。这个假设也意味着单个厂商的行动（如产量和价格的变动）对市场几乎没有影响，对其他厂商也没有影响。这样，垄断竞争市场中的厂商在行动时也就不会去考虑自己的行动会对其他厂商造成什么影响，以及其他厂商又会做出什么反应。它只依据自己的情况和市场的需求行事。因此，市场中的厂商是相互独立的。

（2）垄断竞争市场是可以自由进入的。这表明如果其他行业的厂商想进入这个行业，不存在任何障碍。

这两个特点使得这种市场很像完全竞争市场，因为这两个特点表明这种市场具有竞争性，没有行业进入障碍。

（3）每一个厂商生产相互区别的产品。这被称为产品差别。这个特点是说厂商生产的产品或提供的劳务同其他的竞争者是有区别的，这种产品差异也正是一些消费者购买其产品或劳务的原因。因为每个厂商有自己的忠实顾客，价格的提高并不会使厂商失去所有顾客，价格的下降也不会把其他厂商的顾客都吸引过来。这意味着垄断竞争厂商像垄断厂商一样，有一条自己的向右下方倾斜的需求曲线，这条需求曲线代表了市场对它的产品或劳务（具有某种特征）有特殊的需求。

北京市的汽车市场非常繁荣，各种品牌和型号的汽车琳琅满目，新的汽车品牌和型号不断涌现。因此，汽车市场，存在着大量的竞争和差异性。尽管每一辆汽车的销售量可能很小，但是整个市场的销售额却非常庞大。这种差异性和竞争性使得消费者可以在市场上找到适合自己的汽车，同时也促进了汽车制造商不断创新和提高产品质量。

二、垄断竞争厂商的收益

垄断竞争厂商和垄断厂商一样面临着向右下方倾斜的需求曲线，这条需求曲线同时也是厂商的平均收益曲线，当然边际收益曲线同平均收益曲线是分离的。

在垄断行业中只有一个厂商，因此没有其他厂商同垄断厂商竞争。表现在需求上就是垄断厂商所面临的需求曲线是稳定的，不受竞争的影响。垄断竞争厂商的需求曲线是不稳定的，要受到竞争的影响。虽然垄断竞争厂商是相互独立的，但并不是说垄断竞争市场中没有竞争，这只是表明单个厂商的竞争力对市场和其他厂商的影响是微不足道的，而单个厂商感受到的竞争压力受全部行业综合的影响。如果单个厂商感受到竞争压力加大，它的需求曲线就会向左移动，反之则向右移动。

三、短期中的垄断竞争企业

垄断竞争市场上的每个企业在许多方面都很像垄断企业。由于它的产品与其他企业提供的这种产品有差别，所以它面临一条向右下方倾斜的需求曲线（与此相比，完全竞争企业面临一条市场价格下的水平曲线）。因此，垄断竞争企业遵循垄断者的利润最大化规律：它选择边际收益等于边际成本的产量，然后用其需求曲线找出与这种产品相一致的价格。

图 5-11 表示一个垄断竞争行业中的两家典型企业的成本、需求和边际收益曲线。图中，利润最大化产量是在边际收益与边际成本曲线的交点。（a）和（b）两幅图表示企业利润的不同结果。在图 5-11（a）中，价格高于平均总成本，因此企业有利润。在图 5-11（b）中，价格低于平均总成本。在这种情况下，企业不能获得正利润，因此企业能做得最好的事就是使其亏损最小化。

所有这一切看来都是熟悉的。垄断竞争企业选择的产量和价格与垄断企业一样。在短期中，这两种市场类型是相似的。

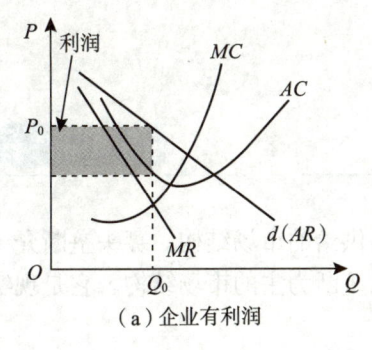

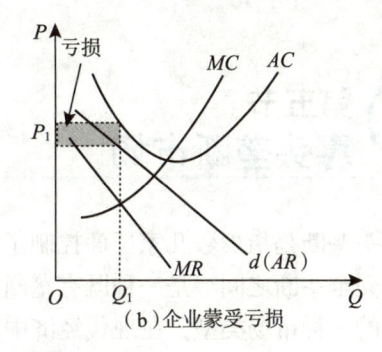

图 5-11　短期中的垄断竞争

四、垄断竞争市场的长期均衡

图 5-11 所描述的情况不会持续太久。当企业有利润，如图 5-11（a）所示时，新企业有进入市场的激励。这种进入增加了顾客可以选择的产品数量，因此，减少了市场已有的每家企业面临的需求。换句话说，利润鼓励进入，而进入又使已有企业面临的需求曲线向左移动。随着已有企业产品需求的减少，这些企业的利润下降了。

相反，当企业有亏损，如图 5-11（b）所示时，市场上的企业有退出的激励。随着企业退出，顾客可选择的产品少了。企业数量的减少扩大了留在市场上的企业面临的需求。换句话说，亏损鼓励退出，退出使留下的企业的需求曲线向右移动。随着留下的企业产品需求的增加，这些企业的利润就增加（也就是说，亏损减少）了。

这个进入和退出的过程一直持续到市场上企业正好有零经济利润时为止。一旦市场达到了这种均衡，新企业没有进入的激励，原有企业也没有退出的激励。

一旦进入和退出使利润为零，需求曲线与平均总成本曲线必定相切。因为所销售的每单位产品的利润是价格（根据需求曲线找出）与平均总成本之间的差额，所以，只有在这两条曲线相切时，最大化的利润才是零。

垄断竞争市场的长期均衡的两个特点如下。

（1）正如在垄断市场上一样，价格大于边际成本。这个结论的得出是因为利润最大化要求边际收益等于边际成本，以及由于向右下方倾斜的需求曲线使边际收益小于价格。

（2）正如在竞争市场上一样，价格等于平均总成本。这个结论的得出是因为自由进入和退出使经济利润为零。

上述第二个特点表明垄断竞争如何不同于垄断。由于垄断企业是没有相近替代产品的唯一卖者，所以它在长期中也可以有经济利润。与此相比，由于垄断竞争市场可以自由进入，所以这种类型市场上企业的经济利润被迫为零。

五、非价格竞争

在垄断竞争的市场中，由于厂商的产品是有差别的，并且这种产品差别使厂商有自己的需求曲线，从而使市场对自己产品的需求增加是垄断竞争市场中厂商之间竞争的重要内容。如何增加产品对消费者的吸引力呢？产品开发和广告是两种主要的手段。这种不是通过降低价格而是通过增加产品其他特征的优势进行竞争的方式，称为非价格竞争。

第五节 寡头垄断市场

寡头垄断是指少数几家厂商控制了某一行业产品供给的市场结构。寡头垄断介于完全竞争和完全垄断之间,是一种既有垄断又有竞争且以垄断为主的市场结构。它是现实经济中常见的一种市场类型,在现代经济中居于重要地位。

一、寡头垄断市场的特征

寡头垄断市场的特征主要表现在以下几个方面。

1. 厂商数目很少

寡头垄断市场上通常只有几家厂商,每家厂商的市场份额很高,对产量和价格均有较大的控制力。

2. 厂商之间相互依存

由于寡头市场只有几家厂商,每家厂商都占据着举足轻重的地位,在进行产量或价格决策时既要考虑其他厂商的决策,也要考虑自我决策对其他厂商的影响,因此,厂商之间是一种既相互竞争又相互合作的关系。

3. 进入和退出壁垒高

行业内的少数大厂商在资金、技术、生产和销售规模、产品知名度、销售渠道等方面占有绝对优势,因此新厂商很难进入市场并与之抗衡。由于寡头垄断厂商的生产规模很大,资本投入量也很大,所以厂商退出市场的壁垒也很高。

寡头垄断是一种普遍的市场类型,我国钢铁、汽车、石油化工、电信、计算机、彩电、空调等行业都属于寡头垄断市场。

在案例导入中,大型手机企业的竞争优势主要表现为品牌、规模经济、渠道、售后服务及研发能力等优势。这些优势不断巩固和强化其龙头地位,形成垄断势力。

> **探索与思考**
>
> 生活中,你接触的寡头垄断企业有哪些?试着列举其竞争与合作的事例。

二、寡头垄断市场形成的原因

寡头垄断市场形成的原因主要有规模经济和政府管制。

一些行业的生产具有明显的规模经济,如钢铁、汽车、石油、飞机制造、通信等。这些行业初始投资时需要兴建大量的设施,会花费巨额资金,固定费用极高,只有在产量达到一定规模后平均成本才会下降,从而有利可获。由于行业中的每个企业产量都很大,因而只需要几家厂商即可满足市场需求。另外,建厂时所需的巨额投资,也使其他厂商很难进入这一行业。大企业会凭借自身的竞争优势阻止新厂商进入而

寡头垄断市场

形成垄断，如微软对操作系统软件领域的垄断。

政府管制是寡头垄断市场形成的另一主要原因。政府通过立法给予厂商排他性地生产某种产品的权利，或给予某些寡头扶持性政策。

生活链接

BAT 垄断我国互联网

BAT 是我国互联网公司百度公司（Baidu）、阿里巴巴集团（Alibaba）、腾讯公司（Tencent）三大巨头英文首字母的缩写，他们分别规划了自己的互联网布局。除了搜索引擎、电子商务和即时通信三大核心领域的绝对垄断，BAT 的业务更是扩展到媒体、游戏、社交、门户、文化娱乐、技术服务以及基于地理位置服务等多个领域，且每个巨头旗下都有数家小公司与其有着紧密的联系。

从 2011 年至 2015 年，三家巨头共投资了 30 家已上市公司和几百家未上市公司。我国互联网未上市创业公司估值前 30 名的公司，80% 背后都有 BAT 的身影。2014 年，百度动用了 20 亿～30 亿美元，收购或投资了 15 家公司；阿里巴巴动用了 60 亿～70 亿美元，投资或收购了 36 家公司；腾讯动用了 70 亿～80 亿美元，投资或收购了 44 家公司。在 BAT 的主导下，携程与去哪儿网实现了"合并"，阿里巴巴收购了优酷土豆、UC 浏览器和高德地图，滴滴与快的实现了合并，……我国互联网在发展了 20 年之后进入崭新的阶段，尽管各细分领域也在不断涌现出新的创业军团，但深受先行者的资本影响和能力控制，BAT 的垄断势力已经坚不可摧。

三、寡头垄断厂商的竞争策略

在寡头垄断市场上，厂商之间相互依存。每个厂商总是首先推测其他厂商的产量，然后根据利润最大化原则来决定自己的产量。每个厂商既不是价格和产量的决定者，也不是价格和产量的被动接受者，而是价格和产量的寻求者。面对其他厂商，寡头的选择是竞争或合作。

1. 博弈论

博弈论是研究行为者之间策略相互依存和相互作用的一种决策理论。博弈论被广泛应用于政治、军事、外交、经济等研究领域，其应用是微观经济理论的重要发展。下面通过经典案例"囚徒困境"来说明博弈论的基本思想。

A、B 两人因合伙偷一辆汽车而被捕。警方怀疑他们还抢劫过银行，于是将他们抓捕并分别关押，同时告诉每一个人：如果他们两个人都坦白抢劫银行的事，各判刑 5 年；如果一方坦白另一方不坦白，坦白者将作为证人被判刑 1 年，不坦白者将作为罪犯被判刑 10 年；如果都不坦白，两个人会因偷车而各被判刑 2 年。他们各自可以选择的行为有两种：坦白或不坦白。他们彼此之间无法勾结，不能合作，各自选择的结果取决于对方的选择。他们两个人共有四种可能的决策，也有四种可能的结果，如表 5-4 所示。

表 5-4　囚徒困境中的纳什均衡分析　　　　　　　　　　（单位：年）

囚徒 A 囚徒 B	坦白	不坦白
坦白	-5，-5	-1，-10
不坦白	-10，-1	-2，-2

注：表中数字为刑期，组合顺序为（A，B）。

在这个例子中，A、B 两个囚徒博弈的最终结果是双方都选择坦白。因为 B 坦白时，A 坦白被判刑 5 年，不坦白被判刑 10 年，此时 A 的占优策略是坦白；B 不坦白时，A 坦白被判刑 1 年，不坦白被判刑 2 年，此时 A 的占优策略依然是坦白。所以，无论 B 选择坦白还是不坦白，A 的占优策略都是坦白。同理，B 的占优策略也是坦白。

囚徒困境反映了个人理性与集体理性的矛盾。如果两个人都不坦白将各被判刑 2 年，结果显然好于都坦白各被判刑 5 年。但这个结果难以出现，因为它不符合个人理性的要求。即使两个囚徒在被捕前建立起攻守同盟而拒不坦白，这个同盟也会在被审讯时瓦解，因为事到临头，每个人都会从自身的角度出发，做出最利己的选择即坦白。可见，当个人理性和集体理性发生矛盾时，个人理性将导致集体的非理性，而这种集体的非理性对社会却可能是有益的。在"囚徒困境"这一案例中，囚徒小集体的非理性（都坦白）对全社会来说就是最优的（维护了社会的安定与正义）。

"囚徒困境"同时说明了为什么在合作对双方都有利时，保持合作也是困难的。

表 5-5　寡头博弈中的纳什均衡分析　　　　　　　　　　（单位：万元）

寡头 A 寡头 B	高产量	低产量
高产量	200，200	500，100
低产量	100，500	400，400

注：表中数字为利润，组合顺序为（A，B）。

寡头在力图达到垄断结果时的博弈，类似两个处于"囚徒困境"中囚徒的博弈。

在表 5-5 中，A、B 两个寡头博弈的最终结果是双方都选择高产量。因为 B 选择高产量时，A 选择高产量获利 200 万元，选择低产量获利 100 万元，此时 A 的占优策略是高产量；B 选择低产量时，A 选择高产量获利 500 万元，选择低产量获利 400 万元，此时 A 的占优策略依然是高产量。所以，无论 B 选择高产量还是低产量，A 的占优策略都是高产量。同理，B 的占优策略也是高产量。

很显然，合作会使寡头的状况更好。但由于追求私利，每一个寡头都愿意扩大生产并占有更大的市场份额，结果总产量增加了，价格却下降了，以致厂商最终不能实现利润最大化。

2. 卡特尔

卡特尔是生产同类产品的垄断厂商就产品的市场价格、产量分配和市场份额达成公开协议而联合行事的一种组织。最为典型的卡特尔是石油输出国组织（欧佩克，OPEC）。

在寡头垄断行业，寡头往往通过正式的或非正式的协议组成卡特尔，通过控制产量来提高价格，从而获得更大的利润，这是形成卡特尔组织最强有力的内在动力。

知识点滴

> 卡特尔为法语 cartel 的音译，原意为协定或同盟。卡特尔 1857 年产生于德国，第一次世界大战后在英国、法国、奥地利等西方国家迅速发展，并盛行一时。第二次世界大战后，卡特尔在日本也得到了迅速发展。

卡特尔的类型主要有价格卡特尔、数量卡特尔、销售条件卡特尔、技术卡特尔等。价格卡特尔是最常见和最基本的卡特尔形式，在不景气时维持高价，在排挤对手时维持低价；数量卡特尔通过对产销量进行控制，减少市场供给，以提高价格；销售条件卡特尔对销售条件如回扣、支付条件、售后服务等在协定中进行统一规定；技术卡特尔的典型形式是专利联营，即成员企业相互提供专利、相互自由使用专利，但不允许非成员企业使用这些专利。

卡特尔虽然形成了操纵市场、分享利润的协议，但是这一协议并没有法律约束力，各卡特尔成员为了各自的利益往往违背协议，使协议执行起来非常困难。因此，卡特尔组织具有天然的不稳定性，难以长期存在。究其原因，主要有以下两方面：第一，潜在的进入者的威胁。卡特尔把价格维持在较高水平，就会吸引新厂商进入这个市场，而新厂商进入后可以通过降价扩大市场份额，此时卡特尔组织很难继续维持原来的高价。第二，卡特尔内部成员具有欺骗动机，即寡头成员会遭遇"囚徒困境"。假定其他厂商的产量和价格不变，某一卡特尔成员偷偷增加产量将会获得额外的巨大好处。如果每个成员都偷偷增加产量，市场总供给显然会大量增加，市场价格必然会下降，卡特尔限产提价的策略也将面临失败。如果卡特尔不能有效解决这个问题，最终会导致自身解体。研究表明，世界上卡特尔的平均存续时间仅为 6.6 年，最短的为 2 年。

知识拓展

石油输出国组织

1960 年，生产世界上大部分石油的国家形成了一个卡特尔，称为石油输出国组织（organization of the petroleum exporting countries，OPEC）。石油输出国组织控制了世界石油约 3/4 的储量。该组织旨在控制国际石油价格，保证各成员国在任何情况下都能获得稳定的石油收入。

1972—1981 年，石油输出国组织通过限产成功地维持了成员国间的合作和高价格。原油价格从每桶 3 美元上升至 35 美元。可是，由于相互之间的利益难以协调，违背协议的行为经常发生，比如总会有一个或更多的成员国超出配额进行生产。1982—1985 年，油价每年稳步下跌 10% 左右。1986 年，原油价格下跌至每桶 13 美元。1990—1999 年，国际原油价格基本上稳定在每桶 20 美元左右。2008 年国际市场石油价格曾突破每桶 140 美元，但之后曾跌破过每桶 40 美元，2012 年 4 月又回升到每桶 102 美元，2016 年 1 月跌破每桶 30 美元，2018 年国际石油价格升至高点每桶 76 美元后又跌至每桶 43 美元。

> 应该说，石油输出国组织成员国之间达成的限产协议尽管会生效，但起决定作用的还是国际石油市场的供求关系。

3. 价格领袖制

价格领袖制是指一个行业的产品价格通常由某一寡头率先制定，其余寡头紧追其后确定各自的价格。领先定价者称为价格领袖，是自然形成的，一般分为以下三种情况。

（1）支配型价格领袖。此类价格领袖是指行业中市场份额最大、最有实力的寡头。

（2）效率型价格领袖。此类价格领袖是指行业中成本最低、效率最高的厂商。

（3）"晴雨表"型价格领袖。此类价格领袖在行业中规模不一定最大，效率也不一定最高，但能准确而及时地掌握市场信息，正确判断整个产业的需求及成本变化。此类厂商价格的变动实际上是率先传递了市场信息，因此其价格在该行业中具有"晴雨表"的作用，其他厂商会参照该厂商的价格而变动自己的价格。

此外，成本加成法也是寡头垄断厂商常用的定价方法。成本加成法是在核定平均成本的基础上，加上一个固定百分率的利润额来确定价格，利润率则参考全行业平均利润率来确定。这种定价方法可以避免寡头之间的价格竞争所导致的利益受损，有利于实现最大利润。

四、寡头垄断市场评价

寡头垄断市场在经济中是十分重要的，对经济的发展具有推动作用。

寡头垄断市场具有三个明显的优点：第一，可以实现规模经济，从而降低成本，提高经济效益。第二，有利于促进科学技术进步。各个寡头为了在竞争中取胜，就要提高生产率，创造新产品，这成为寡头厂商进行技术创新的动力。寡头厂商具有强大的财力，可以投入巨额资金来进行科学研究。例如，著名的贝尔实验室，对电子、物理等科学技术的发展做出了许多突破性贡献，而这一实验室的强大后盾正是经济力量雄厚的美国电话电报公司。第三，寡头厂商实力雄厚，抗风险能力强。

寡头垄断市场的主要缺点是各寡头往往会相互勾结抬高价格，损害消费者利益和社会经济福利。

思政之窗

1978年12月中共十一届三中全会之后，在新的历史条件下，实行改革开放，于1984年中共十二届三中全会提出发展有计划的商品经济，1992年中共十四大提出发展社会主义市场经济。

国有大中型企业建立现代企业制度的改革取得重要进展，大多数国家重点企业进行了公司制改革，企业扭亏增盈成效显著，国有大中型企业改革和三年脱困目标基本实现。在公有制经济进一步发展的同时，私营、个体经济有了较快发展。市场体系建设继续推进，资本、技术和劳动力等要素市场迅速发展，市场在资源配置中的作用明显增强。财税体制继续完善，金融改革步伐加快。城镇住房制度、社会保障制度和政府机构改革取得重大进展。国家宏观调控体系进一步健全。

面对新世纪，我国必须坚持邓小平同志关于发展是硬道理的思想，在未来继续大力推进经济体制改革，完善社会主义市场经济体制。

本章小结

市场结构是指市场的垄断与竞争程度。根据市场集中度、产品差别化、市场壁垒等标准，可以把市场结构分为完全竞争市场、垄断竞争市场、寡头垄断市场和完全垄断市场四种类型。

在完全竞争市场上，厂商和消费者都是价格的接受者。厂商面临的需求曲线是一条水平线，厂商在短期内通过调整产量使边际收益等于边际成本来实现利润最大化。在短期均衡点上，厂商可能盈利，如果盈利则是最大利润；厂商也可能亏损，如果亏损则是最小亏损。厂商在长期既可根据市场价格扩大或缩小生产规模，也可根据盈亏情况自由进入或退出某个行业。在长期均衡点上，厂商的经济利润为零，平均成本最低，供求相等，资源配置最优。

在非完全竞争市场上，厂商不同程度地影响市场价格。厂商面临的需求曲线向右下方倾斜，通过调整价格和产量来实现利润最大化。在垄断竞争市场上，由于厂商对价格的控制力较小，价格竞争利益不大，垄断竞争厂商更注重运用非价格竞争策略；在寡头垄断市场上，厂商之间相互依存，或竞争，或合作，其主要定价策略为价格领袖制，合作形式为卡特尔；在完全垄断市场上，厂商唯一，产品唯一，厂商是产品价格的制定者，为获得最大利润往往采取歧视定价策略。

本章习题

1. 什么是价格歧视？垄断厂商实行价格歧视的条件是什么？
2. 什么是非价格竞争？非价格竞争主要有哪些手段？
3. 微观经济学中对完全竞争市场的假设条件主要有哪些？
4. 完全垄断市场有哪几个特征？

第六章 收入分配理论

本章导读

收入分配理论研究生产成果如何在社会成员之间进行分配，解决"为谁生产"的问题。作为资源配置的问题之一，收入分配问题也由价格来解决。由于各种生产要素的价格即各种生产要素所得报酬或收入，因此收入分配理论应归结为生产要素的价格决定问题，是均衡价格理论在分配问题上的应用。

本章重点

生产要素、生产要素的需求曲线、生产要素的供给曲线、工资、资本、利息、地租、利润、正常利润、超额利润、洛伦兹曲线、基尼系数、公平与效率。

学习目标

知识目标

1. 了解生产要素的需求、供给、收入形式等定义。
2. 熟悉生产要素价格决定的相关理论。

能力目标

1. 能够列举收入分配平等化政策。
2. 能够阐述帕累托效率。

素质目标

1. 强调读者对收入分配公平与社会公正的思考，使其关注贫富差距问题，支持调整和优化收入分配结构。
2. 培养读者在经济学研究与实践中积极探索改善民生、促进共同富裕的有效途径，坚持社会主义核心价值观。

思政目标

培养读者认识到公平分配和社会公正的重要性，关注收入分配的合理性和社会稳定，树立共同富裕和社会主义核心价值观，增强社会责任感。

案例导入

近年来我国居民收入分配的变化情况

改革开放40年来，我国居民收入持续增长，2021年，全国居民人均可支配收入35128元，比2020年名义增长9.1%，扣除价格因素，实际增长8.1%；比2019年增长14.3%，两年平均增长6.9%，扣除价格因素，两年平均实际增长5.1%。分城乡看，城镇居民人均可支配收入47412元，增长8.2%，扣除价格因素，实际增长7.1%；农村居民人均可支配收入18931元，增长10.5%，扣除价格因素，实际增长9.7%。财产净收入增长较快，表明居民收入来源的多样化进一步提升。

按收入来源分，2021年，全国居民人均工资性收入19629元，增长9.6%，占可支配收入的比重为55.9%；人均经营净收入5893元，增长11.0%，占可支配收入的比重为16.8%；人均财产净收入3076元，增长10.2%，占可支配收入的比重为8.8%；人均转移净收入6531元，增长5.8%，占可支配收入的比重为18.6%。与2019年相比，全国居民人均可支配收入各项来源两年平均增速分别为：工资性收入增长6.9%，经营净收入增长6.0%，财产净收入增长8.4%，转移净收入增长7.2%。

启发思考

（1）现阶段我国居民的收入分配方式有何特点？
（2）我国居民的收入分配结构呈现怎样的特点？

第一节 生产要素市场

生产要素是指在生产活动中所投入的各种经济资源，包括劳动、资本、土地与企业家才能。生产要素市场是指以各种生产要素为交易对象的市场。

一、生产要素的需求

生产要素的需求是指厂商在一定时期内，在每一价格水平下愿意而且能够购买的生产要素数量。一般而言，生产要素的需求曲线是一条向右下方倾斜的曲线，如图6-1（b）中的曲线D所示。在图6-1（b）中，W表示面包制作工人的工资，L表示面包制作工人的数量。

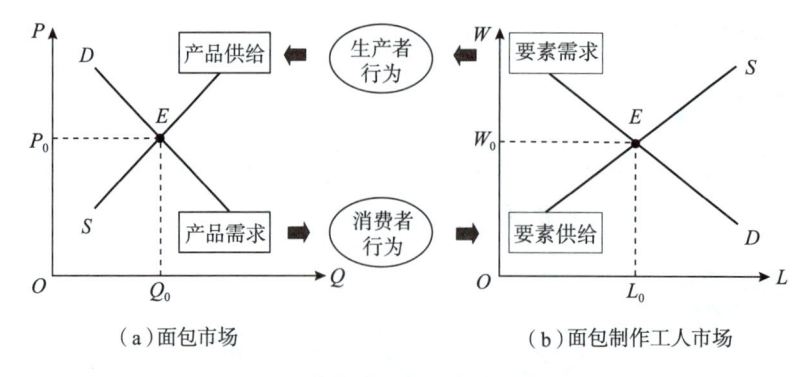

图 6-1　产品市场与要素市场的关系

厂商对生产要素的需求源于消费者对产品的需求，是一种派生需求或间接需求，也称引致需求。如消费者对面包这种产品的需求，引起面包店对面包制作工人这种生产要素的需求。如图 6-1 所示，在面包产品市场上，需求来自消费者，供给来自生产者即厂商；而在劳动要素市场上，需求来自生产者即厂商，供给来自消费者。也就是说，产品市场和要素市场经济主体的角色发生了转换。

生产要素的需求同时也是一种联合需求或互补性需求。如生产面包除需要面包制作工人之外，同时还需要厂房、烤箱、面粉等生产要素，只有结合使用多种生产要素才能生产出面包。

影响生产要素需求的因素主要有以下方面：①市场对产品的需求及产品价格。一般来说，市场对某种产品的需求越大，该种产品的价格越高，厂商对相应生产要素的需求就越大。②生产技术状况。资本密集型技术对资本的需求大，而劳动密集型技术对劳动的需求大。③生产要素价格。当一种生产要素的价格过高时，厂商一般会以价格低的生产要素替代价格高的生产要素，从而减少对高价格生产要素的需求，增加对低价格生产要素的需求。④市场结构。同一价格水平下，完全竞争市场上生产要素的需求量大于不完全竞争市场。

二、生产要素的供给

生产要素的供给来自生产要素的所有者，生产要素的所有者可以是消费者，也可以是厂商，甚至可以是政府。供给曲线是一条向右上方倾斜的曲线，如图 6-1（b）中的曲线 S 所示。但不同的生产要素性质不同，其供给规律也不同。

三、生产要素的收入形式

厂商销售产品所取得的销售收入，按照参加生产的各要素所发挥的功能或贡献分配给要素所有者，形成要素收入。生产要素及收入形式如表 6-1 所示。

表 6-1　生产要素及收入形式

生产要素	收入形式	阶级或阶层
劳动	工资	劳动者
资本（实物与货币）	利息	资本家

续表

生产要素	收入形式	阶级或阶层
土地	地租	土地所有者
企业家才能	利润	企业家

值得注意的是,政府也参与了收入的初次分配。政府因提供国防、立法、基础设施等公共物品,参与经济活动,在厂商取得的销售收入中,获得间接税收入。

第二节 生产要素价格的决定

西方经济学家认为劳动、土地、资本和企业家才能这四种生产要素共同创造了社会财富,分配就是把社会财富分给这四种生产要素的所有者,劳动者得到工资,资本得到利息,土地得到地租,企业家才能得到正常利润。

一、工资理论

工资是劳动者所提供劳务的报酬,也是劳动这种生产要素的价格。劳动者提供了劳动,获得了作为收入的工资。

1. 完全竞争市场上工资的决定

在完全竞争的劳动市场上,劳动的供给者劳动者和劳动的需求者厂商的数目都很多,他们自己的供给量和需求量在整个市场中所占的份额很少,单个劳动者和单个厂商都不能影响劳动的价格。劳动者的工资完全是由整个市场中劳动供求双方的力量决定的。

知识拓展

> 亚当·斯密认为,工资是财产所有者与劳动者分离时非财产所有者的劳动报酬;马克思认为,工资是资本主义社会劳动力价值的表现形态;克拉克提出,工资取决于劳动的边际生产力;马歇尔提出,工资水平由劳动的供求关系决定。

(1)劳动的需求

在完全竞争的劳动市场上,劳动的需求主要取决于劳动的边际生产力。劳动的边际生产力是指在其他条件不变的情况下增加一单位劳动所增加的产量。随着劳动量的增加,劳动的边际生产力是递减的。厂商在购买劳动时,应使劳动的边际成本即工资等于劳动的边际产品。如果劳动的边际产品大于工资,劳动的需求就会增加;如果劳动的边际产品小于工资,劳动的需求就会减少。因此,劳动的需求曲线是一条向右下方倾斜的曲线,如图6-2所示。在图6-2中,横轴 OL 代表劳动的需求量,纵轴 OW 代表工资水平,D 为劳动的需求曲线。

（2）劳动的供给

劳动的供给主要取决于劳动的成本。劳动的成本包括两类：一类是实际成本，即维持劳动者及其家庭生活必需的生活资料费用，以及培养、教育劳动者的费用；另一类是心理成本，劳动是以牺牲闲暇的享受为代价的，劳动会给劳动者心理带来负效用，补偿劳动者这种心理上负效用的费用就是劳动的心理成本。

劳动者的时间可分为劳动时间和闲暇时间。闲暇是指劳动者不从事生产劳动或服务而得到的空闲。为了取得货币收入和闲暇，劳动者需要在劳动时间和闲暇时间之间做出选择，这就是劳动—闲暇选择。

当劳动者的收入水平较低时，随着工资率的上升，他将选择较长的劳动时间，劳动供给曲线向右上方倾斜（图6-3）。但随着劳动者收入水平的提高，在收入水平达到一定程度后，劳动者宁肯选择闲暇而放弃收入，表现为劳动供给曲线上升到一定程度后，随工资增加劳动者提供的劳动时间反而减少，形成向后弯曲的劳动供给曲线。西方经济学中以此种劳动供给曲线作为劳动供给的一般性规律。

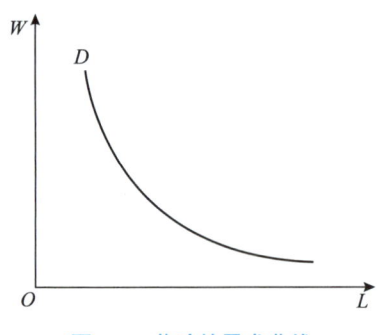

图6-2 劳动的需求曲线　　　　图6-3 劳动的供给曲线

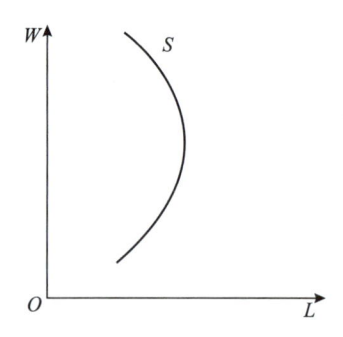

探索与思考

假定一位劳动者每天的睡眠时间必须达到7小时，这样，其每天可以自由支配的时间为24-7=17小时。

如果该劳动者将其中8小时用来劳动，那么全部可支配时间中的17-8=9小时就是闲暇时间。如果该劳动者用于闲暇的时间为h，则该劳动者的劳动供给量便为17-h。因此，劳动供给问题就可以看成该劳动者如何决定其全部资源（时间）在闲暇和劳动供给两种用途上的分配问题。

劳动者选择h的时间作为闲暇来享受，选择17-h的时间进行劳动，闲暇增加了劳动者的效用，劳动可以增加劳动者的收入，而收入可以用于消费，从而也能增加劳动者的效用。

因此，劳动者实际上是在劳动和闲暇之间进行选择。

（3）工资的决定

劳动的需求与供给共同决定了完全竞争市场上的工资水平，可用图6-4来说明这一点。在图6-4中，劳动的需求曲线D与劳动的供给曲线S相交于E点，这就决定了工资水平为

W_0，这一工资水平取决于劳动的边际生产力。这时劳动的需求量与供给量都是 L_0。

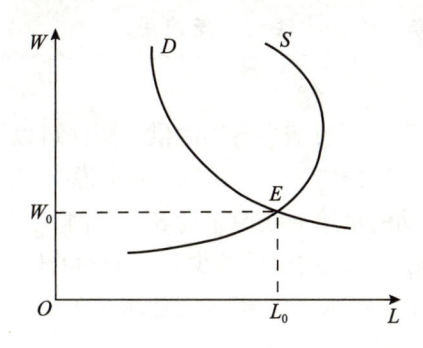

图 6-4　工资的决定

2. 不完全竞争市场上工资的决定

不完全竞争是指劳动市场上存在着不同程度的垄断的情况。在西方经济学中，不完全竞争劳动市场主要是指存在工会组织（即劳动市场上卖方垄断）的劳动市场。

工会影响劳动供给的方式主要有以下三种。

（1）增加对劳动的需求

在劳动供给不变的条件下，通过增加对劳动的需求的方法来提高工资，不但会使工资增加，而且可以增加就业。它对工资与就业的影响，可以用图 6-5 来说明。

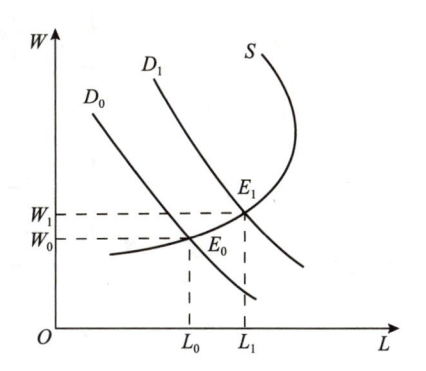

图 6-5　增加劳动需求的工资决定

在图 6-5 中可以看出，劳动的需求曲线原来为 D_0，D_0 与 S 相交于 E_0 点，工资水平为 W_0，就业水平为 L_0。劳动的需求增加后，劳动的需求曲线由 D_0 移动到 D_1，这时 D_1 与 S 相交于 E_1 点，决定了工资水平为 W_1，就业水平为 L_1。$W_1 > W_0$，说明工资水平上升了；$L_1 > L_0$，说明就业水平提高了。

知识拓展

工会增加厂商对劳动需求的最主要方法是增加市场对产品的需求，因为劳动需求是由产品需求派生而来的。增加对产品的需求，就是要通过工会的力量或其他活动来增加出口，限制进口，实行贸易保护政策。此外，机器对劳动的代替是劳动需求减少的一个重要原因，因此，工会也会从增加对劳动的需求这一目的出发，反对用机器代替工人。尤其是在资本主义发展早期，这一方法被广泛应用。

（2）减少劳动的供给

在劳动需求不变的条件下，通过减少劳动的供给同样可以提高工资，但这样做会使就业减少。这种情况对工资与就业的影响可以用图6-6来说明。

从图6-6可以看出，劳动的供给曲线原来为S_0，这时S_0与D相交于E_0点，决定了工资水平为W_0，就业水平为L_0。劳动的供给减少后，劳动的供给曲线由S_0移动到S_1，这时S_1与D相交于E_1点，决定了工资水平为W_1，就业水平为L_1。$W_1>W_0$，说明工资水平上升了；$L_1<L_0$；说明就业水平下降了。

（3）最低工资法

工会迫使政府通过立法规定最低工资，这样在劳动的供给大于需求时，也可以使工资维持在一定水平。这种方法对工资与就业的影响可以用图6-7来说明。

在图6-7中可以看出，劳动的需求曲线D_0与供给曲线S相交于E_0点，决定了工资水平为W_0，就业水平为L_0。最低工资法规定的最低工资为W_1，$W_1>W_0$，这样能使工资维持在较高水平。但在这种工资水平时，劳动的需求量为L_0，劳动的供给量为L_1，有可能出现失业的情况。

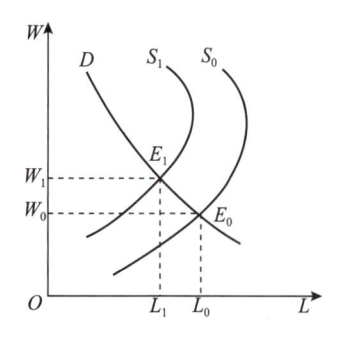

图6-6　减少劳动供给的工资决定

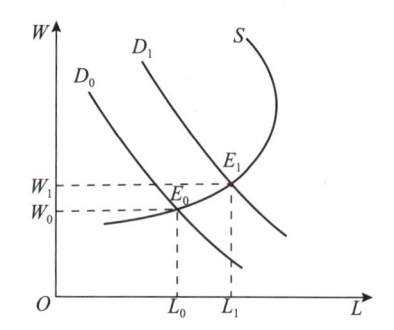

图6-7　最低工资法

生活链接

最低工资标准调整步伐放缓

我国于2003年12月30日发布《最低工资规定》，自2004年3月1日起施行。近年来，我国最低工资标准稳步提高，有些省份（如上海）调整周期几乎是一年一次。人社部数据显示，2018—2023年，全国分别有15个、8个、3个、13个、6个、17个地区调高最低工资标准。

二、利息理论

1. 利息与利息率

利息是资本价格，也是提供资本这种生产要素所得到的报酬和收入。利

利息理论

息的高低用利息率（利率）来表示。利率是利息在每一单位时间内（如一年内）在货币资本中所占的比率。

资本为什么能够产生利息呢？经济学家提出以下观点。

（1）时间偏好。人们具有一种时间偏好，即在未来消费与现期消费中人们是偏好现期消费的。因为未来是难以预期的，所以人们对物品未来效用的评价总是低于对现在物品的效用评价的。

（2）迂回生产，首先生产的是生产资料（或称资本品），然后用这些生产资料去生产消费品。迂回生产提高了生产效率，且迂回生产的过程越长，生产效率越高。

生活链接

原始人直接去打猎是直接生产，当原始人先制造弓箭而后用弓箭去打猎时就是迂回生产。用弓箭打猎比直接打猎的效率要高。如果延长迂回生产的过程，先采矿、炼铁、制造机器，然后制造出猎枪，用猎枪打猎，那么效率就会更高。

知识拓展

货币资本为20000元，利息为一年2000元，则利息率为10%，或称年息10%。这10%就是货币资本在一年内提供生产性服务的报酬，即这一定量货币资本的价格。

但迂回生产如何才能实现呢？这就必须有资本，资本使迂回生产成为可能。资本通过迂回生产能够提高生产效率，是保证资本获取利息的根源。

2. 利率的决定

利率取决于资本的需求与供给。资本的需求主要是企业投资的需求，因此，可以用企业投资来代表资本需求。资本的供给主要是储蓄，可以用储蓄来代表资本的供给。这样就可以用投资与储蓄来说明利息率的决定了。

企业借入资本进行投资，是为了实现利润最大化，这样投资就取决于利润率与利率之间的差额。

利润率与利率之间的差额越大，即利润率越是高于利率，纯利润就越大，企业也就越愿意投资。反之，利润率与利率之间的差额越小，即利润率越接近于利率，纯利润就越小，企业也就越不愿意投资。这样，在利润率既定时，利率与投资呈反方向变动，从而资本的需求曲线是一条向右下方倾斜的曲线。

人们进行储蓄，放弃现期消费是为了获得利息。利率越高，人们越愿意增加储蓄；利率越低，人们就越要减少储蓄。这样，利率与储蓄呈同方向变动，从而资本的供给曲线是一条向右上方倾斜的曲线。

利率是由资本的需求与供给双方共同决定的，可以用图6-8来说明利率的决定。在图6-8中，横轴OK代表资本量，纵轴OI代表利率，D为资本的需求曲线，S为资本的供给曲线，这两条曲线相交于E点，决定了利率水平为I_0，资本量为K_0。

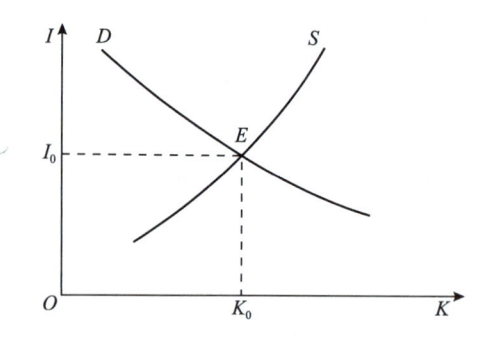

图 6-8 利率的决定

> 📱 **知识拓展**
>
> 因为利率可以看成资本的价格,所以利率的作用如同价格的调节作用,可以实现资本市场的均衡。利率的作用主要体现在以下几个方面。
>
> (1)可以调节资本市场的供求关系。当资本供不应求时,利率会上升,资本的供给增加;当资本供过于求时,利率就会下降,资本的需求就会增加。
>
> (2)可以影响政府的财政与货币政策。
>
> (3)在一定程度上可以抑制通货膨胀。
>
> (4)通过对投资成本收益的影响,可以调节社会投资总量和投资结构。
>
> (5)可以通过影响企业的生产成本与收益,发挥促进企业改善经营管理的作用。
>
> (6)通过改变储蓄收益,对居民的储蓄倾向和储蓄方式的选择发挥作用,进而影响居民个人的经济行为。

三、地租理论

地租是土地这种生产要素的价格。土地支配者提供了土地,得到了地租。土地可以泛指生产中使用的一切自然资源,地租也可以理解为使用这些自然资源的租金。

1. 地租的决定

地租由土地的需求与供给决定。土地的需求取决于土地的边际生产力,土地的边际生产力也是递减的。因此,土地的需求曲线是一条向右下方倾斜的曲线。因为可以利用的土地总是有限的,所以通常来说土地的供给是固定的,土地的供给曲线是一条与横轴垂直的线。这可以用图 6-9 来说明。

在图 6-9 中,横轴 ON 代表土地量,纵轴 OR 代表地租,垂直线 S 为土地的供给曲线,表示土地的供给量固定为 N_0,D 为土地的需求曲线,D 与 S 相交于 E 点,决定了均衡的地租为 R_0。

现实经济中,随着经济的发展,对土地的需求不断增加,而土地的供给不能增加,这样地租就有不断上升的趋势。这可以用图 6-10 来说明。在图 6-10 中,土地的需求曲线由 D_0 移动到 D_1,就表明土地的需求增加了,但土地的供给仍为 S。S 与 D_1 相交于 E_1 点,决定了地租为 R_1。R_1 高于原来的地租 R_0,说明由于土地的需求增加使得地租上升了。

2. 级差地租

级差地租是指使用较优土地所获得的归土地所有者占有的超额利润。级差地租是由于土地的肥沃程度、地理位置、气候条件和交通等方面的差别而形成的地租。级差地租与土地等级相联系，在等量投入的情况下，土地等级不同，土地收益便不同，因此，地租额不同。对土地的利用，要根据土地上产品需求的多少，由优到劣依次进行。

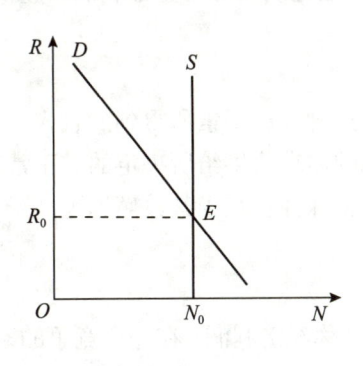

图 6-9 地租的决定

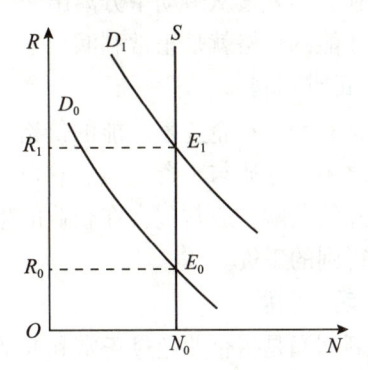

图 6-10 土地需求增加对地租的影响

3. 准地租

准地租又称准租金或准租，是指固定资产在短期内所得到的收入。因其性质类似地租，而被马歇尔称为准地租。在短期内，固定资产是不变的，与土地的供给相似。不论这种固定资产是否取得收入，都不会影响其供给。只要产品的销售价格能够补偿平均可变成本，就可以利用这些固定资产进行生产。在这种情况下，产品价格超过其平均可变成本的余额代表固定资产收入。这种收入是由于产品价格超过弥补其可变平均成本的余额而产生的。准地租只在短期内存在，在长期内固定资产也是可变的，固定资产的收入就是折旧费及其利息收入，因此，长期内就不存在准地租了。

4. 经济租

如果生产要素的所有者所得到的实际收入高于他们所希望得到的收入，则超过的这部分收入就被称为经济租。这种经济租类似消费者剩余，所以也称为生产者剩余。

生活链接

劳动市场上有 A、B 两类工人各 100 人。A 类工人素质高，所要求的工资为 200 元。B 类工人素质低，所要求的工资为 150 元。如果某种工作 A、B 两类工人都可以担任，那么厂商在雇用工人时，当然先雇用 B 类工人。但在 B 类工人不够时，也不得不雇用 A 类工人。假设某厂商需要工人 200 人，那他就必须雇用 A、B 两类工人。在这种情况下，厂商必须按 A 类工人的要求支付 200 元的工资。

这样，B 类工人所得到的收入就超过了他们的要求，这时 B 类工人所得到的高于 150 元的 50 元收入就是经济租。其他生产要素所有者也可以得到这种经济租。因此，经济租与准地租是有区别的，准地租仅在短期内存在，而经济租在长期中也存在。

四、利润理论

在市场经济的早期阶段，企业家才能并未被作为单独的生产要素，如法国经济学家萨伊就曾提出劳动、土地和资本三要素理论。随着市场经济的发展，管理与经营企业成为一种专门职业，在企业中越来越重要。19世纪后期，英国经济学家马歇尔把企业家才能作为一种独立的要素从劳动中分离出来。在经济学上，一般把利润分为正常利润和超额利润，企业家才能的价格就是正常利润。

1. 正常利润

正常利润是指企业家才能的价格，即企业家才能这种生产要素所得到的收入。它包括在成本之中，性质与工资类似。它也是由企业家才能的需求与供给所决定的。正常利润是一种特殊的薪酬，通常包含在企业的生产成本中，其特殊性就在于其数额远远高于一般劳动者所得到的工资。

2. 超额利润

超额利润是指企业超过正常利润的那部分利润，又称经济利润。在完全竞争的条件下，不会有这种利润的产生。只有在不完全竞争条件下，有创新、风险和垄断，才会产生这种利润。

下面主要介绍超额利润的产生及其性质。

（1）创新与超额利润

创新是指企业家对生产要素实行新的组合。美国经济学家熊彼特指出，创新包括五种情况：引入一种新产品；采用一种新的生产方法；开辟一个新市场；获得一种原料的新来源；采用一种新的企业组织形式。这五种形式的创新都有可能产生超额利润。例如，引进一种新产品可以使这种产品的价格高于其成本，从而产生超额利润。采用一种新的方法和新的企业组织形式，都可以提高生产效率、降低成本，获得一种原料的新来源也可以降低成本。这样，产品在按市场价格出售时，由于成本低于同类产品的成本，就获得了超额利润。开辟一个新市场，不仅可由生产规模扩大降低生产成本而带来超额利润，也可以通过提高价格而获得超额利润。

名人档案

约瑟夫·熊彼特

约瑟夫·熊彼特（1883—1950）是一位有深远影响的奥地利政治经济学家，后移居美国，一直任教于哈佛大学。

熊彼特被认为是现代创新理论的先驱。在他看来，创新就是建立一种新的生产函数，就是把一种从来没有过的关于生产要素和生产条件的"新组合"引入生产体系。在熊彼特那里，创新不是一个技术概念，而是一个经济概念，创新严格区别于技术发明，而是把现成的技术革新引入经济组织，形成新的经济能力。

(2) 承担风险与超额利润

风险是从事某项事业时失败的可能性。由于未来具有不确定性，人们对未来的预测有可能发生错误。风险的存在是普遍的，如供求关系中难以预料的变动、自然灾害、政治动乱，以及其他偶然事件的影响，这使厂商的生产也存在着风险，而且并不是所有的风险都可以用保险的方法加以弥补的。这样，从事具有风险的生产，就应该以超额利润的形式得到补偿。

知识拓展

> 许多具有风险的生产或事业也是社会需要的。例如，当粮食丰收时某人可以大量低价收购，以便在以后粮食缺乏时高价出售。这种活动有利于平抑物价，对社会是有利的，但也有风险，当之后几年的粮食仍然丰收时就会亏本。但如果情况与他预测的一样出现了粮食缺乏，他就可以高价出售从而获得超额利润。

(3) 垄断与超额利润

由垄断而产生的超额利润，被称为垄断利润。但它与上面所讲的超额利润不同，它不是由创新的结果带来的，而是由卖方垄断或买方垄断而产生的超过正常利润的那部分利润。

卖方垄断也称为专卖，是指对某种产品出售权的垄断。垄断者可以抬高销售价格，以损害消费者的利益的方式获得超额利润。买方垄断也称专买，是指对某种产品或生产要素购买权的垄断。在这种情况下，垄断者可以压低收购价格，以损害生产者或生产要素供给者利益的方式获得超额利润。垄断所引起的超额利润，是垄断者对消费者、生产者或生产要素供给者的剥削，是不合理的。这种超额利润也是市场竞争不完全的结果。

3. 利润在经济中的作用

利润是社会进步的动力。这是因为：第一，正常利润作为企业家才能的报酬，能鼓励企业家更好地管理企业，提高经济效益；第二，由创新而产生的超额利润，鼓励企业家大胆创新，这种创新有利于社会进步；第三，由风险而产生的超额利润，鼓励企业家勇于承担风险，从事有利于社会经济发展的风险事业；第四，追求利润的目的，使企业按社会的需要进行生产，努力降低成本，有效地利用资源，从而在整体上符合社会利益；第五，整个社会以利润来引导投资，使资源的配置符合社会的需要，实现资源的合理利用。

第三节 收入分配平等程度的衡量与控制

按要素分配收入即按贡献分配收入，是当今社会最基本的分配方式。这种分配方式在一定程度上能提高经济效率，但由于个人能力及机遇的差异易引起贫富两极分化，需要政府进行适度干预。

一、收入分配平等程度的衡量

衡量收入分配平等程度的方法主要有洛伦兹曲线和基尼系数。

1. 洛伦兹曲线

洛伦兹曲线是用来衡量社会收入分配或财产分配平均程度的曲线，因由美国统计学家 M.O. 洛伦兹提出而得名。以表 6-2 为例，将一定区域的全部人口（注：以户为单位计量）按收入由低到高排序，并等分为五个组别，各组别人口都占总人口的 20%；计算各组别收入占总收入的百分比；分别累计人口百分比与收入百分比；将各组别对应的累计百分比在平面坐标内描点、连线即得出洛伦兹曲线，如图 6-11 中的曲线 OGF 所示。

表 6-2 某国收入分配数据　　　　　　　　　　　　　　　　（单位：%）

组别	人口百分比	人口累计百分比	收入百分比	收入累计百分比
1	20	20	4.6	4.6
2	20	40	8.6	13.2
3	20	60	10.5	23.7
4	20	80	26.1	49.8
5	20	100	50.2	100

在图 6-11 中，对角线 OF 为收入均等线，即收入分配绝对平等线，故 OF 线上任何一点都表示社会收入分配是绝对平等的。折线 OHF 为绝对不平等线，表明社会的全部收入为一户所占有，其余家庭的收入为零。实际收入分配线洛伦兹曲线 OGF 介于两种极端曲线之间，洛伦兹曲线 OGF 的弯曲程度越小，与收入均等线 OF 越近，说明社会收入分配越平等；洛伦兹曲线 OGF 的弯曲程度越大，与收入均等线 OF 越远，说明社会的收入分配越不平等。

2. 基尼系数

基尼系数是意大利统计学家基尼根据洛伦兹曲线提出的判断收入分配平均程度的指标。如图 6-11 所示，以 A 表示洛伦兹曲线与收入均等线之间的面积，即图中阴影部分的面积，以 B 表示洛伦兹曲线与绝对不平等线之间的面积，则基尼系数表示为

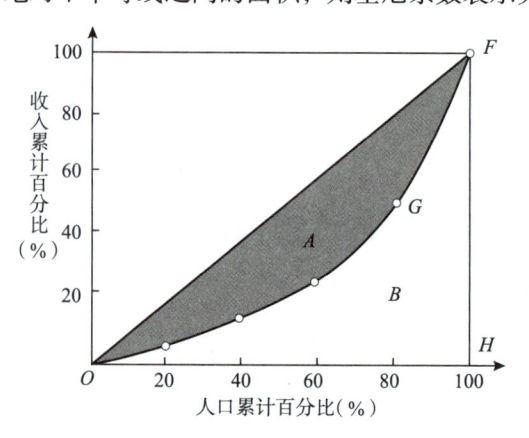

图 6-11　洛伦兹曲线

$$基尼系数 = \frac{A}{A+B} \quad (6\text{-}1)$$

基尼系数的取值范围为 [0，1]。当 $A=0$ 时，基尼系数等于 0，洛伦兹曲线与收入均等线重合，表明社会收入分配绝对平均；当 $B=0$ 时，基尼系数等于 1，洛伦兹曲线与收入绝对不平等线重合，表明社会收入分配绝对不平均。基尼系数越接近 0，表明社会收入分配越平均；基尼系数越接近 1，表明社会收入分配越不平均。

国际上普遍采用基尼系数来衡量收入分配平等程度，其评价标准如表 6-3 所示。

表 6-3　基尼系数国际标准

基尼系数	< 0.2	0.2～0.3	0.3～0.4	0.4～0.5	≥ 0.5
收入分配平等程度	绝对平等	比较平等	基本合理	差距较大	差距悬殊

进入 21 世纪，发达国家的基尼系数一般介于 0.24～0.36，美国偏高，约为 0.4。我国改革开放前的基尼系数为 0.16，改革开放以来，基尼系数明显上升，2009 年之后才逐渐降低，截至 2017 年仍处于警戒线以上，如图 6-12 所示。

鉴于洛伦兹曲线与基尼系数的计算难度，一些国家用收入最高的 20% 家庭的财富与收入最低的 20% 家庭的财富之比来衡量分配的不平等程度。此外，还可以用劳动分配率（劳动收入在国民收入中的占比）与工资差异率衡量收入分配的平等程度。

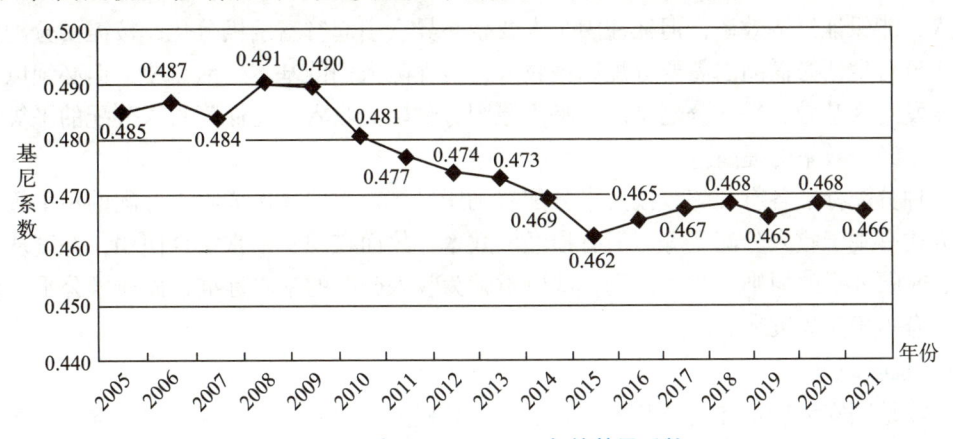

图 6-12　我国 2005—2021 年的基尼系数

二、收入分配不平等的原因

收入分配不平等的原因主要有以下几个方面。

1. 社会的经济发展状况

收入分配不平等与社会的经济发展状况相关。美国经济学家库兹涅茨对收入分配的研究表明，在经济发展初期，收入分配不平等状况随着经济发展而加剧，当经济发展到一定程度时，收入分配逐渐平等。

在发达国家，第二次世界大战前，收入分配不平等状况较为严重；第二次世界大战后，随着经济的发展，收入分配趋于平等，验证了库兹涅茨规律。20 世纪 80 年代后，发达国家尽管经济发展较快，但收入分配不平等在加剧，表明收入分配不平等的原因具有复杂性。

经济发展在行业之间、地区之间、城乡之间的不平衡，也是造成收入分配不平等的重要原因。在我国，不同行业之间、地区之间、城乡之间的收入分配差距十分明显，并且有扩大趋势。

2. 社会制度

收入分配不平等与社会制度相关。按要素分配收入的制度会引起收入分配不平等，如要素所有权分布不均必然造成收入分配不平等。在不少国家，一些垄断行业的收入远远超过社会平均水平。此外，一些国家存在的户籍制度、受教育权利的不平等、对妇女及有色人种的歧视制度会引起收入分配不平等；在一些发达国家，工会制度也是引起收入分配不平等的重要原因，如工会会员受工会保护获得较高工资，非工会会员因无力与雇主抗争而工资较低；等等。

3. 个体差异

收入分配不平等与个体差异相关。每个人的家庭背景、先天禀赋、勤奋程度和机遇不同，收入也会存在差异。

总之，收入的差别是个体因素与多种社会因素综合作用的结果。

三、收入分配平等化政策

在现代社会，存在着三种收入分配标准，即贡献、需要和平等。按要素分配是以贡献论收入，能保证经济效率，但往往因个人要素差异会引起贫富两极分化；按需要分配是按社会成员对生活必需品的需要分配国民收入，能保障人们的基本生活需要，但必须以生产力高度发达为基础；平均分配是以公平为原则分配国民收入，能保障收入分配的平等化，但不利于经济效率的提高。

三种分配标准各有利弊，按要素分配有利于经济效率但易形成收入分配的不平等，后两种方式有利于收入分配平等，但有损经济效率，故而在现实中常结合使用，并遵从效率优先、兼顾公平的原则。效率优先，即以贡献为收入分配的基本标准；而兼顾公平，则要借助政府的相关政策来实现。

1. 税收政策

税收是国家为满足社会公共需要，凭借公共权力，按照法律所规定的标准和程序，参与国民收入分配，强制取得财政收入的一种特定分配方式。税收对调节个人收入，避免贫富悬殊，实现社会公平分配以及正确处理各种分配关系都具有重要作用。税收对个人收入分配的调节主要体现在以下几个方面。

第一，征收个人所得税，直接调节收入分配。一方面通过累进税率调节高收入阶层的收入，另一方面通过合理的费用扣除给予低收入阶层以税收优惠。

第二，征收消费税，间接调节收入分配。通过税收选择性地调节高收入阶层的高消费，从而影响个人收入分配。

第三，征收财产税，调节收入差距。通过对财产的保有及转移征税使富有财产者多纳税、无产者不纳税，从而缩小收入分配差距。

2. 社会保障政策

社会保障是指国家通过立法对国民收入进行分配和再分配，对社会成员特别是有特殊生活困难群体的基本生活权利给予保障的社会安全制度。

社会保障的作用在于保障全社会成员的基本生存与生活需要，特别是保障公民在年老、疾病、伤残、失业、生育、死亡、遭遇灾害、面临生活困难时的特殊需要。社会保障由国家通过国民收入分配和再分配实现，它由社会保险、社会救济、社会福利、优抚安置等组成，其中，社会保险是社会保障的核心内容。

社会保障在再分配领域扮演着主要角色：一方面，通过社会福利事业改善低收入群体的生活，给受保障者带来增加收入的实惠；另一方面，社会保障同时也吸引着雇主缴费、社会捐献等社会资源，对财富的再分配作用异常突出。

现阶段我国居民收入分配的特点是以要素分配为主，按需分配和平均分配为辅。以要素分配为主，如个人的工资按劳动要素分配，个人所得的利息、股息和红利按资本要素分配，房租按土地要素分配；以按需分配和平均分配为辅，如居民最低生活保障属于按需分配，节日福利在各单位内部多采用平均分配。在我国居民的收入分配结构中，工资性收入仍是我国居民收入的第一大来源，经营性收入和转移性收入是我国居民收入增长的重要支柱，财产性收入虽然所占比例不高，但是其增长幅度较快，成为我国居民收入的重要补充。

经过40多年的改革开放，一部分地区、一部分人先富起来的目标已经实现，在今后相当长的一段时间内，缩小贫富差距、实现共同富裕是我国收入分配政策坚持的方向。

第四节 关于效率与公平的思想

在现代社会，效率与公平之间是相辅相成的辩证关系。一方面，效率是实现公平的物质基础。分配最终要取决于生产，取决于能够分配的产品。没有效率的提高，就不可能生产出大量可供分配的产品，公平也就失去了基础。另一方面，公平又是效率的前提。规则公平是促进效率提高的强大动力；而结果公平则有助于社会稳定和谐，为提高效率创造良好的社会环境。如何平衡效率与公平之间的关系，考验着各国政府的执政能力，是经济学研究的重要内容。

一、帕累托效率

帕累托效率也称帕累托最优，简称效率，是指资源配置处于任何改变都不可能使至少一个人受益而其他人的利益不受损害的状态。如果对某种资源配置状态进行调整，使得至少有一个人的境况得到改善，而其他人的境况至少不变坏，则这种调整被称为帕累托改进。因此，帕累托最优状态也就是不存在帕累托改进的资源配置状态，帕累托改进是达到帕累托最优的路径和方法。

帕累托最优状态是判断资源配置是否具有效率的一种标准。符合帕累托最优状态则具有效率；不符合帕累托最优状态则缺乏效率。

帕累托最优状态的条件是：第一，任何两种商品的边际替代率对所有消费者而言都相等；第二，任何两种生产要素的边际技术替代率对所有生产者而言都相等；第三，任何两种商品的边际替代率都等于它们的边际转换率，所谓边际转换率即生产可能性曲线的斜率。当这三个条件同时得到满足时，整个经济便达到帕累托最优状态。完全竞争市场供求均衡时，满足帕累托最优状态的三个条件，达到帕累托最优状态，资源配置是有效率的。

知识拓展

双轨制与帕累托改进

我国改革进程中推行的双轨制是运用帕累托改进的典型实例。双轨制就是不触动原来的计划经济，愿意享受计划经济好处的人继续享受，但同时在计划经济之外开辟了一个自由市场，愿意的人可以在其中交易。这就是一个帕累托改进，因为所有人中没有受损的，只有受益的，同时社会生产力也因为有了自由市场而冲破了不合理的约束并得到了解放，且全社会的财富增加了。

双轨制始于集市贸易，之后在各行各业里都得到推行。比如城市交通，除了政府办的公共交通，私人也能办小公交，和大公交竞争；在医疗系统，除了原有的低收费系统，还开辟了专家挂号，收费高一些；学校也有了私立的；连股票市场也有双轨制，原有的股票是非流通股，新股票是流通股，可以自由买卖；所谓的新人新办法、老人老办法也是双轨制。这些措施大大缓解了改革中可能有的矛盾，而且所有人的利益都没有受损。

双轨制面临的一个问题是如何并轨。就集市贸易来讲，现在已经完成了并轨，其实就是市场经济替代了计划经济，集市以外的大部分商品也都是市场经济替代了计划经济。但股票市场的并轨至今还没有完全解决，对私立学校也有许多争议。总体来看，双轨制是非常有效的改革办法。它大大地改进了资源配置，减少了对社会资源的浪费。改革开放以来我国的财富生产大幅度增加，在很大程度上就得益于双轨制。

名人档案

维尔弗雷多·帕累托（Vilfredo Pareto，1848—1923），意大利经济学家、社会学家。

他所提出的帕累托最优，为评价一个经济制度和政治方针提供了重要标准，成为具有广泛意义的指导思想；他所提出的80/20法则，即在任何大系统中，约80%的结果都是由该系统中约20%的变量产生的，人们称之为帕累托法则。该法则被从最初的经济学领域推广到社会生活的各个领域，且深为人们所认同。

维尔弗雷多·帕累托

二、关于公平的思想

除了效率之外，人们往往还关心公平。公平是指社会成员平等地享有经济成果。如果把经济成果比喻为蛋糕,则效率问题涉及的是尽可能做大蛋糕且以最低的成本做蛋糕,公平问题涉及的是如何把整个蛋糕切成小块并在社会成员中进行分配。效率影响经济发展,而公平则关乎社会稳定。现代社会关于公平的思想主要有规则公平论和结果公平论。

1. 规则公平论

规则公平论根据分配规则来判断是否公平,认为如果规则是公平的,就实现了公平。持这种观点的代表人物是美国哲学家罗伯特·诺齐克。他在1974年出版的代表作《无政府、国家与乌托邦》一书中指出,公平必须建立在规则公平的基础上。公平应遵循两个规则:第一,国家必须实施确立并保护私人财产的法律;第二,私人财产只能通过自愿交换从一个人转移到另一个人。私有产权制度保证了每个人合法拥有自己的财产,人们通过自愿交易来实现财产的转移。

只要这些规则是公平的,那么遵循这些规则,无论分配结果怎样,分配都是公平的。

2. 结果公平论

结果公平论根据分配结果来判断是否公平,认为如果结果是公平的,就实现了公平。持这种观点的主要代表人物是美国哲学家约翰·罗尔斯。他在1971年出版的《正义论》一书中指出,在考虑收入转移的所有成本之后,公平的分配是使最穷的人状况尽可能变好的分配。19世纪以杰瑞米·边沁和约翰·斯图亚特·穆勒等为代表的思想家提出了只有平等才能引起效率的思想,被称为功利主义。功利主义认为,为了实现最大多数人的最大幸福,收入必须从富人手中转给穷人,直到完全平等,没有富人和穷人。结果公平论并不主张完全平等的分配,因为完全平等的分配会引起效率损失,从而使所有人的福利减少。结果公平论主张关注最穷的人的状况,通过收入再分配来增加他们的收入。

知识点滴

> 我国春秋末期著名的思想家、教育家、政治家孔子说:"有国有家者,不患寡而患不均,不患贫而患不安。盖均无贫,和无寡,安无倾。"朱熹对此句的解释是:"均,谓各得其分;安,谓上下相安。"各得其分,上下相安既包含规则公平,也包含结果公平。社会的稳定需要相对平均,如果贫富差距过于悬殊,上下不相安,"均贫富"成为历代农民起义的口号也就不足为奇;如果仅强调绝对平均,不能各得其分,社会进步也就无从谈起。

思政之窗

我国当前收入分配现状:①居民收入在GDP中的比重持续下降;②人民收入差距持续扩大;③行业差距扩大;④再次分配机制落后;⑤区域收入差距明显。

随着我国经济的发展,人们收入水平的提高,收入分配的差距也在逐渐拉大。合理的收入差距有利于促进效率的提高,但差距过大就会导致社会不公,不利于社会的稳定。改善我国收入分配现状,改善分配政策、促进公平,才能逐渐缓解收入分配差距过大的问题。

本章小结

收入分配理论研究生产成果如何在社会成员之间分配的问题。厂商销售产品所取得的收入，按照参加生产的各要素所发挥的功能或贡献分配给要素所有者，形成要素收入。各种生产要素的价格即各种生产要素所得报酬或收入，因而收入分配理论归结为生产要素价格的决定问题。

工资是劳动这种生产要素的价格，是劳动者提供劳务所得的报酬。工资是由劳动的供求关系决定的。

利息是资本所有者出让资本使用权所得到的收入。利率是一定时间内利息与资本价值的比率，是资本的使用价格。利率是由资本的供求关系决定的。

地租是土地这种生产要素的价格，由土地的需求与供给决定。

一般把利润分为正常利润与超额利润。正常利润是企业家才能这种生产要素所得的收入。超额利润主要来源于创新、承担风险与垄断。

衡量社会收入分配平等程度的方法主要有洛伦兹曲线和基尼系数，各国政府主要通过税收政策和社会保障政策缩小收入分配差距。

帕累托效率是指资源配置处于任何改变都不可能使至少一个人受益而同时其他人的利益不受损害的状态。如果对某种资源配置状态进行调整，使得至少有一个人的境况得到改善，而其他人的境况至少不变坏，则这种调整被称为帕累托改进。

公平是指社会成员平等地享有经济成果。有两类关于公平的主要思想：其一是规则公平论，其二是结果公平论。规则公平论根据分配规则来判断是否公平，认为如果规则是公平的，就实现了公平；结果公平论根据分配结果来判断是否公平，认为如果结果是公平的，就实现了公平。效率与公平之间是相辅相成的辩证关系。

本章习题

1. 简述利率的作用。
2. 简述收入分配不平等的主要原因及收入分配平等化的主要政策。
3. 简述现代社会关于公平的主要思想。

第七章　市场失灵与政府干预

本章导读

本章讲解的是市场失灵问题以及政府的应对方法。实践表明，市场是配置资源的一种有效方式，但市场机制不是万能的，并不能解决所有的经济问题。正如下面案例中所述环境污染问题，需要政府给予适当的干预，以维持正常的市场秩序。

本章重点

市场失灵、垄断、反垄断、私人物品、公共物品、外部性、正外部性、负外部性、非竞争性、非排他性、纯公共物品、准公共物品、信息不对称、逆向选择、道德风险。

学习目标

知识目标
1. 理解市场失灵和政府干预的含义。
2. 理解垄断、外部性、公共物品等概念。

能力目标
1. 能够针对垄断行为提出措施。
2. 能够针对外部性进行治理。

素质目标
1. 强调读者对市场失灵问题的重视，引导读者理性看待政府干预，促进政府职能发挥的科学性与有效性。
2. 培养读者正确的社会责任感和使命意识，鼓励读者投身于社会服务与公益事业，推动市场经济的健康发展。

经济学

思政目标

培养读者认识到市场经济中存在的市场失灵问题，理解政府干预的必要性和合理性，增强对社会主义市场经济和政府调控的支持。

案例导入

伦敦雾霾事件

英国是第一次工业革命的发源地，而其首都伦敦素有雾都之称。综合媒体消息，在从1952年12月5日到12月8日的4天里，伦敦寂静无风，笼罩在浓雾之中，由于冬季使用燃煤采暖，市区内还分布有许多以煤为主要能源的火力发电站，煤炭燃烧产生的二氧化碳、一氧化碳、二氧化硫等气体及粉尘弥漫在空气中，致使超过10万人感染呼吸道疾病，死亡4000多人。此后的2个月内，有近8000人相继死于呼吸系统疾病。这就是20世纪影响严重的环境公害事件，英国历史上著名的"毒雾事件"。

1956年，英国政府颁布了世界上第一部现代意义的《清洁空气法案》，大规模改造城市居民的传统炉灶，逐步实现居民生活天然气化，减少煤炭用量，冬季采取集中供暖；发电厂和重工业作为排烟大户，被强制搬迁到郊区。1974年出台了《空气污染控制法案》，规定工业燃料里的含硫上限等硬性标准。在这些刚性政策面前，烧煤产生的烟尘和二氧化硫排放减少，空气污染明显好转。到1975年，伦敦的"雾日"已经减少到每年只有15天，1980年降到5天。从1993年1月开始，英国强制所有在国境内出售的新车都必须加装催化器以减少氮氧化物污染的排放。1995年，英国通过了《环境法》，保护环境已成为社会共识。

当前，伴随着工业化进程，全球多地雾霾频现。发展经济，当以伦敦雾霾事件为鉴。

启发思考

（1）空气属于何种类型的资源？
（2）燃煤采暖产生了何种外部性？如何应对这种外部性？

第一节 市场失灵与政府干预

现代经济是一种混合经济，政府和市场之间不是替代关系，而是互补关系。

一、市场失灵

市场失灵是指市场机制不能有效配置资源的情形。市场失灵的原因有很多，主要表现为以下几个方面。

（1）市场作用的局限性。在具备所有理想条件和市场机制能够充分发挥作用的情况下，市场对某些经济活动仍然无能为力，如市场机制不能有效解决公共物品及外部性等问题。市场作用范围的有限性决定了市场失灵的存在。

（2）市场竞争的不完全性。微观经济学理论认为，在完全竞争的市场条件下，市场调节机制使资源配置终将达到最优状态。而现实经济中的市场有偏差，一般为垄断竞争市场和寡头垄断市场，属于不完全竞争市场。尤其是完全垄断市场，其垄断性及信息非对称性破坏了市场机制充分作用的必要前提，因而出现市场失灵。

（3）市场功能的不完善性。市场还不够发达，并且市场在运行中出现功能障碍而导致市场失灵。市场不发达主要表现为经济发展水平低，社会化、商品化、货币化不发达。市场发育需要一个从不发达阶段过渡到发达阶段的发展过程，市场不发达必然会使市场功能受限，从而出现失灵。市场在运行中出现功能障碍会破坏经济秩序，如企业间相互勾结形成垄断、企业用不正当手段牟取暴利等，从而导致市场失灵。

市场失灵主要表现为垄断、外部性、公共物品、信息不对称、贫富两极分化、经济危机等。

探索与思考

市场机制在搭乘公交车这一经济活动中可以发挥作用吗？

知识拓展

公地的悲剧

公共资源是指那些没有明确所有者，人人都可以免费使用的资源，如海洋、湖泊、草场等。公共资源由于产权不清，通常会受到过度利用。1968年，美国生态学家加勒特·哈丁（Garrett Hardin）在《科学》杂志上发表的著名文章《公地的悲剧》就说明了这一问题。文章写道，公共牧场无偿向牧民开放，由于每个牧民都想多养，牛羊数量无节制地增加，而牧场的承载能力是有限的，最终，公地牧场因过度放牧而沦为不毛之地。

之所以会造成这样的结果，是因为作为理性人，每位牧民都追求最大收益。他们会考虑：多添一头动物，对自己有什么效益？多添一头动物会使其所有者多获得一份收益，因为出售牛羊的收益全归其所有者。而多添一头动物造成的过度放牧损害结果则由使用公共牧场的全体牧民承担，这头动物的所有者只是承担过度放牧损害结果中很小的一部分。多添一头动物的私人成本低于社会成本，导致牧民只有一个理性选择，即多养一头，再多养一头……悲剧因此而起，市场机制这只"看不见的手"便失灵了。

可以把土地分给各个家庭，每个家庭把自己的一块草地用栅栏圈起来。这样，每个家庭就会承担牛羊吃草的全部成本，从而可以避免过度放牧的行为。现实中，有许多公共资源，如清洁的空气和水、石油矿藏、大海中的鱼类、野生动、植物等都面临着与公地悲剧一样的问题，即私人决策者会过度使用公共资源。如果无法界定公共资源的产权，则必须通过政府干预（如采用政府管制、征收资源使用费等办法）来减少对它的使用。

二、政府干预的定义

政府干预是指政府为实现一定的经济目标，通过采取适当的措施和手段对市场失灵进行治理的行为。

政府干预经济的政策有两类：一类是宏观经济政策，其以宏观经济理论为依据，着眼于对经济总量的调控，详见本书第十章；另一类是微观经济政策，其以微观经济理论为依据，着眼于对市场经济主体和客体做出各种直接或间接的具有法律或行政效力的限制、约束与规范，本章只涉及微观经济政策。

微观经济政策的目标主要有以下三个。

（1）维持正常的市场秩序。正常的市场秩序是经济正常运行的基本前提。政府运用其各种强制性权力，建立并维持使市场机制能有效发挥作用的经济环境。这主要表现在两个方面：一方面，政府通过制定各种法律和规章条例如企业法、贸易法、反垄断法、劳动法、食品和药品法、金融法等来直接约束和规范经济主体的经济行为；另一方面，政府作为执行者，维护和强制执行经济活动的规则，对违反者予以处罚，如对排污量超标的企业进行罚款等。政府采用直接和间接手段，创造着诚信和有安全保障的经济环境。

（2）促进资源有效配置。促进整个社会资源得到有效配置是微观经济政策的重要目标之一，政府通过促进竞争、解决外部性问题、提供公共产品等方式来提高资源配置效率，实现人尽其才、财尽其效、物尽其用。

（3）促进社会公平。市场机制的调节作用在促进经济效率提高的同时，往往会产生不平等的收入分配状况，导致贫富差距悬殊，从而带来严重的社会和经济问题。经济学理论认为，经济发展应兼顾资源配置效率和社会公平。政府通过税收政策和转移支付等方式进行收入再分配，促进社会公平。

值得注意的是，市场经济需要政府干预，但政府干预并不是万能的，同样也存在着"政府失灵"的问题。政府要慎重使用职权，任何决策都要有充分的信息依据作支撑，同时要充分尊重市场的自我调节机制。

第二节 垄断与反垄断

垄断是指对市场的直接控制和操纵。市场机制本身孕育着垄断。在市场经济条件下，自由竞争不可避免地导致垄断，而且垄断程度会越来越高。市场机制本身不能保证竞争的完全性，因此，反垄断必须借助政府干预。

一、垄断的危害

垄断会阻碍竞争，造成一系列的社会损失。

1. 浪费资源

垄断厂商与完全竞争厂商一样，遵从边际收益等于边际成本的原则，追求自身利益最大化。但不同的是，在完全竞争市场上，价格等于边际收益；而在垄断市场上，价格大于边际收益。因此，垄断厂商最终会选择在价格大于边际成本的产量水平上组织生产。完全竞争厂商是市场价格的被动接受者，必须努力降低成本，提高生产效率；而垄断厂商凭借其优势地位可以在既定的成本水平上加入垄断利润形成垄断价格，采用控制产量、提高产品价格的方法比提高生产效率的方法更容易获利，因而有损社会生产效率。

垄断厂商通过控制产量、提高价格的办法获得高额利润，生产能力及生产效率均未达到最高水平，造成资源浪费；垄断高价会扰乱市场信号，误导资源配置而形成浪费。

2. 减少消费者剩余

垄断市场的价格比完全竞争市场的价格高，而产量却比完全竞争市场低。垄断厂商操纵价格，实行价格歧视，使消费者支付了较高的价格，因而减少了消费者剩余，造成社会福利损失。

3. 加剧社会不公

垄断扼杀竞争，剥夺消费者剩余，加剧社会收入分配不公及贫富两极分化。此外，垄断厂商为获得更高利润会存在暗中降低产品质量、提高产品价格；由于垄断者没有面临真正的市场竞争，缺乏动力进行创新和进步，阻碍社会发展。

二、反垄断措施

政府采取的反垄断措施，主要有立法和政府管制。

1. 立法

反垄断法又称反托拉斯法，是政府反对垄断行为的法律手段。自 1890 年世界上最早的反垄断法——美国《谢尔曼法》问世以来，很多国家都根据自己的国情相继制定了反垄断法，我国于 2008 年 8 月 1 日起正式实施反垄断法。尽管各国的反垄断法及其具体执法体制不尽相同，但其基本内容和法律框架却具有高度的一致性。

反垄断法主要由以下三个方面的基本内容构成：①禁止垄断协议。垄断协议是指两个或两个以上的市场主体达成的排除或限制竞争的协议、决定或者其他协同行为。②禁止具有市场支配地位的市场主体滥用市场支配地位。市场支配地位是指经营者在相关市场内具有能够控制商品价格、数量或者其他交易条件，或者能够阻碍、影响其他经营者进入相关市场能力的市场地位。③控制企业合并。企业合并具有或者可能具有排除、限制竞争效果的，反垄断法做出禁止的规定；企业合并对竞争产生的有利影响明显大于不利影响，或者符合社会公共利益的，反垄断法做出不予禁止的规定。

在借鉴国际经验和充分考虑我国实际情况的基础上，我国反垄断法确立了垄断协议豁免制度、市场支配地位推定制度、经营者集中申报制度、经营者承诺制度等，并对滥用行政权力排除、限制竞争行为，即行政性垄断行为做出了禁止性规定。

2. 政府管制

政府管制是指政府为达到一定的目的，凭借其法定的行政权力直接对市场主体的经济活动进行某种限制和约束的行为。政府对垄断的管制包括价格和产量管制，通过规定最高限价与最低产量来约束垄断行为。在我国，政府管制主要适用于电力和天然气、自来水、城市公共交通等垄断行业。

经济学

生活链接

公交票价与成本倒挂

据澎湃新闻（上海）2018-03-09消息，全国两会期间，全国人大代表喻春梅提交了《关于适度提高公交票价，促进城市公交优先的建议》（以下简称《建议》）。

《建议》指出，我国公交因投入不足，入不敷出，舒适性、服务品质一直处于低位，公交企业长期处于亏损，很难找到负债率在80%以下的企业。公交票价与成本倒挂，财政补贴越来越大。以武汉市为例，现在公共汽车票价大部分为刷卡1.6元/人次，考虑到换乘优惠等因素，人次营业收入仅为1.05元，而人次成本为2.73元，即公交企业每承运1人，政府仅对运营成本就需补贴1.68元。

《建议》还指出，公交属于关系国计民生、具有公益性的行业，其票价标准的制定属于政府定价范畴。公交票价的制定应该按照"居民可承受、财政可负担、企业可持续"的方式制定。2014年底北京市地铁价格由2元通票改为3元起步，阶梯递增票价后，并未出现客流量下滑。我国香港地区采用了物价指数动态调整公交票价的办法；新加坡依据公交企业成本进行定价；英国自1980年起就取消了公共交通政府定价，公交企业（伦敦市有10余家公交企业）可采用较灵活的定价方式，公交票价与成本、物价水平联动。通常英国政府为公交企业负担20%左右的成本，这一比例在我国为45%~70%。

第三节 外部性

事物之间存在着相互联系和相互影响。如一列蒸汽式火车经过田野，机车喷出的火花飞溅到庄稼上，给农民带来了损失，但铁路公司并不用向农民赔偿；一列电气式火车经过田野，飞驰的列车吓走了吃庄稼的飞鸟，农民因此而受益，当然铁路公司也不能向农民收取驱鸟费。这便是市场失灵情形的外部性。

一、外部性的含义

外部性又称外在性、外部效应、外部影响或毗邻影响，是指人们的经济活动对他人造成的非市场化影响。所谓非市场化影响是指影响结果无法通过市场价格反映出来，受损害者不能得到补偿，而受益者也不用付出成本。

从经济活动的结果来看，外部性可以分为正外部性和负外部性。

（1）正外部性。正外部性也称外部经济，是指人们的经济活动给他人带来的利益，而提供利益者未得到补偿，受益者未支付成本。如养蜂人通过养蜂生产蜂蜜追求自己的利益，附近农民种植的果树因蜜蜂传授花粉而节省了人工授粉的成本，并增加了产量；林场周边的居民，因林场植树空气质量得到改善而增加了福利。

（2）负外部性。负外部性也称外部不经济，是指人们的经济活动给他人带来的损失，而施加损害者未付出成本，受损害者未得到补偿。如造纸厂向河流排放大量废水污染河流，造成鱼类品质下降及大量鱼类死亡，提高了渔民的养殖成本；大排档的油烟和喧闹，影响了周边环境的空气质量。在案例导入中，空气属于公共资源，燃煤采暖所产生的烟雾污染了空气，影响了交通安全，产生了负外部性。

> **知识拓展**
>
> **汽车防盗锁**
>
> 为了防止自己停在街上的汽车被盗，有的人用防盗锁锁住汽车。安装了防盗锁的汽车会显示蓝色或者红色的警示灯，这就是在很明确地告诉想要偷车的人：不要偷我的车，我的车有防盗器。当然几乎所有的偷车贼都知道防盗器的作用，于是为了成功偷到车辆，偷车贼往往会去偷没有安装防盗锁的车。这样，安装了防盗锁的车主就对没有安装防盗锁的车主产生了负外部性。
>
> （史蒂芬·列维特，2007）

从经济活动的主体来看，外部性可分为生产外部性和消费外部性。

（1）生产外部性。生产外部性是指厂商的生产活动对他人所造成的非市场化影响。如上文所述养蜂人、林场的生产活动产生正的生产外部性，而造纸厂、大排档的生产活动产生负的生产外部性。

（2）消费外部性。消费外部性是指消费者的消费活动对他人所造成的非市场化影响。如一个人接种乙肝疫苗，在预防自己患乙肝的同时，也降低了他人感染乙肝的概率，产生正的消费外部性；一个人在公共场所吸烟会危害其他人的身体健康，产生负的消费外部性。

> **探索与思考**
>
> 现实生活中还有哪些外部性实例？请列举。

二、外部性的治理

外部性导致资源配置失当，造成经济效率损失。当存在正外部性时，经济活动主体未获得自身经济活动的全部收益，私人收益小于社会收益，因而私人活动的水平常常要低于社会所要求的最优水平，出现供给不足；当存在负外部性时，经济活动主体未承担自身经济活动的全部成本，私人成本小于社会成本，因而私人活动的水平常常要高于社会所要求的最优水平，出现供给过度。

治理外部性的基本原则，是使经济主体的私人收益等于社会收益或私人成本等于社会成本。政府治理外部性的主要措施有政府管制、补贴和征税、合并企业与界定产权。

1. 政府管制

政府往往采取行政手段控制负外部性。如严格限制高污染工厂选址及污染排放量，对违规者做出限期治理、罚款、停产整顿甚至关闭的处理；在机场、车站等公共场所实施禁烟令；禁止农民焚烧秸秆等。

2. 补贴和征税

对产生正外部性的经济主体，政府给予财政补贴，补贴额度相当于社会收益与私人收益之差，使其私人收益与社会收益一致，以鼓励此类行为；对造成负外部性的经济主体，政府对其征税，征税额度相当于社会成本与私人成本之差，使其私人成本与社会成本一致，以制约此类行为。如在生产污染的情况下，政府对污染者征税，税额为对受污染者的损失补偿及治理污染所需要的费用。这样，企业在进行生产决策时就会把污染的成本纳入考虑范围。总之，只要政府采取措施使得私人成本与社会成本相等或私人收益与社会收益相等，就可使资源配置达到最优状态。

知识拓展

森林生态效益补偿基金

《中华人民共和国森林法》第八条规定："国家设立森林生态效益补偿基金，用于提供生态效益的防护林和特种用途林的森林资源、林木的营造、抚育、保护和管理。森林生态效益补偿基金必须专款专用，不得挪作他用。"

培育森林能显著改善生态环境，对人类的生产、生活条件和环境条件产生有益影响和有利效果，即产生正外部性。森林生态效益补偿基金正是政府对此行为经济主体给予的财政补贴，其资金来源于中央财政和省级财政。

3. 合并企业

合并企业是指将施加和接受外部影响的经济单位重组为一个经济单位。当一个企业的生产影响到另外一个企业时，如果这种影响是正外部性，则施加影响的企业生产水平低于社会最优水平；如果这种影响是负外部性，则施加影响的企业生产水平高于社会最优水平。当这两个企业合并为一个企业时，外部影响消失，即被"内部化"，其产量等于社会最优产量。在企业合并后不产生负外部性的情况下，政府可以出台相应的规章制度允许和鼓励其合并。当然这种合并是有局限性的，适用于外部影响是小范围的情况。此外，合并后企业规模变大，业务内容复杂化，组织管理成本相应提高，故只有在因合并所带来的收益高于因合并而增加的组织管理成本时，人们才会选择这种方式。

4. 界定产权

产权是通过法律界定和维护的人们对财产的权利。产权不明确是导致外部性的根本原因。罗纳德·科斯认为，政府只需界定并保护产权就可以了，并非一定要用干预的方法来试图消除私人收益与社会收益或私人成本与社会成本之间的差异。只要产权是明确的，并可以自由交易或协商，且交易成本为零，那么无论初始产权怎样界定，市场机制都能使资源实现合理配置。这就是著名的科斯定理。

知识拓展

科斯定理释义

假设有一个工厂，其烟囱冒出的烟尘使附近 5 户居民洗晒的衣物受到污染，每户损失75元，总计损失375元。又假设在市场经济条件下，如果不存在政府干预，就只有两种治理办法：第一，在烟囱上安装除尘器，费用为150元；第二，每户居民装一台烘干机，费用为50元，总费用为250元。显然，第一种办法费用更低，属于最有效率的解决方案。

不论财产所有权的分配界定给哪一方，即不论给予工厂烟囱冒烟的权利，还是给予居民衣物不受污染的权利，只要工厂与居民协商时，其协商费用为零，则市场机制自发调节总会使经济达到最有效率的结果，即采用安装除尘器的办法。

当给予工厂烟囱冒烟的权利时，居民们会联合起来共同为工厂义务安装除尘器（花150元，而不是250元，并免受375元的损失）；当给予居民衣物不受污染的权利时，工厂会自动为自己的烟囱安装除尘器，而不必花250元给每户居民买一台烘干机，更不必赔偿他们375元的损失。

——转引自高鸿业《私有制、科斯定理和产权明晰化》，原文见波林斯基《法律学和经济学引论》，利特尔和勃朗出版社，波士顿，1983年版

名人档案

罗纳德·哈里·科斯

罗纳德·哈里·科斯（Ronald H.Coase，1910—2013），英裔美国经济学家，新制度经济学的鼻祖，产权理论创始人。

其产权理论主要研究产权界定及交易成本对议定契约的影响，"科斯定理"被写进许多国家大学的经济学教科书里。其主要代表作有《企业的性质》《社会成本问题》《经济学中的灯塔问题》等。

他于1991年因发现并解释了财产权和商业经营管理成本如何影响经济这一重要问题而获诺贝尔经济学奖。

知识拓展

排污权交易制度

排污权是指排污单位在环境保护监督管理部门分配的额度内，并在确保该权利的行使不损害其他公众环境权益的前提下，依法享有向环境排放污染物的权利。排污权交易制度是指在污染物排放总量控制指标确定的条件下，利用市场机制，建立合法的污染物排放权即排污权，并允许这种权利像商品那样被买入和卖出，以此来控制污染物的排放，从而达到减少排放量、保护环境的目的。

排污权交易制度的确立使污染物排放在某一范围内具有合法权利，且能够自由交易。在污染源治理存在成本差异的情况下，治理成本较低的企业可以采取措施以减少污染物的排放，将剩余的排污权出售给那些污染治理成本较高的企业。市场交易使排污权从治理成本低的污染者流向治理成本高的污染者，迫使污染者为追求盈利而降低治理成本，

设法减少污染。排污权交易制度将政府"有形之手"和市场"无形之手"紧密结合起来，成为治理环境污染的有效手段。

排污权交易制度起源于美国，欧美发达国家已形成完善的排污权交易市场，如欧洲气候交易所、欧洲能源交易所、芝加哥气候变化交易所等。2011年，我国开始在7个省市开展了碳排放权交易试点工作；自2013年6月开始，试点碳市场陆续上线交易；2017年12月19日，以发电行业为突破口，全国碳排放权交易体系正式启动。

第四节 公共物品

社会经济中的产品可分为私人物品与公共物品。私人物品是指在市场上自由流通的普通商品和劳务，如日常生活中的各种个人用品等。私人物品具有竞争性和排他性两个特点。所谓竞争性是指如果某人已经消费了某商品，则其他人就不能再消费该商品；所谓排他性是指只有对某商品付费的人才能消费该商品，不付费就不能消费，从而把不能够或不愿意支付相应价格的人排除在对该物品的消费之外。竞争性和排他性是市场机制正常运行的必备条件，公共物品因其非竞争性或非排他性而导致市场失灵。

一、公共物品的定义

公共物品是指在消费和使用上不具有竞争性和排他性的物品，如国防、警察、司法、道路、环境保护、公共教育、气象预报等。

1. 公共物品的特点

公共物品具有非竞争性和非排他性两个特点。

（1）非竞争性

非竞争性是指某人对某一物品的消费并不影响其他人对该物品的消费。如国防，一个居民享受国防的服务并不影响其他居民同时享受国防的服务。

当公共物品向人们提供服务时，在不拥挤的条件下，多一人享用，不会因此而增加生产成本；少一人享用，也不会因此而节省生产成本，即其边际成本为零。这就意味着如果按边际成本定价，公共物品的价格为零。私人提供公共物品无利可图，因而公共物品只能由政府提供。

（2）非排他性

非排他性是指任何个人不论是否支付价格，都能享受某物品。付费者不能把不能够或不愿意支付相应价格的人排除在对该物品的消费之外。如国防服务，一国所有民众都能平等享受该国的国防服务，而不能把未付费者排除在外。如果把公民所承担的赋税算作国防服务的价格，实际上就意味着有些人支付了高价，有些人支付了低价甚至不支付价格，因为个人的税负是有差别的。但不管是否纳税、纳税多少，每个人都可以享受平等的国防服务。

公共物品的非排他性意味着公共物品一旦被生产出来，每一个消费者不必支付任何费用就可获得消费权利。私人因收益不能弥补生产成本，往往不会提供公共物品。

知识拓展

基础理论知识是公共物品

在评价有关知识创造的适当政策时，需要区分一般性知识与特殊的技术知识。基础理论知识是一般性知识，是公共物品，没有排他性，可供任何人免费使用。如数学家证明了一个新定理，该定理便成为人类知识宝库的一部分，数学家不能为定理申请专利。而特殊的技术知识，如一种高效电池的发明则可以申请专利，专利制度使特殊的技术知识具有排他性，发明者因此得到了收益。

以美国为例，政府努力通过各种方式提供一般性知识这种公共物品。例如，国家保健研究所和国家自然科学基金补贴医学、数学、物理学、化学等基础研究。

公共物品的非竞争性和非排他性使得任何购买公共物品的人都不可能因付费购买而独占该物品所带来的全部效用或益处，由此决定了人们不用付费购买仍可以进行消费，导致市场机制失灵。这种不用付费购买就可以消费的现象，称为"搭便车"，或免费乘车。

探索与思考

你在现实生活中遇到过哪些"搭便车"现象？请列举。

2. 公共物品的分类

根据非竞争性和非排他性的程度，可将公共物品划分为纯公共物品和准公共物品。

纯公共物品是指同时具有非竞争性和非排他性的物品。其主要特点是具有广泛的外部性、无拥挤性和选择性，通过纳税间接购买与被动消费，用金钱买不到，只能由政府提供等，如政府经济政策、国防、外交、法律、警察、太空探索等。

准公共物品是介于私人物品和纯公共物品之间的物品，包括自然垄断物品和共有物品。自然垄断物品是指具有非竞争性和排他性的物品。自然垄断物品通过收费实现排他性使用，如高速铁路、高速公路、通信、供电、有线电视广播系统等。共有物品是指具有非排他性和竞争性的物品。共有物品无法通过收费的方式禁止他人使用，因为收费的成本过于高昂，但免费导致的过度使用会使资源趋于枯竭，从而增加社会成本，如公共牧场、地下水资源、森林、灌溉渠道、免费公路和桥梁等。准公共物品具有一定的外部性和拥挤性，部分准公共物品由政府和私人提供，可以用金钱买到。

在现实中，纯公共物品并不多见，准公共物品则大量存在，并且两者在一定条件下可以相互转化。如电视节目具有非竞争性和非排他性，是纯公共物品；但是通过有线频道可以做到排他性使用，从而转化为可收费的准公共物品。

二、公共物品的供给

由于公共物品具有非排他性和非竞争性的特点，因而无法通过竞争性市场来确定其适当的供给量。通常情况下，公共物品只能由政府提供。

1. 公共物品的公共选择

在发达国家，政府往往通过投票的方式来确定公共物品的供给量。就像在市场上人们通过支付价格来表示自己对某种私人物品的偏好一样，人们通过选票来表示自己对公共物品的偏好。这种根据人们的投票结果做出决策的行为，称为公共选择。选民通过投票对某一公共物品进行选择时，首先要确立投票的规则。现代公共选择理论所提出的主要投票规则有以下几种。

（1）一致同意规则。一致同意规则是指一项集体行动方案只有在全体投票人都赞成的情况下才能通过的规则。在此规则下，每个参与者都对集体行动方案具有否决权。按此规则通过的方案不会使任何一个人的福利受损失，也不会使社会福利受损失，并能满足全体投票人的偏好，因此是最优的方案。但是，这一规则具有两个缺点：第一，决策成本过高。提案要一致同意，必然要消耗大量的人力、财力和时间。第二，结果不够准确。为使方案得到一致通过，一些投票人有可能遭到威胁恫吓，被迫投赞成票，不能真实表达偏好与愿望。

（2）多数规则。多数规则是指一项集体行动方案只需经过半数以上投票人赞成就能通过的规则。多数规则分为简单多数规则和比例多数规则。简单多数规则规定，赞成票过半数，提案就算通过。例如，美国国会、州和地方的立法经常采用这种简单多数规则。比例多数规则要求赞成票占应投票一个相当大的比例，如必须占 2/3 以上才算有效。例如，美国弹劾和罢免总统、修改宪法等一般采用这种规则。多数规则的缺点是：第一，忽略少数派的利益，从而把由多数派赞成通过的协议强加给少数派；第二，可能出现"收买选票"现象，使投票结果被利益集团所操纵；第三，最终的集体选择结果可能不是唯一的。

（3）加权规则。一项集体行动方案对不同的参加者有不同的重要性，可以按重要性的不同给参加者的意愿分配选举的票数。相对重要的，拥有的票数就较多；反之，则较少。加权规则是指按实际得到的赞成票数（而非人数）的多少来决定集体行动方案，得到赞成票数最多的方案将获得通过的规则。

（4）否决规则。否决规则是指让每个参加对集体行动方案投票的成员提出自己认可的行动方案，汇总之后让每个成员从中否决自己所反对的那些方案，最后剩下的未被否决的方案即为集体选择结果。如果剩下的方案不止一个，则可用前述其他投票规则进行最终抉择。

2. 公共物品的提供方式

公共物品由政府提供并不等于全部的公共物品都由政府来直接生产。一些公共物品可以由政府直接生产提供；一些公共物品则可引入竞争机制，让私人部门参与生产，此为政府间接生产。

纯公共物品和自然垄断性很强的准公共物品通常采取政府直接生产的方式来提供，如造币厂和中央银行由中央政府直接经营，电力、煤气、自来水、铁路等在一些国家也由中央政府直接经营,地方政府直接经营的公共物品主要有司法、消防、医院、自然资源保护、图书馆等。不同的国家政府在提供公共物品时差异很大,美国偏重于由私人企业间接提供公共物品,欧洲国家则偏重于由政府直接提供公共物品。

政府的各个部门都是某些特殊服务的垄断供给者,由于缺乏竞争,效率一般都比较低下。引入竞争机制,让私人部门参与公共物品的生产,无疑是提高政府部门效率的主要途径。政府间接生产公共物品主要有以下几种方式。

(1) 签订合同。政府与私人企业签订公共物品的生产合同是发达国家普遍采用的方式,适用于具有规模经济效益的自然垄断性行业,如各类基础设施和公共服务行业。政府通常采取公开招标的方式选择私人企业,并借助投标者的竞争把价格控制在合理水平。在许多国家,政府允许私人投资建设基础设施并给予其若干年特许经营权,期满后,基础设施由政府收回。

(2) 授权经营。授权经营是指政府将公共物品的经营权授予私人企业。这种方式使私人企业获得了一定的垄断地位,适用于外部性显著的公共物品,如自来水供应、电话、供电、电视广播、报刊、航海灯塔等。

(3) 经济资助。经济资助是指政府给予民营公共物品补贴、优惠贷款、无偿赠予、减免税收等。这种方式适用于盈利性不高或只有在未来才能盈利且风险大的公共物品,如高精尖技术的基础研究、应用技术的超前研究、教育、博物馆等。

(4) 政府参股。政府参股分为政府控股和政府入股。政府控股主要是针对那些具有举足轻重地位的项目,政府入股主要是指政府向私人企业提供资本和分散私人投资风险。这种方式适用于初始投入大的基础设施项目,如发电站、机场、港口、高速公路、桥梁等。

(5) 法律保护。政府运用法律手段鼓励并保护私人企业参与公共物品的生产。只要遵守宪法和有关法律,发达国家的许多公共领域均允许私人进入,如医院、教育、慈善事业等。

第五节 信息不对称

市场交易双方对交易产品具有充分的信息即完全信息是完全竞争市场的一个重要假定,然而在现实经济活动中,人们对信息的掌握是不完全的,而这种不完全又往往表现为信息不对称。

一、信息不对称与市场失灵

信息不对称是指参与经济活动的当事人一方比另一方掌握更多的相关信息。掌握信息充分的当事人往往处于比较有利的地位,而信息缺乏的当事人则往往处于不利的地位。

信息不对称是现实经济活动中常见的现象。俗话说:"从南京到北京,买的不如卖的精。"在市场上,卖方总是比买方掌握着更多关于商品的信息,因而往往处于比较有利的地位。

知识拓展

农妇卖辣椒

卖辣椒的人，总是会不断遭遇买主提问："你这辣椒辣吗？"——回答"辣"，也许买主是个怕辣的，立马走人；回答"不辣"，也许买主是个喜欢吃辣的，生意还是不成。对此当然有解决办法，那就是把辣椒分成两堆，供吃辣的与不吃辣的各选所需。

有一天我没事，就站在一个卖辣椒妇女的三轮车旁，看她是怎样解决这个难题的。趁着眼前没有买主，我自作聪明地对她说："你把辣椒分成两堆吧。"没想到卖辣椒的妇女对我笑了笑，轻声说："用不着！"

正说着就来了一个买主，问的果然是那句老话："辣椒辣吗？"卖辣椒的妇女很肯定地告诉他："颜色深的辣，颜色浅的不辣！"买主信以为真，挑好后满意地走了。也不知那天是怎么回事，大部分人都要买不辣的，不一会儿，颜色浅的辣椒就所剩无几了。我于是又说："把剩下的辣椒分成两堆吧，不然就不好卖了！"然而，她仍是笑着摇摇头，说："用不着！"又一个买主来了，问的还是那句话。卖辣椒的妇女看了一眼自己的辣椒，答道："长的辣，短的不辣！"买主依照她说的挑起来。这一轮的结果是，长辣椒很快告罄。

看着剩下的都是深颜色的短辣椒，我没有再说话，心里想：这回看你还有什么说法。没想到，当又一个买主问时，卖辣椒的妇女信心十足地回答："硬皮的辣，软皮的不辣！"我暗暗佩服，可不是吗，被太阳晒了半天，确实有很多辣椒因失水变得软绵绵了。

农妇卖完辣椒，临走时对我说："你说的那个办法买辣椒的人都知道，而我的办法只有我自己知道！"

认识能力的局限性和差异性使人们不可能掌握全部信息，而充分占有信息的一方为了自身利益往往有隐藏信息的倾向，加之获得信息需要成本，这些因素都会引起信息不对称。

信息不对称会导致市场失灵，而常见的失灵情形有逆向选择和道德风险问题。

1. 逆向选择

逆向选择是指在买卖双方信息不对称的情况下，劣质品将优质品驱逐出市场，进而导致市场交易产品平均质量下降的现象。

美国著名经济学家乔治·阿克洛夫深入研究旧车交易，提出了逆向选择。

在二手车交易市场上，买主和卖主所掌握的有关车子质量的信息是极不对称的。因为卖主知道自己所要出售旧车的真实质量，而买主一般难以判断旧车的真实质量，所以只能通过仔细观察外观、听卖主的介绍和进行简单的现场测试来了解旧车质量信息，但这些信息毕竟是极其有限的。在这种情况下，买主就只愿意根据旧车的平均质量水平来支付价格，导致那些质量上乘的旧车因价格被低估而退出市场。质量越差的旧车价格才会越低，价格越低的旧车也越容易吸引买主的目光，越容易达成交易。这样，劣质品就会卖得越来越好、越来越有规模，而优质品却会被驱逐出市场。这样的选择方式违背了正常的优胜劣汰市场竞争原则，因此被阿克洛夫称为逆向选择。

> **探索与思考**
>
> 为什么现实生活中存在假冒伪劣产品并且屡禁不止？

逆向选择不仅存在于旧车市场，还普遍存在于产品市场、劳动市场和资本市场。

在劳动市场中，雇员比雇主掌握更多的劳动力质量信息。当招聘新雇员时，雇主并不完全了解新雇员的工作效率，会给新雇员相同水平的工资。如果工资水平偏低，那些工作效率高的应聘者会减少，这样整个职工队伍中低效率雇员占比上升，平均工作效率下降；如果工资水平偏高，那些工作效率高的应聘者会增加，这样整个职工队伍中低效率雇员占比下降，平均工作效率上升。

在资本市场中，以医疗保险为例，投保人比保险公司掌握更多的投保者私人信息。不同投保人的风险水平不同：一些人可能有与生俱来的低风险，如他们生活规律、饮食结构合理或家族平均寿命较长；另一些人可能有与生俱来的高风险，如他们容易生病或者有家族病史。由于保险公司无法完全掌握潜在投保人的私人信息并事先鉴别其风险水平，于是只能根据总人口的平均发病率或死亡率对所有投保人制定统一的保险费用。这种做法引起低风险的投保人因不愿承担高额保险费用而退出保险市场，结果只剩下高风险的投保人，导致保险公司有可能出现亏损甚至面临破产。

2. 道德风险

如果说逆向选择是成交前信息不对称所产生的问题，那么道德风险则是成交后信息不对称导致不能有效监控所产生的问题。

道德风险是指当签约一方不完全承担风险后果时所采取的自身效用最大化的自私行为，这种行为有可能损害另一方当事人的利益。

以汽车失窃险为例。在没有购买汽车失窃保险的情况下，车主通常会采取多种防范措施来防止失窃，如给汽车加防盗锁、安装警报器、停放在配有保安的停车场等，因此汽车失窃的概率较小。在购买了汽车失窃保险的情况下，由于汽车失窃后由保险公司负责赔偿，车主就有可能不再采取防范措施，从而导致汽车失窃的概率增大。

委托代理关系涉及代理人道德风险。委托代理关系是以契约规定的一个或多个行为主体指定雇用另一些行为主体为其提供服务，并根据其提供服务的数量和质量支付相应的报酬。雇主称为委托人，受雇者称为代理人。现实经济活动中存在大量的委托代理关系，由于委托人不能确切了解代理人的行为，代理人有可能为了追求他们自己的目标而以牺牲委托人的利益为代价，这就是委托代理问题。

企业内部就存在委托代理问题，企业所有者是委托人，企业雇员包括经理和工人都是代理人。委托人利润最大化的目标并非就是代理人的目标。如经理可能追求企业规模的扩大和自身收入的提高，工人有可能追求工资收入的最大化，或者在一定的收入水平下追求闲暇的最大化。

如果经理和工人的努力程度可以进行观察和监督，那么企业所有者可以采取一些措施制裁经理或工人的不努力行为。但实际上不管是经理还是工人，其努力程度都难以观察，而且监督成本很高。企业所有者不可能时刻监督经理和工人的行为，也不可能知道他们是否百分之百地努力工作，只有经理和工人知道自己工作的努力程度。也就是说，企业所有者与经理、工人所拥有的信息是不对称的。由于企业所有者、经理、工人的目标不同，并且所掌握的信息不对称，因此会产生委托代理问题，使生产偏离利润最大化这一目标，导致社会资源得不到有效配置，从而出现市场失灵的现象。

二、信息不对称的应对思路

信息不对称直接影响人们做出正确的决策，导致市场机制失灵。政府在应对信息不对称问题方面的作为主要表现为提高市场透明度，使消费者和生产者均能够得到充分和正确的市场信息，从而做出正确的选择。

（1）加强管理。建立、健全有关信息披露方面的法规，如药品成分、主治功能与不良反应信息披露，服装布料成分披露，上市公司财务报告披露等；加强产品和服务质量的标准化建设，颁布相关质量标准；培育公正、规范的中介机构；倡导诚信和社会责任感等。

（2）加强宣传和信息基础建设。加强对相关法规的宣传工作，加强信息基础建设和网络建设，打造以数据共享为目的的集成数据环境，如建立个人征信系统、提供并及时更新合法企业的基本信息、及时公布违规企业及其产品等。目前中国人民银行征信中心已开通互联网个人信用信息服务平台、动产融资统一登记平台、中征应收账款融资服务平台，提供以企业和个人信用报告为核心的征信产品体系，有效降低了信息不对称导致的金融风险问题，提高了社会公众融资的便利性，创造了更多的融资机会，促进了信贷市场的发展。国家市场监督管理总局已开通"国家企业信用信息公示系统"，提供全国企业、农民专业合作社、个体工商户等市场主体信用信息的填报、公示和查询服务。

此外，市场机制本身也能在一定程度上解决一部分信息不对称问题。如市场主体自身加强市场调查、设计合理的激励机制、打造品牌、公开生产过程、履行售后服务承诺等，也能在一定程度上减少信息不对称所导致的危害。

知识拓展

透明车间

2003年前后，许多汽车修理厂还不允许车主入内参观检测维修。随着车主在这方面的投诉越来越多及汽车市场竞争加剧，车商们意识到问题的重要性，于是透明车间应运而生。透明车间很好地满足了车主"我想看见和了解我的车维修全过程"的需求。如今，在汽车服务行业，透明车间大行其道。

以奥迪服务透明车间为例。奥迪服务透明车间系统提供可视化输出，借助透明车间系统，服务顾问能通过计算机实时查看到车辆的维修状态信息以及工位使用情况，从而大大提高了处理用户需求的效率。在整个维修过程中，客户可以通过休息区的电子看板了解自己车辆的维修状态，还可以通过遥控器直接查看车间工位的视频，关注车辆的维修进程。维修完成时，电子看板还将弹出提示取车的字幕以及语音提示，实现维修的透明化。

透明车间在餐饮业也很流行，被人们称为阳光厨房。根据餐饮单位业态的不同，分别采取玻璃幕墙或视频直播的方式，让消费者实时直观地看到切配间、烹饪间、凉菜间、餐具清洗间等重点区域硬件条件和现场操作，从而吃得安全、吃得放心。

思政之窗

随着教育的发展,我国大学生的数量逐年上升,我国高校每年向社会输送近千万的优质毕业生,这些学生工作在社会的各个领域,在每个领域中都着有杰出的人才,可以说大学生作为一个高素质群体将成为国家未来发展的中坚力量。大学生作为发展的新鲜血液肩负着祖国发展的重担,在科技、教育、文化等领域开拓创新,经济作为国家综合国力的重要支撑,自然也少不了大学生的身影。

这就要求大学生做到:①学习经济知识,想要担负国家经济发展的重担,自然要掌握基本的经济学知识;②掌握经济动态,经济随时都会受到政治和文化因素的影响而发展调整,想要真正担负起经济发展的责任,就要随时关注社会热点新闻,重点关注经济类政策和经济发展的走势;③将创新意识融入经济发展中,把独特的创新思维更多地融入经济发展中去。

本章小结

市场失灵是指市场机制不能有效配置资源的情形。市场失灵的情形主要表现为垄断、外部性、公共物品、信息不对称等。

政府干预是指政府为实现一定的经济目标,通过采取适当的措施和手段对市场失灵进行治理的行为。微观经济政策以维持正常的市场秩序、促进资源有效配置和社会公平为目标。

垄断是指对市场的直接控制和操纵。垄断会降低资源配置效率,对整个社会造成损失。政府主要通过立法和政府管制对垄断加以限制。

外部性是指人们的经济活动对他人造成的非市场化影响。政府治理外部性的主要措施有政府管制、补贴和征税、合并企业与界定产权等。

公共物品是指在消费和使用上不具有竞争性和排他性的物品。公共物品可分为纯公共物品和准公共物品。通常情况下,公共物品由政府直接生产或间接生产提供。在发达国家,政府通过投票方式来确定公共物品的供给量。主要投票规则有一致同意规则、多数规则、加权规则和否决规则。

信息不对称是指参与经济活动的当事人一方比另一方拥有更多的相关信息。信息不对称会导致逆向选择和道德风险等市场失灵的情形。政府主要采取提高市场透明度等措施解决信息不对称问题。

本章习题

1. 什么是市场失灵?引起市场失灵的原因有哪些?
2. 什么是垄断?政府对垄断的干预措施主要有哪些?
3. 简述外部性问题的治理对策。

第八章 国民收入核算

本章导读

本章主要介绍国民收入的核算，只有充分了解收入，才能更好地发展经济。微观经济学研究单个经济单位，宏观经济学研究整个经济。整个经济是单个经济单位的集合，一国经济的整体状况深刻影响着每个经济单位。正如人们常用收入来衡量单个家庭的贫富程度、用利润来衡量单个企业的经济实力一样，一个国家的整体经济状况也需要借助一系列宏观经济指标进行描述。其中，国内生产总值是最基本的宏观经济总量指标。

本章重点

国内生产总值、国民生产总值、名义 GDP、实际 GDP、人均 GDP、收入法、支出法、消费支出、投资支出、政府购买、净出口。

学习目标

知识目标

1．理解国内生产总值的定义及其构成。
2．掌握 IS-LM 模型相关要点。

能力目标

1．能够用支出法和收入法核算国内生产总值。
2．能够识读分析总需求和总供给曲线。

素质目标

1．强调读者对国民收入核算的重要性和作用，提高读者对国家宏观经济运行的认知。

2. 培养读者爱国主义情怀，理解国民收入核算与国家发展战略的关系，积极为国家经济建设贡献力量。

思政目标

培养读者正确理解国民收入核算的重要意义，认识到宏观经济政策对经济增长和稳定的影响，增强对国家经济繁荣发展的关注。

案例导入

我国国内生产总值的变化

20 世纪末，我国绝大部分家庭已经摆脱贫穷，年轻的读者可能对贫穷、饥饿没有太多印象，也许对父辈和祖辈辛勤工作、努力挣钱还有少许的不理解。俗语讲"穷爱财，富惜命"，祖辈曾经历的贫穷使他们追求财富的动力更为强劲，鸦片战争之后 100 多年的我国贫穷、落后、饱受欺凌，也一样使国人对国家富强充满渴望。

我们已经过上小康或富裕的生活，那我国呢？富强了吗？读者可先看以下几组数据：

1980 年，国内生产总值（1894 亿美元）世界排名第 13 位，落后于印度（1896 亿美元）；

1990 年，国内生产总值（3569 亿美元）世界排名第 11 位，落后于巴西（4619 亿美元）；

1994 年，国内生产总值（5592 亿美元）世界排名第 8 位，落后于加拿大（5760 亿美元）；

1999 年，国内生产总值跻身"万亿俱乐部"（10833 亿美元），世界排名第 7 位，落后于意大利（12082 亿美元）；

2007 年，国内生产总值（34941 亿美元）世界排名第 3 位，落后于日本（43563 亿美元）、美国（144803 亿美元）；

2010 年，国内生产总值（59305 亿美元）超越日本（54954 亿美元），排名世界第 2 位，虽然排名上升，但离美国的 149583 亿美元好像还很遥远；

2014 年，国内生产总值突破 10 万亿美元（104242 亿美元），距离富足的美国（173926 亿美元）似乎已经不再遥远；

2017 年，国内生产总值超过 12 万亿美元（127238 亿美元）；

2020 年，国内生产总值超过 14 万亿美元（146893 亿美元），我国经济总量仍位居全球第二名，且已经达到了美国经济总量的七成；

2022 年，国内生产总值将近 18 万亿美元（17.96 万亿美元），我国经济总量仍位居全球第二名。

据相关机构测算，到 2031 年，我国的国内生产总值将是美国和日本两国国内生产总值之和，我国将屹立于世界民族之林，成为全球强国。

2018—2022 年以人民币计量的国内生产总值及其增长速度如图 8-1 所示。

启发思考

国内生产总值是什么？它可以衡量国家的富裕程度吗？用它衡量合理吗？

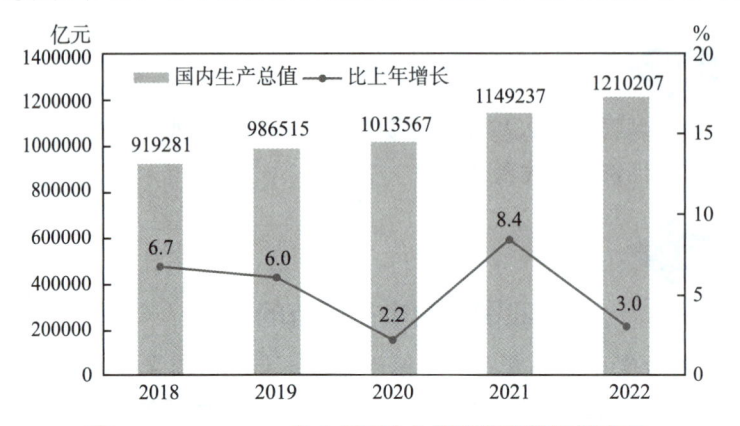

图 8-1　2018—2022 年中国国内生产总值及其增长速度

第一节　国内生产总值

著名的美国经济学家保罗·萨缪尔森曾赞誉国内生产总值是 20 世纪最伟大的发明之一。国内生产总值能够反映一国经济的整体水平，是衡量一国经济发展和生活富裕程度的重要指标。它既是政府制定经济政策及了解经济政策效果的重要依据，也是单个经济单位分析经济形势、判断商业周期、进行经济决策的重要参考依据。

一、国内生产总值的定义

国内生产总值（gross domestic product，GDP）是指一个国家或地区一定时期在其领土范围内生产的所有最终产品和劳务的市场价值总和。

从概念中可以看出，国内生产总值具有如下特点。

（1）国内生产总值的表现形态是市场价值，是以货币为计量单位、以市场价格计算的交换价值，不包括自产自用的部分。

（2）国内生产总值包括在市场上合法出售的一切物品和劳务，不包括非法部分。

（3）国内生产总值只计算最终产品，不包括中间产品，以避免重复计算。最终产品是指当期生产的被用于最终消费、积累或出口等最终用途的产品；中间产品是指在一个生产过程中生产出来后又在另一个生产过程中被完全消耗或形态被改变的产品，即被其他生产单位作为中间投入的产品。当然，两者的划分是相对的。以棉花为例，被棉纺厂纺纱消耗的棉花是中间产品，而居民作为消费者使用的棉花、各生产单位用于增加原材料储备的棉花及用于出口的棉花则为最终产品。

（4）国内生产总值既包括食品、服装、家用电器等有形的产品，也包括艺术表演、家政服务、医疗诊断、法律咨询等无形的产品。

（5）国内生产总值是一定时期的生产成果，不包括在过去生产而在本期出售的产品。国内生产总值的计算常以一年或一季度为时间单位。

（6）国内生产总值的计算遵从国土原则，即计算在本国领土上的生产成果，而不论生产者是谁，如外国人暂时在我国工作或开办企业，其生产价值计入国内生产总值。

探索与思考

两辆汽车相撞，一辆需要大修，另一辆因全毁而需要重买，保险公司也只好理赔。正当三方都很沮丧的时候，一个经济学家对他们说：感谢你们又为汽车修理业、汽车制造业、汽车销售业创造了几十万元的国内生产总值。他说的对吗？

国内生产总值也有一定的局限性，国内生产总值不能全面衡量经济成果，未经市场交易的产品和劳务未计入国内生产总值；国内生产总值不能反映经济活动的副作用，忽略了自然资源的稀缺性、污染导致的环境质量下降以及随之而来的对人类健康和财富的影响。

从 20 世纪 70 年代开始，联合国和世界银行等国际组织在绿色国内生产总值的研究和推广方面做了大量工作。2004 年，国家统计局、国家环保总局正式联合开展了我国环境与经济核算绿色国内生产总值研究工作。绿色国内生产总值反映了经济增长过程中的资源环境成本，是衡量社会经济可持续发展的重要指标，能比国内生产总值更全面地衡量经济发展水平。

知识点滴

绿色国内生产总值：绿色国内生产总值是指扣除了自然资源和环境损失之后新创造的国民财富总量。其计算公式为

$$绿色 GDP = GDP - （环境资源成本 + 环境资源保护服务费用） \quad (8-1)$$

知识拓展

其他宏观经济总量指标

国民总收入（GNI）。国民总收入原称国民生产总值（GNP），是指一个国家或地区所有常住单位在一定时期内所获得的初次分配收入总额，等于国内生产总值加上来自国外的初次分配收入净额。国民总收入的计算遵从国民原则，即计算本国公民创造的收入，而不论其身处何国。如一个法国公民暂时在我国工作，他的产出计入我国国内生产总值，而不计入我国国民总收入；同时，不计入法国国内生产总值，而计入法国国民总收入。

国民净收入（NNI）。国民净收入是国民总收入扣除固定资产折旧之后的余额。

国民收入（NI）。国民收入是国民净收入扣除间接税净额后的余额。间接税净额是间接税与政府补贴的差额。

个人收入（PI）。个人收入是指一个国家所有个人一年内的收入总和，是国民收入扣除企业所得税、公司未分配利润及社会保险缴费，再加上政府对个人转移支付的余额。

个人可支配收入（DPI）。个人可支配收入是指一个国家所有个人一年内实际得到

的可用于个人开支和储蓄的收入总和,是个人收入扣除个人所得税之后的余额。

GDP、GNI、NNI、NI、PI、DPI 等宏观指标在细节上各有不同,但它们说明整体经济状况的结论具有一致性。

二、国内生产总值的构成

从不同的角度来看,国内生产总值的构成各不相同。

1. 经济的收入与支出

从单个经济单位来看,每一次交易都涉及买者和卖者,在买者支出货币的同时,卖者获得相应的货币收入;从整个经济来看,国内生产总值既衡量经济中所有人的总收入,同时也衡量所有人用于购买产品和劳务的总支出。由于买与卖是一笔交易的两个方面,因此对于整个经济而言,总收入恒等于总支出。如你学习钢琴每小时支付学费 100 元,在这种情况下,钢琴教师是劳务的卖者,而你是劳务的买者。你学习 1 小时钢琴支付了 100 元,同时钢琴教师获得了 100 元的收入。这种交易对经济的收入和支出做出了相同的贡献,无论是用总收入来衡量还是用总支出来衡量,国内生产总值都增加了 100 元。

如图 8-2 所示,假设市场上只有家庭和厂商两个部门,家庭支付其全部收入购买所有的产品。当家庭购买产品时,其支出通过产品市场流向厂商;厂商用销售产品所获得的收入支付工人工资、土地租金和企业所有者利润,其收入通过要素市场流向家庭。

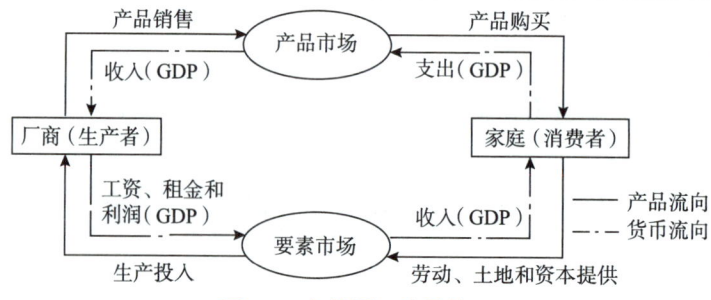

图 8-2 经济循环流量简图

当然,现实经济远比图 8-2 所示情况复杂。如家庭并未支出其全部收入,其收入除用于购买产品外,还用于支付政府税收和储蓄;家庭并未购买全部产品,除家庭购买之外,还有一些由厂商与政府购买,甚至出口到外国,如图 8-3 所示。但在现实经济循环中,整个经济的总收入仍然等于总支出。

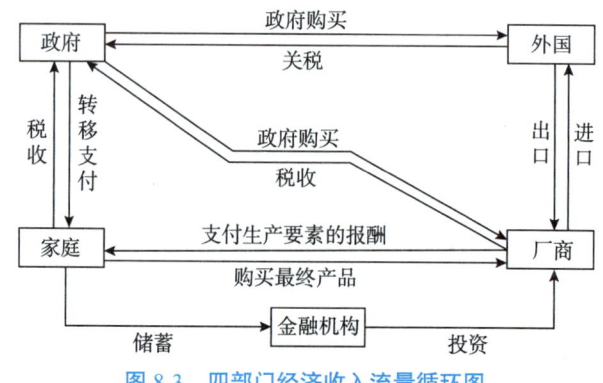

图 8-3 四部门经济收入流量循环图

2. 国内生产总值构成解析

国内生产总值衡量整个经济循环中的货币流量。如果从支出的角度来计算国内生产总值，它由消费、投资、政府购买和净出口构成，其计算公式为

$$国内生产总值 = 消费 + 投资 + 政府购买 + （出口额 - 进口额）$$

即
$$GDP = C + I + G(X - M) \tag{8-2}$$

式（8-2）中，C 为消费，I 为投资，G 为政府购买，X 为出口额，M 为进口额。

（1）消费。消费（consumption）是指居民或个人用于购买除新住房之外的商品和劳务的支出。消费包括耐用品和非耐用品、住房租金、教育支出及其他劳务支出。耐用品包括汽车与家电等商品，非耐用品包括食品与服装等商品。

（2）投资。投资（investment）是指用于未来生产更多商品和劳务的物品购买支出。投资包括固定资产投资和存货投资，前者指厂房、机械设备、住房的增加，后者指企业存货的变化。按照国际惯例，家庭购买新住房支出应列入投资。

国内生产总值核算中的投资是指增加新的建筑物、设备及存货的行为，不同于日常生活中所说的投资。在日常生活中，人们购买股票、债券等往往只是发生财产权的转移，并不能增加社会的资本总量，因而核算国内生产总值时不予考虑。

知识点滴

投资与资本的关系

投资是一定时期内花费在资本品上的支出，称为资本形成，意味着一定时期内社会实际资本的增加，表明一定时期内增加到资本存量中的资本流量；资本是指某一时点上经济体系内企业所持有的以机器、厂房、设备以及其他存货形式的生产要素的存量。

（3）政府购买。政府购买（government purchase）是指各级政府用于购买商品和劳务的支出。政府购买包括政府消费性支出和政府投资性支出两个部分。政府消费性支出是指各级政府购买开展日常行政事务活动所需商品和劳务的支出，包括行政管理支出，国防支出，科学、教育、文化、体育、卫生事业支出；政府投资性支出是指各级政府用于各项公共投资的支出，侧重于私人不愿意或没有能力投资的基础性项目和公益性项目，如城市供水、公共交通、环保工程、灌溉设施和防洪排涝工程等。

知识点滴

基础产业的特点

基础产业是整个社会生产和消费的"共同条件"，具有外部性、公用性、不可分割性和非独占性；处于国民经济产业链的"上游"，有较强的外溢效应；大都属于资本密集型行业，投资额巨大，建设周期长。

政府转移支付不计入政府购买。所谓转移支付，是不以购买商品或劳务而进行的支付。政府转移支付是指政府在社会福利、保险、贫困救济和补助等方面的支出，包括养老金、失业救济金、退伍军人补助金、农产品价格补贴、公债利息、对国有企业的财政补

贴、政府间财政资金的转移等支出。转移支付改变了收入分配，具有无偿性，是一种收入再分配形式。

（4）净出口。净出口（net export）是商品和劳务的出口额与进口额之间的差额。国内生产总值衡量一国经济的生产总量，在开放经济的情况下，出口的商品和劳务由本国生产但不由本国人购买，不包括在消费、投资与政府购买三个部分中，因此必须加上；而在消费、投资与政府购买三个部分中，当国内的企业或政府购买了外国的商品和劳务时，这些进口的商品和劳务不由本国生产，因此必须减去。

表 8-1 从支出角度说明了 2021 年国内生产总值的构成。这一年我国的国内生产总值为 1140340.1 亿元人民币，其中居民消费占比 38.48%，投资（含政府投资）占比 42.96%，政府购买（政府消费）占比 15.97%，净出口占比 2.59%。

表 8-1 2021 年我国国内生产总值构成统计

项 目	总量（亿元）	比重（%）
居民消费	438849.4	38.48
投资（含政府投资）	489897.2	42.96
政府购买（政府消费）	182071.6	15.97
净出口	29521.9	2.59
合 计	1140340.1	100

注：本表按当年价格计算。资料来源：国家数据库

如果从收入的角度来计算国内生产总值，它由工资、利息、租金、利润、间接税净额和折旧构成，其计算公式为

$$国内生产总值 = 工资 + 利息 + 租金 + 利润 + 间接税净额 + 折旧 \quad (8\text{-}3)$$

该式表明，在经济活动中，各要素所有者获得税前要素收入，劳动者得到工资，资本所有者得到利息，土地所有者得到租金，企业所有者得到利润。此外，政府提供国防、立法、基础设施等公共物品，参与经济活动获得间接税净额（间接税减去转移支付）；固定资产在生产过程中的损耗得以补偿。

由于要素所有者获得的税前要素收入有纳税、消费和储蓄三种用途，因此从收入角度计算国内生产总值的公式还可表达为

$$国内生产总值 = 消费 C + 储蓄 S + 政府税收净额 T \quad (8\text{-}4)$$

知识拓展

国内生产总值核算中的恒等关系

在整个经济中，国内生产总值同时衡量一国经济的总支出和总收入。

$$总支出 \equiv 总收入 \quad (8\text{-}5)$$

在只有家庭和厂商的两部门经济中，总支出 = 消费 C + 投资 I，总收入 = 消费 C +

储蓄 S。根据式 8-5，可得出：

$$投资 \equiv 储蓄$$

即 $$I \equiv S \tag{8-6}$$

在存在家庭、厂商和政府的三部门经济中，总支出 = 消费 C+ 投资 I+ 政府购买 G，总收入 = 消费 C+ 储蓄 S+ 政府税收净额 T。根据式 8-5，可得出：

$$I+G \equiv S+T$$

或 $$I \equiv S+(T-G) \tag{8-7}$$

式中，T 为政府税收净额，是全部税收扣除转移支付后的余额，$(T-G)$ 为政府储蓄。式 8-7 表示投资恒等于私人储蓄与政府储蓄的总和。

在开放的四部门经济中，总支出 $=C+I+G+(X-M)$，总收入 $=C+S+T$。根据式 8-5，可得出：

$$I+G+X \equiv S+T+M$$

或 $$I \equiv S+(T-G)+(M-X) \tag{8-8}$$

式中，S 为本国居民储蓄，$(T-G)$ 为政府储蓄，$(M-X)$ 为外国对本国的储蓄。式 8-8 表示开放经济中投资与储蓄的恒等关系。

结论：对整个经济而言，储蓄恒等于投资；但对单个经济单位而言，不一定如此。

三、名义国内生产总值与实际国内生产总值

国内生产总值以货币计量，受所生产产品和劳务的产量与价格两个因素的影响。按计算时所采用的价格不同，国内生产总值分为名义国内生产总值与实际国内生产总值。

1. 名义国内生产总值与实际国内生产总值

名义国内生产总值是指按现期价格计算的国内生产总值；实际国内生产总值是指按不变价格计算的国内生产总值。不变价格是指计算各个时期产品或劳务价值所采用的相同的基年价格水平。名义国内生产总值既反映了实际产量的变动，又反映了价格的变动；而实际国内生产总值只反映了产量的变动，因消除了各时期价格变动的影响而能更客观地反映整体经济的发展状况。

知识拓展

古典二分法

早期经济学家把宏观经济表现区分为名义层面和实际层面两个部分，把经济变量区分为名义变量和实际变量两种类型的方法，称为古典二分法。

名义变量是按货币单位衡量的变量，包括价格水平（消费者物价指数或国内生产总值缩减指数）、通货膨胀率、名义国内生产总值、名义工资和名义利率等。名义变量反映研究对象的货币价值及生活成本如何变化。

实际变量是按实物单位衡量的变量，包括实际国内生产总值、就业量和失业量、实际工资、消费、储蓄、投资和实际利率等。实际变量反映研究对象的经济福利实际发生怎样的变化。

种植小麦的农民所获得的收入是名义变量,因为它是按货币单位"元"来衡量的;而小麦的总产量是实际变量,因为它是按实物单位"吨"来衡量的。同理,名义国内生产总值是名义变量,因为它衡量经济中商品和劳务的货币价值;而实际国内生产总值是实际变量,因为它衡量经济中商品和劳务的总产量。由于各种商品和劳务的性质不同,所计量的实物单位不同,因此需要借助不变价格这种工具来汇总计算实际国内生产总值。尽管实际国内生产总值最终也是用货币单位计量,但以不变价格计算的实际国内生产总值只反映产量的变动,因而属于实际变量。

经济中的大多数价格都是用货币来表示的,因此它们是名义变量。如2019年1月17日,山东德州市普通小麦国标一等的收购价格为每吨2520元,国产30粉出厂价为每吨3320元。而相对价格,如两者间的比价1.32(注:3320/2520),即1吨小麦粉的价格相当于1.32吨小麦,则是实际变量。

古典二分法认为,名义变量受经济中货币制度发展的影响,与货币供给变动有关,而实际变量则与此无关。认为货币供给变动不影响实际变量的观点,称为货币中性。大多数经济学家认为,货币供给变动在短期影响实际变量,而在长期则对实际变量影响甚微,可忽略。

2. 国内生产总值缩减指数

国内生产总值缩减指数又称国内生产总值平减指数或国内生产总值折算指数,属于一种物价指数,是名义国内生产总值与实际国内生产总值的比率,见式(8-9)。这一指数衡量相对于基年价格的现期物价水平,可反映整个经济的平均物价水平及通货膨胀情况。国内生产总值缩减指数的增长率即通货膨胀率。

$$\text{GDP缩减指数} = \frac{\text{名义 GDP}}{\text{实际 GDP}} \times 100\% \qquad (8\text{-}9)$$

四、国内生产总值与人均国内生产总值

国内生产总值是数量指标,反映一国的经济总量或市场规模;人均国内生产总值是质量指标,说明一国的经济实力和富裕程度,其计算公式为

$$\text{人均GDP} = \frac{\text{某年 GDP}}{\text{当年平均人口数}} \qquad (8\text{-}10)$$

式中,当年平均人口数式中,当年平均人口数是当年年初与年末人口数的平均值,或为年中即当年7月1日零时的人口数。

在案例导入中,2021年我国国内生产总值达到114.367万亿元,全球排名第2位;而人均国内生产总值为80976元,全球排名第60位。由此不难看出,国内生产总值是人均国内生产总值的计算基础,而人均国内生产总值比国内生产总值更能说明问题的本质。

人均国内生产总值与人均国民总收入两个指标数值比较接近,大致相当。世界银行按人均国民总收入对世界各国经济发展水平进行分组,通常把世界各国分成四组,即低收入国家、中等偏下收入国家、中等偏上收入国家和高收入国家,如表8-2所示。以上标准不

是固定不变的，而是随着经济的发展不断调整的。

表 8-2　2022 年世界银行划分经济发展水平标准

人均国民总收入分组（元/年）	经济发展水平
＜ 7298	低收入国家
7298 ~ 28620	中等偏下收入国家
28620 ~ 88818	中等偏上收入国家
≥ 88818	高收入国家

根据这个标准，20 世纪 80 年代中期前，我国一直属于低收入国家；其后，开始步入中等收入国家之列；目前，我国已被列入"中等偏上收入国家"。

生活链接

地下经济

地下经济是一种未向政府申报登记，经济活动脱离政府法律法规约束，且不向政府纳税的经济活动。它涉及生产、流通、分配、消费等各个环节，是当前世界范围内的一种普遍现象，被国际社会公认为"经济黑洞"。

既然是"地下"状态，就在政府的统计之外，因此没有人知道其从业人数有多少、产值有多少。经济学家估计地下经济规模的方法是观察一个经济体总收入与总支出的差别，如果两者基本相当，则不存在地下经济；如果总支出远超总收入，两者的差异可能就是地下经济的规模。经济学家同样观察现金需求，因为地下经济尤其是犯罪经济产生的交易大多以现金为支付手段。一个经济体中有大量的现金需求，可能暗示着庞大的地下经济。另一种方法是研究用电量，如果用电量很高，但国内生产总值相对较低，说明地下经济运行良好。研究表明，在发达国家，地下经济通常占国内生产总值的 10% ~ 20%；在发展中国家，地下经济通常占国内生产总值的 30% 以上。国际劳工组织的研究数据表明，在发展中国家，地下经济从业人数占非农劳动力总量的 1/2 ~ 3/4。

在我国，部分"地下经济"如无证经营的作坊、流动摊贩、摩的、黑的等的存在，有其现实合理性。对需方而言，"地下经济"所提供的产品或服务价格低廉，方便快捷，特别受广大中低收入阶层的青睐；对供方而言，则是其谋生的手段。一些城市从保护民生的角度出发，采取降低门槛、扶持规范等办法，将"地下经济"转化为"地上经济"，以减少引发社会矛盾的隐患。

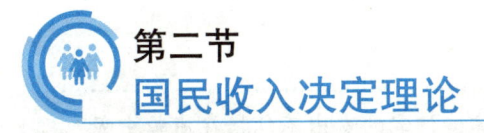

第二节 国民收入决定理论

在国民经济核算体系中，国内生产总值的基本核算方法有支出法、收入法和部门法。理论上三种核算方法得出的国内生产总值（或国民生产总值）应该是一致的，因为它们是使用不同的方法对同一事物进行核算，但在实际操作中因为资料来源的不同以及基础数据质量上的差异，三种方法计算的国内生产总值之间存在着一定的计算误差。下面我们介绍最常用的两种方法——支出法和收入法。

一、支出法

支出法又叫作产品流量法或最终产品法。这种方法是从产品的使用出发，把一定时期内购买各项最终产品的货币支出加总，计算出该时期生产出的最终产品的市场价值总和。

用支出法核算国内生产总值，是从对最终产品的需求方面来衡量的，通过核算在一定时期内整个社会购买最终产品的总支出即社会购买最终产品的总卖价来计量国内生产总值。支出法计算时一般不直接以产量乘价格，而是将各种支出分类加总。用于购买最终产品的全部支出可分为消费、投资、政府购买和净出口。一定时期内这四类支出的总和，就构成了一个国家在这一时期生产的国内生产总值。

如果用 Q_1，Q_2，Q_3，$\cdots$，Q_n 表示购买的各种产品和劳务的数量，用 P_1，P_2，P_3，$\cdots$，P_n 表示购买的各种产品和劳务的价值，则国内生产总值可表示为

$$\text{GDP} = Q_1 \cdot P_1 + Q_2 \cdot P_2 + \cdots + Q_n P_n = \sum_{i=1}^{n} Q_i P_i \qquad (8\text{-}11)$$

1. 个人消费支出

个人消费支出（C）包括一年内居民除了购买住房外的一切满足消费者欲望的消费品和劳务的购买支出。消费者的购买支出通常分为以下三大类。

（1）耐用品，一般是指在较长时间内消费的物品，如汽车、家具、电器等。

（2）非耐用品，一般是指短期内消耗完的物品，如毛巾、牙膏等日用品和食品。这时的短期内并无严格限制，如衣服可以穿好几年，有的甚至可以穿十几年，但也将其归在非耐用品中。

（3）消费性劳务，如理发、旅行、娱乐和医疗等。

2. 私人国内投资

私人国内投资（I）是指厂商和居民不是为了现期消费而是为了扩大再生产所添置的新厂房、耐久性生产设备（包括居民住宅）和企业存货变动的净增加额。投资又可分为固定资产投资和存货投资两大类。固定资产投资是指用来增加新厂房、新设备、营业用建筑物和住宅用建筑物的支出。存货投资是指厂商持有的存货价值的变动，从总投资的用途来看可以把它分为两个部分，即净投资和重置投资。只有净投资才能增加资本存量。重置投资是指弥补当期资本设备的生产消耗和意外损耗的投资支出，总投资减去币值投资就是净投资。

> **探索与思考**
>
> 住房是我们生活中的必需品，可是为什么建造住宅的支出不包括在消费中呢？

知识拓展

建造住宅的支出不包括在消费之中，而归入固定资产投资。这是因为，住房是分段、分年度消费的。新房至少折旧 15 年，或者更长时期。而在几十年的折旧期间，房子还有可能升值，所以国际上通用的标准是买房不算居民消费，而是算作投资。

3. 政府购买

政府购买（G）包括各级政府购买物品和劳务的支出。政府出资设置法律系统、国防系统，兴建道路、港口，开办学校等，都属于政府购买，都要作为对最终产品的购买支出计入国内生产总值。政府购买也包括政府雇员的薪金支出。需要注意的是，政府购买支出和政府支出是有区别的。政府购买支出只是政府支出的一部分，政府支出的另一部分是政府转移支付，转移支付不能计入国内生产总值。

知识拓展

转移支付是政府的一种不以购买本年的商品和劳务而作的支付。转移支付是包括养老金、失业救济金、退伍军人补助金、农产品价格补贴、公债利息等政府支出的一笔款项。这笔款项不计入国内生产总值的原因在于这笔款项的支付不是为了购买商品和劳务。

4. 净出口

净出口是商品和劳务的出口价值减去其进口价值的差额。如果用 X 表示出口，用 M 表示进口，则净出口就是 $(X-M)$。国家间贸易往来的普遍存在，会使一个国家公众、企业和政府在购买最终产品方面的支出和这个国家的总产出经常不相等。进口是本国对外国生产的商品和劳务的购买，进口产品不应计入国内生产总值。相反，国内有些产品出口到国外，被国外购买，这些出口产品应计入国内生产总值。

通过以上分析，用支出法计算国内生产总值的公式，可以表示为

$$GDP = C + I + G + (X - M) \qquad (8\text{-}12)$$

二、收入法

收入法又称成本法或要素收入法。它是从收入的角度出发，把投入生产的各种生产要素（土地、资本、劳动和企业家才能）所获得的各种收入相加来计算同内生产总值。在采用收入法计算国内生产总值时，一般包括以下项目。

（1）工资，指税前工资，是因工作而取得的酬劳的总和，既包括工资、薪水，也包括各种补助或福利项目，如雇主依法支付给雇员的社会保险金、养老金等。这是国内生产总值中数额最大的组成部分。

（2）租金。在租金收入中，既包括个人出租房屋、土地而得到的租金收入，专利所有人的专利使用费收入，也包括使用自有房屋、土地等的估计租价。

（3）净利息，是个人及企业因进行储蓄在本期内发生的利息收入与因使用由他人提

供的贷款而在本期发生的利息支出之间的差额，不包括在以前发生但在本期收入或支付的利息，也不包括政府公债利息等转移性支出。

（4）非公司企业收入，是指合伙企业和个人经营企业的收入，如医生、律师、农民和小店铺主的收入。他们使用自己的资金自我雇佣，其工资、利息、利润、租金常混在一起作为非公司企业收入。

（5）公司税前利润，是公司经营所得的全部收入，包括即将向国家缴纳的公司所得税、将要分配给股东的股息、以企业存款形式留存的企业未分配利润、对存货及折旧进行的调整。

知识拓展

> 工资、租金、利息和（正常）利润分别是对劳动、土地、资本、企业家才能四类生产要素所支付的报酬，即生产要素收入的总和，它与一个国家最终产品和劳务的市场价格在金额上仍有差别，其中最主要的因素是在商品与劳务的价格中，除包括生产要素报酬外，还包括其他一些费用。因此，若要准确核算国内生产总值，就要在要素收入的基础上再加上折旧和企业间接税。

（6）企业间接税，是指税收负担不由纳税人本人承担的税种，这种税负可以通过流通渠道转嫁出去。例如，对商品征收的货物税由生产厂商支付，但厂商可以把税收加入成本，通过提高价格转嫁给消费者。营业税、消费税和进口关税等都属于间接税。尽管这些税收不是生产要素获得的收入，却是消费该商品时所必须支付的，故应作为成本。

（7）资本折旧，是对一定时期内因经济活动而引起的同等资本消耗的补偿。折旧与企业间接税一样不属于生产要素的收入，但因为折旧已被分摊在商品和劳务的价格中，所以在计算国内生产总值时要加上折旧。

综上所述，按收入法核算的国内生产总值可表示为

GDP＝工资＋利息＋租金＋非公司收入＋公司税前利润＋企业间接税＋资本折旧

(8-13)

按支出法和收入法两种方法计算得出的结果，从理论上说应该是一致的，因为它们是从不同的角度来计算的同一国内生产总值，但在实际中这两种方法所得出的结果往往不一致。在实际经济分析中，因为最终产品的使用去向比较清楚，资料收集比较容易，所以世界各国政府比较重视支出法。如果两种核算方法得出的结果不一致，一般以支出法统计的结果为准，然后利用统计误差调整收入法和部门法所得的数值。

探索与思考

> 国民收入核算原理简单，但实际操作比较复杂，有兴趣的读者可以利用表8-3中的数据分别用支出法和收入法进行核算，看看两种方法核算的结果是否有差异。

表 8-3　某国某年投入产出简表　　　　　　　　　　　　　　（单位：亿元）

产出 投入	中间使用 第一产业	中间使用 第二产业	中间使用 第三产业	中间使用合计	最终使用 总消费	最终使用 资本形成	最终使用 净出口	最终使用 其他	最终使用 合计	总产出
第一产业	4036	899	1149	13984	10956	1109	42	358	12464	26448
第二产业	5473	97931	16508	119911	21186	30445	1131	296	53058	172970
第三产业	1644	17786	11880	31311	23935	946	2345	-401	26824	58135
中间投入合计	11152	124517	29537	165206	56077	32500	3517	253	92347	257553
固定资产折旧	597	8598	5411	14606						
劳动者报酬	13443	20863	15614	49920						
生产税净额	415	8889	4108	13412						
营业盈余	841	10103	3465	14409						
增加值合计	15296	48453	28598	92347						
总投入	26448	172970	58135	257553						

知识拓展

国内生产总值不是万能的

国内生产总值通常被用于计算国民经济的增长速度，计算产业结构，分析和评价经济发展态势，其重要性毋庸置疑。但是它并不是完美无缺的，把国内生产总值作为衡量一国经济发展水平的主要指标，存在下列缺陷。

（1）国内生产总值对经济活动反映不全面。国内生产总值只对市场价格的产出进行统计，而对不用来交换的经济活动不进行统计，因此，那些不经过市场交换但却有用的产品和服务就无法计入。

（2）国内生产总值对经济发展带来的负面效应不进行统计。经济增长势必会对环境造成损害，使人民生活质量下降。但现行的国内生产总值核算体系把所有的市场交易活动都看成对社会经济具有正面价值的活动，并不区分其对环境的影响，难以反映经济活动对环境造成的负面影响。

（3）国内生产总值不能反映产品和服务的销售、实现情况。按照生产法计算的国内生产总值，实质上是把生产过程中的增加值相加，反映的是一个国家在某一时期内所有新创造的最终产品价值之和。这里的"价值"指的是生产价值，而不是销售价值。国内生产总值作为生产总值指标，并不能反映产品和服务的销售、实现情况。如果社会总产品的实现率降低，产品不能及时地通过市场交换实现其价值，那么，生产得越多，存货就越多。

（4）国内生产总值对居民经济福利的反映不够全面。一是用人均国内生产总值表示的经济福利是用产出的市场价格计算的，因此，不同国家的人均国内生产总值因为其市场价格的不同而缺乏可比性，不能完全反映不同国家居民生活水平的实际差异。二是表示居民福利的人均国内生产总值反映的是经济福利的一般水平，并不能反映收入的分配情况。如果一个国家的人均国内生产总值很高，但是收入分配很不平均，那么这个国家的人均国内生产总值就没有反映大多数人的福利状况。

（5）国内生产总值对其增长部分是由国内企业拉动的还是由外资企业拉动的不加区分。在我国，国内生产总值的增长有相当大的一部分是由外商投资企业拉动的，并不是我国企业生产能力的真实反映，但在国内生产总值总量的统计上对此并不加以区分。

（6）国内生产总值的增长并不一定能带来居民收入的普遍提高。一是由经济结构变化所带来的国内生产总值的增长是由新兴产业的发展造成的，只带来部分人群收入水平的提高。而与此同时，传统产业的萎缩又造成就业岗位的减少，从而降低了传统产业从业者的收入。二是由基础设施建设、楼堂馆所建设带来的国内生产总值的增长，对广大居民收入水平的提高所起的作用是微乎其微的。三是由存货增长而引起的国内生产总值的增长，更不能带来居民收入水平的提高。

思考：国内生产总值作为一国经济发展水平主要指标有这么多的缺陷，那为什么还是普遍采用国内生产总值作为经济发展水平的主要指标呢？

第三节 IS-LM 模型

IS-LM 模型是西方经济学家用来分析在利息率与投资水平发生变动的情况下，总需求对国民收入水平的决定，以及利息率与国民收入之间的关系的模型工具。模型中的 I 指的是投资，S 指的是储蓄，L 指的是货币需求，M 指的是货币供给。IS-LM 模型是说明商品市场与货币市场同时达到均衡时国民收入与利息决定的模型。

名人档案

约翰·希克斯

约翰·希克斯（1904—1989），英国著名经济学家，毕业于牛津大学，1932 年获得博士学位。他 1952—1964 年任牛津大学教授，1964 年晋升勋爵，1972 年获诺贝尔经济学奖。IS-LM 模型是由约翰·希克斯创立并完善推广的。

1936 年，希克斯在一篇论文中研究了凯恩斯体系，该论文经修改后以《凯恩斯与古典学派》为题于 1937 年发表。论文中的 IS-LM 分析对凯恩斯体系进行了修正，被认为是当时许多修正凯恩斯的《就业、利息和货币通论》中最有影响的一种。希克斯在对凯恩斯体系进行修正时，通过 IS-LM 分析把凯恩斯四个基本概念即消费函数、资本边际效率、流动性偏好和货币数量结合成一个整体，为解释收入决定提供了新的和更为一般的均衡方法。

一、IS 曲线

IS 曲线也称投资储蓄曲线，是描述产品市场达到均衡即 $I=S$ 时，国民收入与利率之间存在着反方向变动关系的曲线。IS 曲线如图 8-4 所示。

在图 8-4 中，横轴 Y 代表国民收入，纵轴 r 代表利率。IS 曲线上任何一点都是 $I=S$，即产品市场上实现了均衡。IS 曲线向右下方倾斜，表明当产品市场上实现均衡时，利率与国民收入呈反方向变动，即利率高则国民收入低，利率低则国民收入高。

在产品市场上，利率与国民收入呈反方向变动关系，这是因为利率与投资呈反方向变动。我们知道，投资的目的是实现利润最大化，投资者一般要用贷款来投资，而贷款必须付出利息。这样，投资就取决于利润率与利率。在利润率既定的条件下，投资就取决于利率。利率越低，投资者借贷资金的成本越小，则纯利润就越大，从而投资就越多；反之，利率越高，投资者借贷资金的成本就越大，纯利润就越小，从而投资就越少。由此可见，利率与投资呈反方向变动关系。由于投资是总需求的一个重要组成部分，投资增加，总需求增加，从而国民收入就增加；投资减少，总需求减少，从而国民收入就减少。因此，利率与国民收入呈反方向变动关系。

总需求的变动会引起曲线的位置发生平行移动。当自发总需求增加时，IS 曲线向右上方移动，即从 IS_0 移动到 IS_1；当自发总需求减少时，IS 曲线向左下方移动，即从 IS_0 移动到 IS_2。IS 曲线的移动如图 8-5 所示。

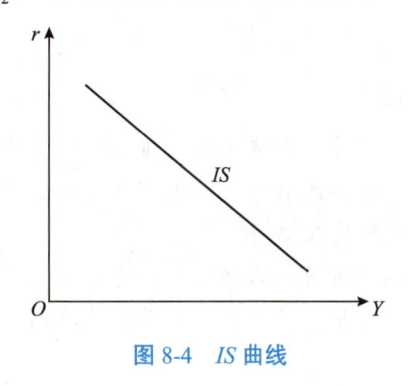

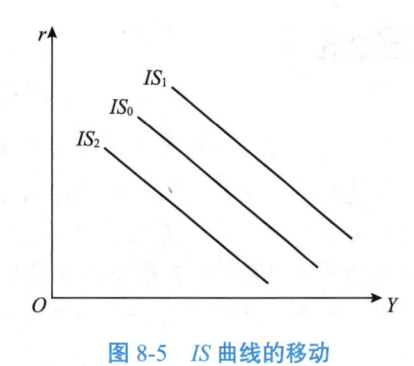

图 8-4　IS 曲线

图 8-5　IS 曲线的移动

二、LM 曲线

LM 曲线也称货币供求曲线，是描述货币市场达到均衡时国民收入与利率之间存在同方向变动关系的曲线。LM 曲线如图 8-6 所示。

在图 8-6 中，横轴代表国民收入 Y，纵轴代表利率 r。LM 曲线上任何一点都是 $L=M$，即货币市场上实现了均衡。LM 曲线向右上方倾斜，表明在货币市场上实现均衡时，利率与国民收入呈同方向变动关系，利率高则国民收入高，利率低则国民收入低。

可用凯恩斯的货币理论来解释货币市场上利息率与国民收入呈同方向变动关系的原因。货币需求（L）是由货币的交易需求与谨慎需求（L_1）和货币的投机需求（L_2）构成的。L_1 取决于国民收入并与国民收入呈同方向变动，记为 $L_1=L_1(Y)$；L_2 取决于利息率并与利息率呈反方向变动，记为 $L_2=L_2(i)$；货币的供给（M）指的是实际的货币供给量，它由中央银行的名义货币供给量与价格水平决定。

货币市场均衡的条件是

$$L = M = L_1(Y) + L_2(i) \quad (8\text{-}14)$$

从式（8-14）中可以看出，当货币供给既定时，L_1 若增加则 L_2 必然减少，而 L_1 的增加又是国民收入增加的结果，L_2 的减少又是利息率上升的结果。因此，在货币市场上达到均衡状态时，国民收入与利率呈同向变动关系。

货币供给量的变动会使 LM 曲线的位置平行移动，可用图 8-7 来说明这一点。

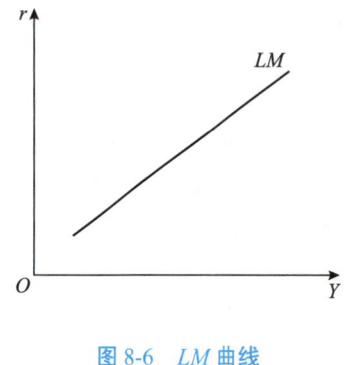

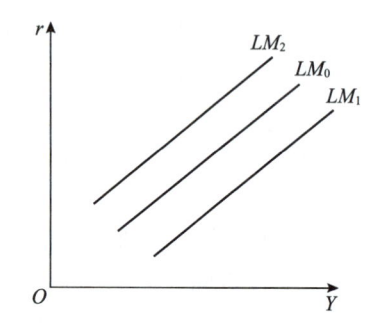

图 8-6　LM 曲线　　　　　　　　图 8-7　LM 曲线的移动

生活链接

流动性偏好陷阱

当利率极低时，人们会认为这时利率不大可能再下降，或者说有价证券市场价格不大可能再上升而只会跌落，因而会将持有的有价证券全部换成货币。人们不管有多少货币，都愿意持有在手中，这种情况被称为流动偏好陷阱或凯恩斯陷阱。

央行公布的 2016 年 7 月金融数据显示，M1（狭义货币）和 M2（广义货币）增速的剪刀差不断增大，呈现出部分企业有流动资金而不进行投资的局面，货币供给难以形成有效投资，企业从而陷入了某种程度上的"流动性陷阱"。

知识拓展

凯恩斯提出货币需求的三大动机：交易性需求、预防性需求和投机性需求。①货币的交易性需求是指个人或企业为应付日常交易的需要而持有一定数量的货币。②货币的预防性需求是指人们为了应对意外发生的支出，为了不错过意外的有利的购买机会，以及为了偿付未来债务而持有一定数量的货币。③货币的投机性需求是指人们为了在未来的某一适当时机从事以债券的买卖为典型的投机活动而持有一定数量的货币。交易性需求和预防需求主要取决于人们的收入，投机性需求则主要取决于市场利率。

在图 8-7 中，当货币供给量增加时，LM 曲线向右下方移动，即从 LM_0 移动到 LM_1。当货币供给量减少时，LM 曲线向左上方移动，即从 LM_0 移动到 LM_2。

三、IS-LM 模型

IS-LM 模型是宏观经济分析的重要工具，IS 曲线代表了产品市场的均衡，LM 曲线代表了货币市场的均衡。两条曲线相交即两个市场同时实现了均衡的一般均衡状态。下面分别进行介绍。

1. 产品市场与货币市场同时均衡时的利率和国民收入

IS-LM 模型就是将 IS 曲线与 LM 曲线合并在一起时，表明商品市场与货币市场同时达到均衡状态时的国民收入与利息率的关系的一种坐标图，如图 8-8 所示。

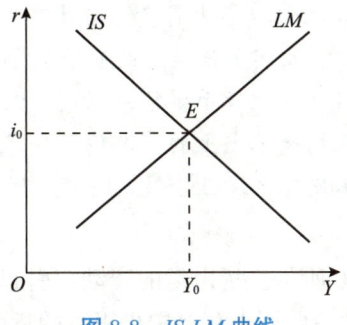

图 8-8 IS-LM 曲线

在图 8-8 中，IS 曲线上的任意一点都代表着商品市场的均衡，即 $I = S$。LM 曲线上的任意一点都代表着货币市场的均衡，即 $L = M$。IS 曲线与 LM 曲线相交于 E 点，表明的是两种市场同时达到均衡，这一点决定了均衡的利息率水平为 i_0，均衡的国民收入为 Y_0，并且也只有在这一利率水平和国民收入水平时两种市场才能同时达到均衡。

2. 产品市场和货币市场均衡的变动

（1）IS 曲线的移动

IS 曲线的移动，如图 8-9 所示。总需求变动会引起 IS 曲线移动，从而使国民收入与利率变动。IS 曲线的移动可以用来解释政府的财政政策。当政府采取扩张性财政政策时，在 LM 曲线不变的情况下，总需求增加，IS 曲线向右上方平行移动，从而国民收入增加，利率上升；反之，如果政府采取紧缩性的财政政策，总需求减少，IS 曲线向左下方平行移动，从而国民收入减少，利率下降。

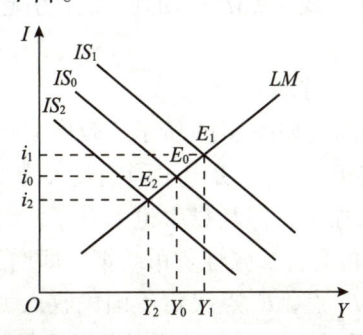

图 8-9 IS 曲线的移动对均衡国民收入和利率的影响

在图 8-9 中，IS_0 与 LM 相交于 E_0 点，决定了利息率为 i_0，国民收入为 Y_0。当财政支出增加（即实行扩张性财政政策）时，总需求增加，IS 曲线从 IS_0 移至 IS_1 并引起国民收

入从 Y_0 增至 Y_1，利息率从 i_0 升至 i_1。与此相反，当财政支出缩减（即实行紧缩性财政政策）时，总需求减少，IS 曲线从 IS_0 移至 IS_2 并引起国民收入从 Y_0 减至 Y_2，利息率从 i_0 降至 i_2。

生活链接

2018 财政政策凸显"积极"和"稳健"

中新社北京 2017 年 12 月 20 日电 中央定调 2018 经济工作：继续实施积极财政政策和稳健货币政策。积极的财政政策取向不变，调整优化财政支出结构，确保对重点领域和项目的支持力度，压缩一般性支出，切实加强地方政府债务管理。

稳健的货币政策要保持中性，管住货币供给总闸门，保持货币信贷和社会融资规模合理增长，保持人民币汇率在合理均衡水平上的基本稳定，促进多层次资本市场健康发展，更好地为实体经济服务，守住不发生系统性金融风险的底线。

（2）LM 曲线的移动

LM 曲线的移动，如图 8-10 所示。货币量的变动会引起 LM 曲线移动，从而使国民收入与利率变动。LM 曲线的变动主要用来解释中央银行的货币政策。在 IS 曲线不变的情况下，当中央银行采取扩张性货币政策时，增加货币供给量，LM 曲线向右下方平行移动，国民收入增加，利率下降；反之，中央银行采取紧缩性的货币政策，减少货币供给量，LM 曲线向左上方平行移动，国民收入减少，利率上升。

探索与思考

通过上面的分析，已经知道了产品市场与货币市场各自均衡时国民收入与利率的关系。请你想一想，如果两个市场同时达到均衡，又会是一种什么样的状况呢？

在图 8-10 中，LM_0 与 IS 相交于 E_0 点，决定了均衡利率为 i_0，国民收入为 Y_0。当货币量增加时，LM 曲线从 LM_0 移动到 LM_1，引起国民收入从 Y_0 增加到 Y_1，利率从 i_0 下降为 i_1；反之，当货币量减少时，LM 曲线从 LM_0 移动到 LM_2，引起国民收入从 Y_0 减少到 Y_2，利率从 i_0 上升为 i_2。

（3）IS 曲线与 LM 曲线同时移动

IS 曲线与 LM 曲线同时移动，如图 8-11 所示。政府实行扩张性的财政政策时，IS 曲线从 IS_0 移至 IS_1 并与 IM_0 相交于 E_1 点，决定了国民收入为 Y_1，利息率为 r_1。这表明使用扩张性财政政策后国民收入增加了，但利息率也上升了，而利息率的上升却不利于国民收入的进一步增加。这时，若再配合扩张性货币政策，即增加货币量，就会使 LM 曲线从 LM_0 移至 LM_1 并与 IS_1 相交于 E_2 点，E_2 点决定了国民收入为 Y_2，利息率为 r_0。这就表明当采用扩张性财政政策时若再配合以扩张性货币政策，会导致利息率下降，使国民收入有较大的增长，从而使经济得到有效刺激。

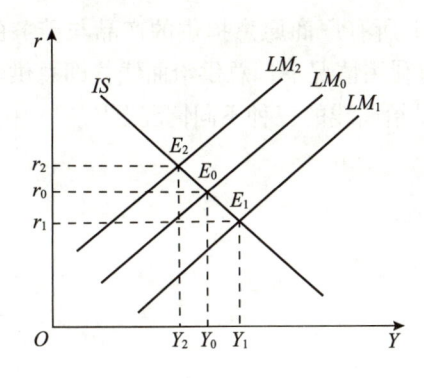

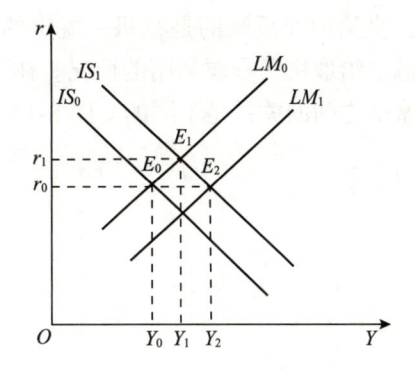

图 8-10　LM 曲线的移动对均衡国民收入和利率的影响　　图 8-11　扩张性财政政策和货币政策的配合

第四节　总需求与总供给

一、总需求曲线

总需求曲线是平面坐标图上用以表明商品市场与货币市场同时达到均衡时总需求与价格水平之间关系的曲线，如图 8-12 所示。

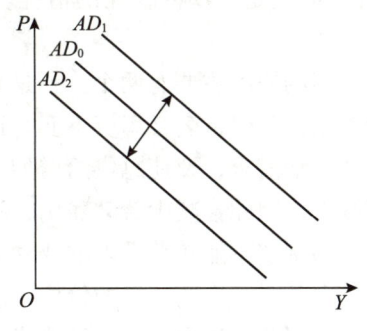

图 8-12　总需求曲线

在图 8-12 中，横轴代表国民收入，纵轴代表价格水平。总需求曲线 AD_0、AD_1、AD_2 均为向右下方倾斜的曲线，说明总需求与价格水平呈反方向变动关系，即价格水平上升总需求减少，价格水平下降总需求增加。

总需求曲线由 AD_0 移向 AD_1 或 AD_2，是由总需求变动引起的。当价格水平既定时，总需求会由于某种原因（如消费、投资或政府支出等的增加）而增加，这时总需求曲线向右上方推移；同样，总需求也会由于某种原因（如消费、投资或政府支出等的减少）而减少，这时总需求曲线向左下方推移。

二、总供给曲线

总供给曲线是表明产品市场与货币市场同时达到均衡时总供给与价格水平之间关系的曲线。

总供给曲线反映的是在每一既定的价格水平上所有厂商愿意提供的产品与劳务的总和。总供给取决于资源利用的情况。在不同的资源利用情况下，总供给曲线，即总供给与价格水平之间的关系是不同的。图 8-13 说明了总供给曲线的三种不同情况。

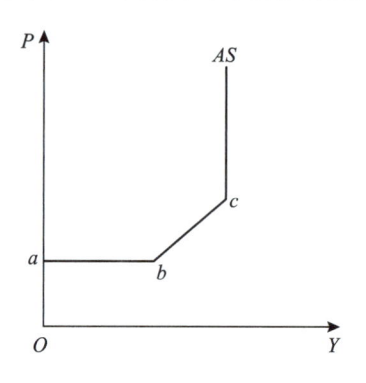

图 8-13　总供给曲线

（1）总供给曲线是一条与横轴平行的线，如图 8-13 中的 ab 线段。它表明在资源尚未得到充分利用的条件下，可以在不提高价格的情况下增加总供给。该曲线被称为凯恩斯主义总供给曲线。

（2）总供给曲线表现为一条向右上方倾斜的线，如图 8-13 中的 bc 段。它表明在资源接近充分利用的条件下，产量的增加会使生产要素的价格上涨，从而使生产成本增加，进而推动整个价格水平的上升，但这是短期内存在的情况。该曲线被称为"短期总供给曲线"。

短期总供给曲线向右上方倾斜的原因主要有两个：一是黏性工资。由于名义工资的调整慢于劳动供给的变化，故当价格上升时，名义工资不变，这样实际工资就会减少。厂商因此获得更多的利润，从而增加劳动需求，致使总供给增加。反之，如果价格下降，实际工资会增加，厂商获得的利润减少，因此会减少劳动雇用，致使总供给减少。二是黏性价格。黏性价格是指在短期中价格的调整不能随总需求的变动而迅速变化的现象。由于厂商调整价格存在菜单成本，当物价上升时，厂商产品的价格不能及时变动，从而使产品的相对价格下降，需求量增加，厂商会因此增加生产，从而造成总供给增加；反之，当物价下降时，总供给会减少。

（3）总供给曲线表现为一条与横轴垂直的线，即图 8-13 中的 c 点以上的线。它表明的是在资源已得到充分利用的条件下，无论价格水平如何上升，总供给都不会增加。该曲线被看作"长期总供给曲线"。

知识拓展

在长期中，决定总供给的是制度、资源和技术，这些因素都与货币量的大小、物价水平的高低无关。物价水平的变动并不影响长期总供给，除了短期总供给曲线会由于技术进步等发生向左上方或右下方的平行推移外，其他两种情况的总供给曲线在资源既定即潜在的国民收入水平既定的条件下，均不会发生上下或左右的平行推移。

三、总需求 - 总供给模型

总需求 - 总供给模型就是将总需求曲线与总供给曲线放在一个坐标图上，用以解释国民收入和物价水平的决定的模型。在总供求模型中，国民收入取决于总供给曲线和总需求曲线的交点，如图 8-14 所示。

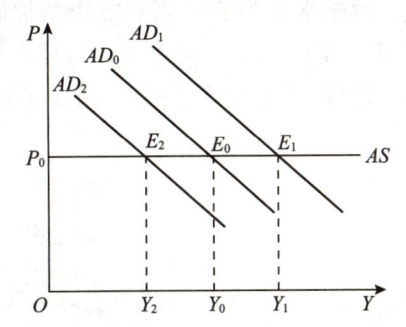

图 8-14　凯恩斯主义总供给曲线下的模型

根据总供给曲线的特点，下面主要介绍三种总供给曲线与总需求曲线的关系。

1. 凯恩斯总供给曲线

在凯恩斯主义总供给曲线的情况下，总需求的增加会使国民收入增加，但价格不变；总需求的减少会使国民收入减少，而价格水平仍然不变。这就意味着，在资源尚未被充分利用的总供给情况下，总需求的变动会引起国民收入同方向变动，但不会引起价格水平变动，如图 8-14 所示。

在图 8-14 中，AS 为凯恩斯主义总供给曲线，它与总需求曲线 AD_0 相交于 E_0 点，决定国民收入水平为 Y_0，价格水平为 P_0。当总需求增加后，总需求曲线由 AD_0 移至 AD_1，并与 AS 相交于 E_1 点，决定了国民收入为 Y_1，价格水平仍为 P_0。当总需求减少后，总需求曲线由 AD_0 移至 AD_2，并与 AS 相交于 E_2 点，决定了国民收入为 Y_2，价格水平仍为 P_0。

> **知识点滴**
>
> 在价格水平不变的情况下总供给仍可增加，这是因为社会上存在大量失业与闲置设备资源，企业不必为增加产量而付出更高的成本，这种情况往往发生在经济萧条时期，所以短期总供给曲线也被称为经济萧条总供给曲线。

2. 短期总供给曲线

在短期总供给曲线的情况下，即在资源接近充分利用的总供给情况下，总需求的增加会使国民收入增加，但价格水平也会同时上升；总需求的减少会使国民收入减少，同时价格水平也会下降。这就意味着，在资源接近充分利用的总供给情况下，总需求的变动会同时引起国民收入和价格水平的同方向变动，如图 8-15 所示。

在图 8-15 中，AS 为短期总供给曲线，与 AD_0 相交于 E_0 点，决定了国民收入为 Y_0，价格水平为 P_0。当总需求增加后，总需求曲线由 AD_0 移至 AD_1，与 AS 相交于 E_1 点，决定了国民收入为 Y_1，价格水平为 P_1。当总需求减少后，总需求曲线由 AD_0 移至 AD_2，并与 AS 相交于 E_2 点，决定了国民收入为 Y_2，价格水平为 P_2。

3. 长期总供给曲线

在长期总供给曲线的情况下，因为资源已得到了充分利用，所以总需求的增减只会引起价格水平的升降，而不会使实际的国民收入发生变化，如图8-16所示。

在图8-16中，AS为长期总供给曲线，并与总需求曲线AD_0相交于E_0点，决定了充分就业的国民收入水平为Y_0，价格水平为P_0。当总需求增加后，总需求曲线由AD_0移至AD_1，并与AS相交于E_1点，决定了国民收入仍为Y_0，价格水平为P_1。当总需求减少后，总需求曲线由AD_0移至AD_2，并与AS相交于E_2点，决定了国民收入仍为Y_0，价格水平为P_2。

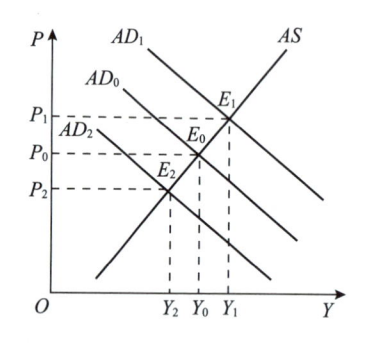

图 8-15 短期总供给曲线下的模型

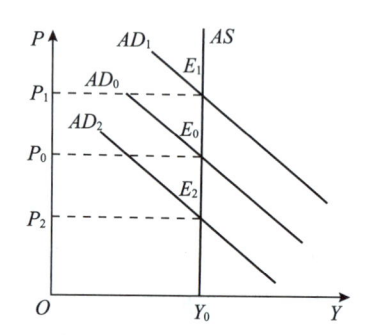

图 8-16 长期总供给曲线下的模型

20世纪70年代初石油价格大幅度上升，石油价格是成本中重要的一部分，石油价格上升使成本增加，短期总供给曲线向上移动。石油价格上升只影响短期总供给，并不影响总需求和长期总供给，因此这两条曲线没有移动。均衡的国内生产总值为小于充分就业的国内生产总值，存在失业。这时决定的物价水平为高于充分就业的物价水平，存在通货膨胀，这就出现了滞胀。这个案例说明，在短期中，短期总供给曲线的移动会影响均衡的国内生产总值与物价水平。短期总供给曲线向上移动，均衡的国内生产总值减少，物价水平上升；短期总供给曲线向下移动，均衡的国内生产总值增加，物价水平下降。

探索与思考

20世纪70年代初，石油输出国组织大幅度提高石油价格，西方国家受到冲击。美国石油主要依靠进口，受到的冲击最大，美国出现了历史上从未有过的高通货膨胀与高失业并存的滞涨。你能用总需求 - 总供给模型说明美国经济中出现的滞涨现象吗？

思政之窗

税收是国家组织财政收入的重要途径，是国家按照法律规定，向经济单位和个人无偿征收财物的一种形式。税收与其他财政收入形式相比具有强制性、无偿性、相对固定性三个基本特征。

税收的本质是体现着作为权力主体的国家，在取得财政收入的分配活动中，同社会集团、社会成员之间所形成的一种特定分配关系，它是社会整个产品分配关系的有机组成部分，也是社会整个生产关系的有机组成部分。

公民要增强对国家公职人员及公共权利的监督意识，以主人翁的态度积极关注国家对税收的征管和使用。每个公民都要做到以下几点。

① 要做到自觉依法纳税，尽一个公民应尽的义务。
② 要协税护税，维护正常的税收秩序。
③ 要做税收的义务宣传员。

本章小结

说明消费与收入之间依存关系的函数是消费函数。在其他条件不变的情况下，消费随收入的变动而同方向变动。消费倾向可分为平均消费倾向和边际消费倾向。因为整个社会人们的全部收入除了消费之外，便是储蓄，所以 $APC+APS=1$。同样，因为整个社会的收入增量可分为消费增量与储蓄增量，所以 $MPC+MPS=1$。

在简单的国民收入决定理论中，在假设各种生产资源没有得到充分利用且价格水平不变的条件下，讨论了产品市场实现均衡时的国民收入的决定，简单的国民收入决定模型，说明了总需求与总供给相等时的国民收入为均衡的国民收入。当不考虑总供给这一因素时，均衡的国民收入就是由总需求决定的。总需求是由消费、投资、政府支出与出口四个部分组成的，总需求中任何一部分的增加都会使国民收入水平提高。

乘数是指总需求的增加所引起的国民收入增加的倍数，或者说是国民收入增量与引起这种增加的总需求增量这两者之间的比率。乘数的大小取决于边际消费倾向的高低，边际消费倾向越高，乘数就越大；边际消费倾向越低，乘数就越小。

IS-LM 模型是说明商品市场与货币市场同时达到均衡时国民收入与利息决定的模型。IS-LM 模型不仅精练地概括了总需求分析，而且可以作为分析财政政策与货币政策对利息率与国民收入影响的便利工具。

总需求-总供给模型是在总供给发生变动的情况下，把总需求分析与总供给分析结合起来，说明国民收入与价格水平是由总需求与总供给共同决定，并随着总供给和总需求的变化而变化的。

本章习题

1. 什么是国内生产总值？有何特点？
2. 决定和影响货币需求的因素主要有哪些？
3. 在只有家庭和厂商的两部门经济中，IS 曲线的位置主要取决于哪些因素？

第九章 宏观经济基本问题

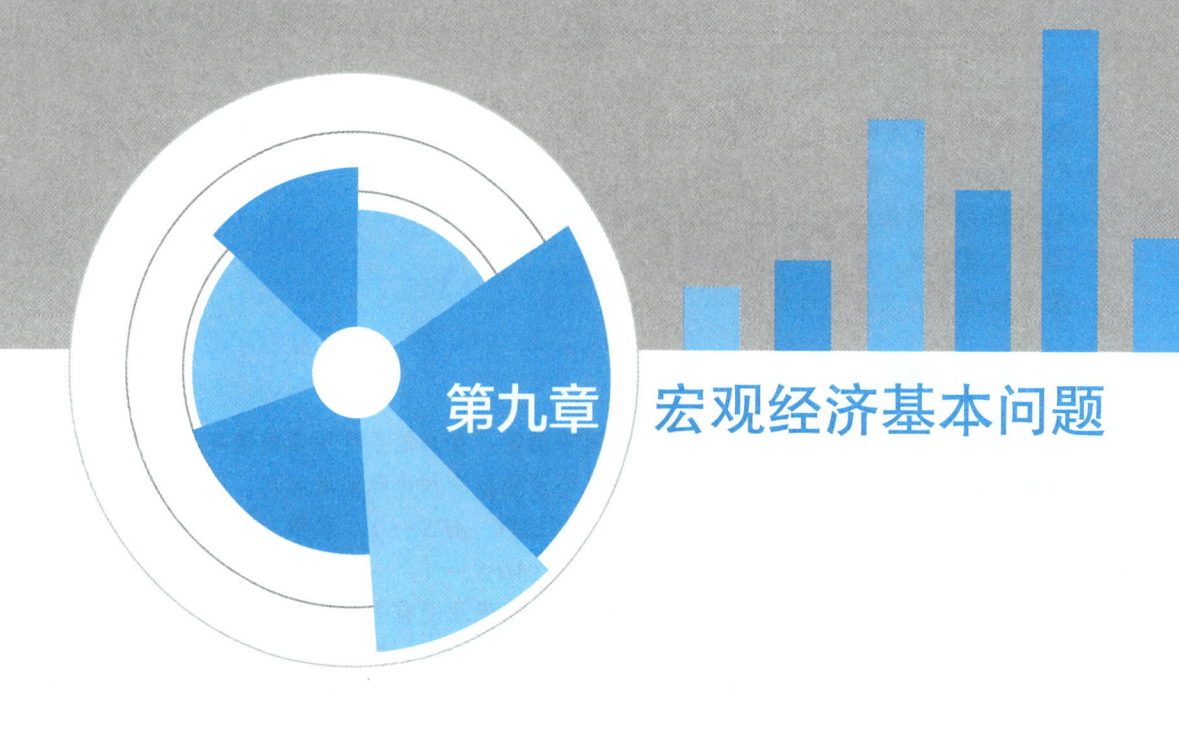

本章导读

在现代社会中，失业与通货膨胀既是影响普通百姓生活状态的常见问题，也是困扰各国政府的两大经济难题，已成为宏观经济学研究的重要内容。本章主要介绍失业问题、通货膨胀、经济周期、经济增长问题，理解宏观经济基本问题。

本章重点

失业、自然失业、失业率、摩擦性失业、结构性失业、周期性失业、奥肯定律、通货膨胀、物价指数、消费者物价指数、生产者物价指数、国内生产总值折算指数、需求拉动型通货膨胀、成本推动型通货膨胀、供求混合型通货膨胀、通货膨胀率、菲利普斯曲线、经济周期、经济周期的阶段、经济增长、经济增长模型。

学习目标

知识目标
1．理解宏观经济的基本问题。
2．理解通货膨胀及其分类。

能力目标
1．能够对经济问题提出相应措施。
2．能够分析痛苦指数与不受欢迎指数。

素质目标
1．培养读者关注宏观经济运行与国家发展的使命感，使其在研究宏观经济问题时始终牢记国家的整体利益。

第九章　宏观经济基本问题

2．强调读者对经济增长、稳定和可持续发展的综合思考，促进读者形成科学的宏观经济政策观念。

思政目标

培养读者对宏观经济基本问题的认识，包括经济增长、就业、通货膨胀等，增强对宏观经济调控的支持和理解。

案例导入

2019—2023年我国政府经济工作的主要任务

2019年，我国政府经济工作的主要任务：继续创新和完善宏观调控，确保经济运行在合理区间，持续推进污染防治，推动高质量发展，扎实做好"六稳"工作，坚持稳中求进工作总基调，坚持以供给侧结构性改革为主线，推动科技创新取得新突破，继续深化改革开放，重点领域改革迈出新的步伐，市场准入负面清单制度全面实行。

2020年，我国政府经济工作的主要任务：完成全年主要目标任务，统筹疫情防控和经济社会发展，实现经济社会发展目标，制定2021年经济工作总体要求和政策取向。2020年与往年最大的不同在于，没有提出全年经济增速具体目标。这是综合考虑内外部形势变化后做出的理性决定，体现了实事求是的态度。

2021年，我国政府经济工作的主要任务：围绕市场主体的急需制定和实施宏观政策，稳住经济基本盘，深化规律认识，确保新开局，以高水平开放促进深层次改革、推动高质量发展，以高水平开放促进深层次改革、推动高质量发展。

2022年，我国政府经济工作的主要任务：着力稳定宏观经济大盘，国内生产总值增长5.5%左右，城镇新增就业1100万人以上，城镇调查失业率全年控制在5.5%以内，继续深化改革开放，推动经济结构和区域布局的优化，提升产业链韧性和区域发展战略的实施，继续加强科技创新和绿色发展，推动高质量发展，保持战略定力，坚定发展信心，发扬奋斗精神，推动经济发展取得新成效。

2023年，我国政府经济工作的主要任务：坚持稳中求进、以进促稳、先立后破，靠前实施既定政策举措，坚定不移推进供给侧结构性改革，出台实施稳经济一揽子政策和接续措施，部署稳住经济大盘工作，加强对地方落实政策的督导服务，支持各地挖掘政策潜力，突出稳增长稳就业稳物价，推动经济企稳回升。优化财政支出结构，强化国家重大战略任务财力保障。

启发思考

（1）政府为什么要参与宏观经济管理？

（2）简述政府的职能，并说明这些职能是如何体现的？

第一节 失业问题

一、失业的数据

1983年，由于美国的失业率达到了9.5%，大多数接受调查的美国人都认为失业是当时美国面临的最主要的问题。而在1996年，美国的失业率为5.6%，美国的民意调查表明，失业已不被认为是主要的问题。也就是说，当失业率高时，失业就被视为美国的全国性问题；而当失业率低时，失业就不被列入重要问题的清单中。

图9-1展示了1970—2015年美国失业率的变化情况。

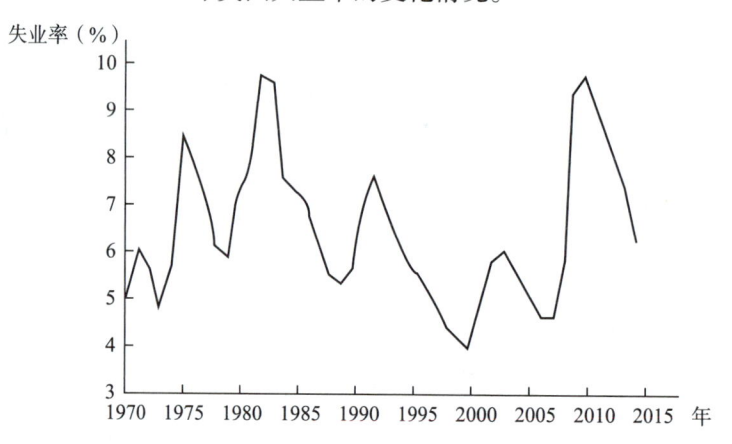

图9-1 1970—2015年美国失业率的变化情况

资料来源：N格里高利·曼昆.宏观经济学.10版.卢远瞭，译.北京：中国人民大学出版社，2020.

从图9-1中可以看出，经济衰退时期，失业率会上升，例如，2007—2009年的经济衰退，美国的失业率达到了10%。

二、失业的分类

宏观经济学通常将失业分为三种类型，即摩擦性失业、结构性失业以及周期性失业。

摩擦性失业是指在生产过程中由于难以避免的摩擦而造成的短期的局部性失业。这种失业在性质上是过渡性或短期性的，它通常源于劳动力的供给方。摩擦性失业被认为在任何时候都存在，但对任何个人或家庭来说，它是过渡性的。因此，摩擦性失业不被认为是严重的经济问题。

结构性失业是指劳动力的供给和需求不匹配所造成的失业，其特点是既有失业，又有职位空缺，失业者或者没有合适的技能，或者居住地点不当，因此无法填补现有的职位空缺。结构性失业在性质上是长期性的，而且通常源于劳动力的需求方。结构性失业是由经济变化导致的，这些经济变化引起特定市场和区域中特定类型劳动力的需求相对低于其供给。在特定市场中，劳动力的需求相对较低可能是由于以下原因：一是技术变化，尽管技术变化被认为能减少成本，提高整个经济的生产能力，但它也可能会对某些特定市场（或产业）带来破坏性极大的影响；二是消费者偏好的变化，消费者产品偏好的改变在某些地区扩大了生产，增加了就业，但在其他地区减少了生产和就业；三是劳动力的不流动性，这种不流动性延长了由于技术变化或消费者偏好改变而造成的失业时间。工作机会的减少本应引起失业者流动，但不流动性却使这种情况未能发生。

周期性失业是指经济周期中的衰退或萧条时，因需求下降而造成的失业，这种失业是由整个经济的支出和产出下降造成的。当经济中总需求的减少导致总产出降低时，会引起整个经济体系的较普遍的失业。

除了上述三种失业类型外，在宏观经济学中还有一种关于失业的分类，即所谓的自愿失业和非自愿失业。前者指工人不愿接受现行工资水平而形成的失业；后者指愿意接受现行工资但仍找不到工作的失业。

三、自然失业率和自然就业率

由于摩擦性失业的普遍性和不可避免性，宏观经济学认为，经济社会在任何时期总存在一定比例的失业人口。为此，定义自然失业率为经济社会在正常情况下的失业率，它是劳动市场处于供求稳定状态时的失业率，这里的稳定状态被认为是既不会造成通货膨胀也不会导致通货紧缩的状态。下面主要介绍自然失业率的表示方式。

设 N 代表劳动力，E 代表就业者人数，U 代表失业者人数，则有 $N=E+U$，相应地，失业率为 U/N。假定劳动力总数 N 不变，并重点考察劳动力中的人数在就业与失业之间的转换。

l 代表离职率，即每个月失去自己工作的就业者比例；f 代表就职率，即每个月找到工作的失业者的比例。

如果劳动市场处于稳定状态，那么，找到工作的人数必定等于失去工作的人数。而找到工作的人数是 fU，失去工作的人数是 lE，因此，劳动市场达到稳定状态的条件就是

$$fU = lE$$

又因为 $E = N - U$，上式变为

$$fU = l(N - U)$$

解得

$$U/N = \frac{l}{l+f}$$

上式给出的失业率就是自然失业率，因为在正常时期失业率是稳定的。上式表明，自然失业率取决于离职率 l 和就职率 f。离职率越高，自然失业率越高；就职率越高，自然失业率越低。上述公式的另一个意义在于，它给出了一种估计自然失业率的方法。

与自然失业率相联系的一个概念是自然就业率，其含义是与自然失业率相对应的就业率，即充分就业量除以劳动力总量所得到的比率。按照这一界定，显然，一个经济的自然失业率与自然就业率之和为 100%。这意味着知道两者中的一个，就可以推知另一个。

自然失业率不仅在理解充分就业和潜在产量（或充分就业产量）方面发挥作用，也在理解宏观经济学和宏观经济政策方面发挥着重要作用。

第二节 通货膨胀

通货膨胀理论研究通货膨胀的界定与衡量、分类、成因、影响及治理对策。

一、通货膨胀的界定与衡量

通货是指流通中的纸币和铸币。关于通货膨胀，不同流派所持观点不同，且至今尚无统一的定义，一般表述为：通货膨胀是指物价水平普遍而持续地上升。通货膨胀同时具备两个条件：第一，通货膨胀是物价水平的普遍上升，即物价总水平的上升，而不是指一种或几种商品的物价上升；第二，通货膨胀是指物价水平在一定时期内的持续上升，而不是指物价水平暂时的一次性上升。一般认为，物价总水平在6个月（两个季度）内持续上升，即可界定为通货膨胀。

> **探索与思考**
>
> 某地农贸市场上多种商品的价格逢节即涨，节后回落，这是通货膨胀吗？请说明理由。

> **知识拓展**
>
> **通货紧缩**
>
> 通货紧缩是与通货膨胀相反的一个概念，指因货币供应量少于流通领域对货币的实际需求量而引起的货币升值，从而导致商品和劳务的价格总水平持续下跌的现象。萨缪尔森将通货紧缩定义为价格和成本正在普遍下降。长期处于通货紧缩状态会抑制投资与生产，导致失业率升高与经济衰退。当消费者物价指数（CPI）连跌两季时，即表示已出现通货紧缩。

物价指数是衡量通货膨胀程度的基本指标。通货膨胀率是一定时期内物价指数的变动率。通货膨胀率的计算公式为

$$通货膨胀率 = \frac{报告期物价指数 - 基期物价指数}{基期物价指数} \times 100\% \qquad (9-1)$$

式（9-1）中，报告期物价指数是指所研究的那一时期物价指数，基期物价指数是作为对比标准的那一时期物价指数。

例如，2019年2月我国消费者物价指数为101.5%，该数据以2018年2月为基期，基期物价指数为100%，则相应的通货膨胀率为（101.5% － 100%）/100%×100%=1.5%。

物价指数是综合反映物价变动趋势和程度的相对数。常用的物价指数主要有消费者物价指数（CPI）、生产者物价指数（PPI）和国内生产总值缩减指数。

1. 消费者物价指数

消费者物价指数（consumer price index，CPI）是衡量一定时期内居民个人所购买商品和劳务零售价格变化的指标。消费者物价指数反映消费环节的价格水平，与人们的生活水平关系最为密切，是国际通用的衡量一个国家或地区通货膨胀或通货紧缩程度的指标。

> **知识拓展**
>
> **我国居民消费价格指数**
>
> 我国居民消费价格指数涵盖全国城乡居民生活消费的食品（含烟酒）、衣着、居住、生活用品及服务、交通和通信、教育文化和娱乐、医疗保健、其他用品和服务等8大类、262个基本分类的商品与服务价格。该数据来源于全国31个省（区、市）500个市县、8.8万余家价格调查点，包括商场（店）、超市、农贸市场、服务网点和互联网电商等。消费者物价指数数据采用抽样调查方法确定调查网点，按照"定人、定点、定时"的原则，直接派人前往采集原始价格，经过汇总计算获得。
>
> 此项数据由国家统计局发布，可登录国家统计局官方网站获取。2022年6月我国消费者物价指数如表9-1所示。
>
> 表9-1 2022年6月我国居民消费价格指数
>
> | 项目名称 | 环比（%） | 同比（%） |
> |---|---|---|
> | 居民消费价格指数 | 100.0 | 102.5 |
> | 1. 食品（含烟酒） | 99.0 | 102.5 |
> | 2. 衣着 | 99.9 | 100.6 |
> | 3. 居住 | 100.0 | 100.8 |
> | 4. 生活用品及服务 | 99.8 | 101.5 |
> | 5. 交通和通信 | 102.2 | 108.5 |
> | 6. 教育文化和娱乐 | 100.1 | 102.1 |
> | 7. 医疗保健 | 100.0 | 100.7 |
> | 8. 其他用品和服务 | 100.1 | 101.7 |
>
> 资料来源：国家数据库

2. 生产者物价指数

生产者物价指数（producer price index，PPI）是衡量一定时期内生产者原材料购进价格变化和产成品出厂价格变化的指标。生产者物价指数反映生产环节的价格水平。整个价格水平的波动一般首先出现在生产领域，然后通过产业链向下游产业扩散，最后波及消费品，影响消费者物价指数。因此，生产者物价指数是整个价格水平变化的一个信号，被视作经济周期的指示性指标之一，受到各国政策制定者及企业经营决策者的密切关注。

知识拓展

我国工业生产者价格指数

我国工业生产者价格指数包括工业生产者出厂价格指数（producer price index for industrial products）和工业生产者购进价格指数。工业生产者出厂价格指数反映工业企业产品第一次出售时的出厂价格的变化趋势和变动幅度，工业生产者购进价格指数反映工业企业作为中间投入产品的购进价格的变化趋势和变动幅度。

我国工业生产者出厂价格统计调查涵盖 1638 个基本分类的 20000 多种工业产品的价格，工业生产者购进价格统计调查涵盖 900 多个基本分类的 10000 多种工业产品的价格。目前，我国编制的工业生产者购进价格指数所调查的产品包括燃料动力、黑色金属、有色金属、化工、建材等九大类。

工业生产者价格调查采取重点调查与典型调查相结合的方法。年主营业务收入在 2000 万元以上的企业采用重点调查方法，年主营业务收入在 2000 万元以下的企业采用典型调查方法。工业生产者价格调查涉及全国 5 万余家工业企业。2022 年 6 月我国工业生产者价格指数如表 9-2 所示。

表 9-2　2022 年 6 月我国工业生产者价格指数

项目名称	环比（%）	同比（%）
1. 工业生产者出厂价格指数	100.0	106.1
生产资料	99.9	107.5
生活资料	100.3	101.7
2. 工业生产者购进价格指数	100.2	108.5

资料来源：国家数据库

3. 国内生产总值缩减指数

国内生产总值缩减指数是衡量一国在一定时期内所生产的最终产品和劳务的价格总水平变化程度的指标，是名义国内生产总值与实际国内生产总值的比率。

以上三类物价指数由于观察角度不同、统计范围不同，所计算的通货膨胀率数值也不同，但其变动趋势基本相同。从理论的角度来看，国内生产总值缩减指数由于反映了国内生产的所有商品和劳务的价格，统计范围全面，并且各种商品和劳务的结构及权重随着时间的推移而自动变化，从而比前两种指数更为全面、客观与准确；从实践的角度来看，生产者物价指数与消费者物价指数的针对性更强，生产者物价指数反映生产环节的价格水平，消费者物价指数反映消费环节的价格水平，较国内生产总值缩减指数更为具体与明确。

二、通货膨胀的分类与成因

从不同的角度考察通货膨胀，会有不同的分类。

1. 按严重程度划分通货膨胀

按通货膨胀的严重程度，可将通货膨胀划分为如下三种类型。

（1）温和的通货膨胀。温和的通货膨胀也称爬行的通货膨胀，是指年通货膨胀率在10%以内的通货膨胀。在温和的通货膨胀情况下，通货膨胀率低，可预测，物价水平较为稳定。凯恩斯主义理论认为，温和的通货膨胀虽然使物价水平有所上升，但能增加社会需求，促进资源的利用、就业的增加和收入的增长，对整个社会经济发展是有利的。

（2）奔腾的通货膨胀。奔腾的通货膨胀也称急剧的或加速的通货膨胀，是指年通货膨胀率介于10%～100%的通货膨胀。在奔腾的通货膨胀情况下，通货膨胀率较高，物价上升速度快、涨幅大，货币的实际购买力急剧下降，人们对货币的信心产生动摇，更愿意大量囤积商品而不愿意持有货币，金融市场陷于瘫痪，经济运行秩序受损，经济和社会产生动荡。

（3）恶性的通货膨胀。恶性的通货膨胀也称超速或超级的通货膨胀，是指年通货膨胀率在100%以上的通货膨胀。在恶性的通货膨胀情况下，通货膨胀率非常高而且完全失控，金融体系完全崩溃，经济体系陷入崩溃边缘，导致严重的经济危机，甚至出现政权更迭。恶性通货膨胀在经济发展史上并不多见，通常发生于战争或社会大动乱之后。如德国在第一次世界大战结束后，5年内物价上涨了66亿倍；苏联解体后，5年内俄罗斯物价上涨了1000倍。

津巴布韦自2000年以来陷入恶性通货膨胀，并不断加速，到2008年物价上涨7.96亿倍，导致金融体系崩溃。

知识拓展

第一次世界大战后德国的恶性通货膨胀

正如著名经济学家萨缪尔森所说："突出的通货膨胀总是发生在战争期间，几乎每一个政府都是以通货膨胀作为支付战费最方便的手段。"

德国的货币供应量在战前约为60亿马克，第一次世界大战时期增加较快，至1918年11月17日宣布停战为止已增至284亿马克，相当于战前的473%，即增加了3.73倍。

但德国的通货膨胀并未随大战的结束而终结，反而在战后出现了奔腾式发展，陷入了恶性通货膨胀的深渊。在从1922年年初到1923年年底2年的时间里，德国的货币发行量上升到天文数字，1923年年底德国的货币流通总量相当于战前的1280亿倍。

恶性的通货膨胀必然会导致物价疯涨。第一次世界大战结束后，德国物价经历了爬行、小跑和狂奔三个阶段。1918年11月第一次世界大战停战时，德国的物价已较1913年上涨了117%，战后物价上涨速率加快，次年物价上涨了247%，是4年大战期间总涨幅的1.5倍。一年后，又大涨约11倍。1921年11月价格开始步入疯狂的攀升阶段，1922年生产者物价指数为45205，是1913年物价的448倍。1922年后，螺旋式上升进入加速阶段，至1923年年底物价指数已高达约143万亿，是战前物价的1.4万亿倍多。战后5年物价上涨了66亿倍。

> 米尔顿·弗里德曼有一个著名论断:"通货膨胀无论何时何地,总是一种货币现象。"德国的恶性通货膨胀证明,借助印钞机使货币供应量短时间内急剧增加,"过多的货币追逐更少的商品"是发生恶性通货膨胀最直接且最根本的原因与特征。
>
> (资料来源:贺水金,《中、德两国恶性通货膨胀之比较研究》,2007)

2. 按形成原因划分通货膨胀

按通货膨胀的形成原因,可将通货膨胀划分为以下五种类型。

(1) 需求拉动的通货膨胀

当总供给相对稳定时,因总需求过度增长,使总需求超过总供给而引起的通货膨胀,称为需求拉动的通货膨胀。在总需求-总供给模型中,需求拉动的通货膨胀表现为总需求曲线 AD 右移造成的价格上升,如图9-2所示。

在图9-2中,当经济未实现充分就业时,总需求曲线 AD_1 与总供给曲线 AS 相交于均衡点 E_1,决定均衡国民收入为 Y_1,价格水平为 P_1。随着总需求的增加,总需求曲线 AD_1 向右平移至 AD_2,与总供给曲线 AS 相交于新的均衡点 E_2,均衡国民收入由 Y_1 上升至 Y_2,价格水平由 P_1 上升至 P_2,总需求增加在引起价格水平上升的同时,也引起收入增加的状态,称为半通货膨胀。

图9-2 需求拉动的通货膨胀

当经济处于充分就业状态即均衡点 E_2 时,随着总需求的继续增加,总需求曲线由 AD_2 向右平移至 AD_3,与 AS 相交于均衡点 E_3,此时国民收入不变,而价格水平由 P_2 上升至 P_3,总需求增加的唯一结果是引起价格水平上升的状态,称为完全通货膨胀。凯恩斯称之为"真正的通货膨胀"。

社会总需求由总消费、总投资、政府购买和净出口构成,其中任何一个构成部分的增加都会引起总需求增加,当总需求过度增加时便形成需求拉动的通货膨胀。

(2) 成本推动的通货膨胀

成本推动的通货膨胀也称供给通货膨胀,是指在总需求不变的情况下,由于成本提高等供给方面的原因,使总供给减少,引起的物价水平普遍而持续的上涨。工资、利润及进出口原材料成本的增加都会引起产品价格的上升,形成成本推动型通货膨胀。在总需求-总供给模型中,成本推动的通货膨胀表现为总供给曲线向左上方平移造成的价格上升,如图9-3所示。

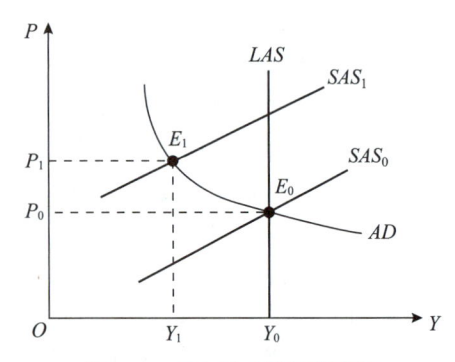

图9-3 成本推动的通货膨胀

在图9-3中,初始的短期总供给曲线 SAS_0。与长期总供给曲线 LAS 及总需求曲线 AD 相交于均衡点 E_0,此时的收入 Y_0 为充分就业收入,价格水平为 P_0。当短期总供给减少时,

短期总供给曲线由 SAS_0 向左上方平移到 SAS_1，与总需求曲线 AD 相交于均衡点 E_1，价格水平由 P_0 上升到 P_1，发生通货膨胀；而与此同时，收入或产出水平由 Y_0 下降到 Y_1，形成滞胀。

（3）供求混合型通货膨胀

由需求拉动和成本推动共同作用而引起的通货膨胀，称为混合型通货膨胀。现实经济中的通货膨胀往往是总需求与总供给共同作用的结果，两种原因相互作用、互为因果。如果通货膨胀由需求拉动开始，过度的需求增加必然导致物价总水平上升，物价总水平上升推动工资上涨，而工资上涨则导致成本推动的通货膨胀；反之，如果通货膨胀由成本推动开始，工资及利润上涨导致人们收入增加，消费增加，从而使总需求增加，形成需求拉动的通货膨胀。

（4）结构性通货膨胀

单纯由经济结构因素变动所引起的物价水平普遍而持续的上升，称为结构性通货膨胀。这一理论认为，即使整个经济的总需求和总供给处于均衡状态，由于经济结构方面的因素发生变动，如各经济部门发展不平衡、总供给与总需求结构不一致等，也有可能造成通货膨胀。

在一国的经济体系中，各经济部门兴衰进展状况不同，与世界市场关系密切程度不同，其劳动生产率存在差异。那些劳动生产率增长率比较高的部门，货币工资的增长率也相应较高。而那些劳动生产率增长率比较低的部门，其货币工资增长率按理来说应该比较低，但因"攀比效应"的作用，其货币工资增长率也比较高，并与前者趋同，从而引起这些部门的产品平均成本及价格上升，使整个社会的货币工资增长率超过劳动生产率增长率，最终形成由工资成本推动的通货膨胀。

此外，产品需求结构的变化、劳动力市场结构的变化等也有可能引发结构性通货膨胀。

知识点滴

经济结构是指国民经济各组成部分的比例关系。从不同的角度分类，有不同的结构，如部门结构、产业结构、地区结构、企业结构、技术结构、产品结构、劳动力结构、消费结构、进出口结构等。

（5）预期的通货膨胀

预期因素所引发的通货膨胀，称为预期的通货膨胀。一般而论，当经济中已经存在通货膨胀时，人们普遍会认为通货膨胀将持续存在，并据此来计划和安排经济活动，如签订合同时会考虑通胀因素而事先提高商品售价、在进行工资谈判时会考虑通胀因素而事先要求工资按一定比率增加等，从而使本来不应延续的通货膨胀可能延续、本来不严重的通货膨胀可能加剧。由于人们会将预期的通货膨胀考虑到交易契约中，因此对已有通货膨胀的适应性预期常常会变成惯性通货膨胀，从而年复一年地持续下去。预期既影响需求，也影响供给，因此预期的通货膨胀往往表现为混合型通货膨胀。

三、通货膨胀的影响

通货膨胀影响着人们的经济活动，更深刻地影响着社会的政治稳定。

1. 通货膨胀的经济效应

通货膨胀对经济的影响主要表现为通货膨胀对收入和财富的再分配效应和产出效应。

（1）通货膨胀的再分配效应

通货膨胀是指物价普遍而持续地上升，意味着货币购买力下降。由于各种商品价格变化的程度不同，且人们所持有货币的状况不同，因而通货膨胀会影响收入和财富在不同成员间的再分配。经济学理论认为，在通货膨胀可完全预期的情况下，通货膨胀率较为稳定，名义工资、名义利率等各种名义变量可根据通货膨胀率进行调整，从而使各种实际变量保持不变，此时通货膨胀对收入和财富再分配的影响很小；在通货膨胀不可完全预期的情况下，人们无法准确地根据通货膨胀率及时调整各种名义变量及自身的经济行为，导致通货膨胀产生明显的再分配效应，具体表现为如下三个方面。

第一，使收入和财富从工资收入者转移到利润收入者。因为在通货膨胀期间，名义工资的增加不仅滞后于物价的上升，而且上升幅度往往也赶不上物价，即实际工资下降，而利润收入者可通过提高产品价格转嫁通货膨胀带来的损失。

第二，使收入和财富由债权人转移至债务人。因为实际利率等于名义利率减去通货膨胀率，所以发生通货膨胀时，实际利率下降。如根据央行及国家统计局的数据，2018年我国一年期存款名义利率为1.5%，低于同期通货膨胀率2.1%，一年期存款实际利率为负利率，表明通货膨胀使储户财富缩水，但缩水的财富并未消失，而是由债权人即储户转移至债务人即银行。

第三，使收入和财富由公众转移至政府。通货膨胀往往是由货币发行量过多引起的，政府通过印发货币，筹集收入，并以此进行支付、弥补赤字或偿还债务，直接剥夺公众财富；通货膨胀能够在现行税率下自动提高政府的税收收入，在通货膨胀过程中，随着名义工资的增加，在实行累进所得税率的情况下，个人所得税增加；同时，通货膨胀能够使政府的内债负担下降，从而获得通货膨胀税。

人们所拥有的财产分为货币形态的财产与实物形态的财产。前者如现金、银行存款、各种有价证券等，其实际价值随物价上涨而下降，而名义价值不变；后者如房屋、土地、古玩等，其名义价值随物价上涨而上升，而实际价值不变。

> **知识点滴**
>
> 通货膨胀税是政府通过印发货币而筹集的收入。当政府印发货币时，物价上升，人们所持有的货币就会贬值，因此通货膨胀税就像一种向每个持有货币的人征收的税。但没有人从政府那里收到这种税的税单，因而通货膨胀税有很强的隐蔽性。

（2）通货膨胀的产出效应

从短期来看，温和的、未被预期的、需求拉动的通货膨胀能刺激产出增加，促进就业；而成本推动的通货膨胀使产出减少，导致失业；恶性通货膨胀导致产出和就业下降，甚至经济崩溃。从长期来看，决定经济增长的是劳动、资本、自然资源及生产技术等实际因素，而不是价格水平，人们通过预期通货膨胀率调整各种名义变量，使各种实际变量保持不变，因此，由货币量变动引起的通货膨胀不影响产出水平。

2. 通货膨胀的社会影响

通货膨胀加剧贫富差距，使相当一部分人实际生活水平下降，滋生出对政府和社会的不满情绪，引起社会动荡。凯恩斯曾将通货膨胀的影响描述为：当通货膨胀来临时，货币的实际价值每月都产生巨大的波动，所有构成资本主义坚实基础的、存在于债权人和债务人之间的永恒关系，都会变得混乱不堪甚至几乎完全失去意义，获得财富的途径也退化到依靠赌博和运气的境地。在迅速的不可预期的通货膨胀时期，由于准确预期通货膨胀率比从事生产活动更有利可图，相当多的人开始减少甚至放弃从事自己原本擅长的专业生产活动，而愿意花更多的时间及精力来预期通货膨胀，打理自己的投资资产组合，以使自己的财富保持增值。通货膨胀使生产活动性资源转向预期通货膨胀，造成资源浪费。

西方经济学家认为，通货膨胀对经济造成的影响本身并不严重，真正的严重性在于收入和财富再分配所导致的政治后果。特别是在恶性通货膨胀条件下，利益再分配会引起社会各阶层的冲突和对立，使经济停滞和混乱，造成社会不安和动乱。

总之，通货膨胀有利有弊，其影响具有具体性和复杂性。从第二次世界大战后各国的情况来看，通货膨胀的弊大于利，借助于通货膨胀来发展经济绝非上策。

四、通货膨胀的治理对策

严重的通货膨胀不利于经济发展和社会安定，治理通货膨胀、稳定物价是各国政府的重要任务。通货膨胀产生的原因不同，相应的治理对策也不同。

1. 控制货币供应量

货币供应量过多是引发通货膨胀最直接的原因。控制货币供应量，使货币供应量与需求量相适应，可有效抑制通货膨胀。其主要手段有控制货币的发行量，采取紧缩性货币政策，通过提高法定存款准备金率和再贴现率、央行在公开市场上出售各种政府债券等，减少货币供应量。

2. 抑制总需求

对于需求拉动的通货膨胀，抑制总需求是关键，通常采取紧缩性财政政策与货币政策。采取紧缩性财政政策，即减少财政支出与增加税收，通过削减政府预算与财政赤字，压缩政府购买，减少政府对商品和劳务的需求；通过减少政府转移支付，降低社会福利费用，减少居民可支配收入，抑制消费需求；通过增加税收，抑制厂商的投资需求和居民的消费需求。采取紧缩性货币政策，即通过减少货币供应量，提高利率，抑制消费和投资需求。

3. 增加总供给

增加总供给，特别是有效供给，是治理通货膨胀的根本之策。增加总供给的具体措施主要有：①采取扩张性财政政策和货币政策，通过降低税率及利率等刺激厂商增加总供给；②改善产业结构，通过减免税收、给予财政补贴或提供低息甚至无息贷款等，支持短缺商品的生产；③鼓励技术创新，以提高资源利用率，降低成本；④减少或取消供给管制，鼓励竞争，增加有效供给。

> **知识拓展**
>
> **拉弗曲线**
>
> 拉弗曲线是一条描述税率与税收量之间关系的曲线,由美国南加利福尼亚州大学商学院教授拉弗于1974年提出,用以说明税收与供给的关系,如图9-4所示。
>
> 图 9-4 拉弗曲线
>
> 在图 9-4 中,纵轴 t 表示税率,横轴 T 表示政府税收量。税收量等于税率与税基的乘积。当税率为零时,政府收益等于零,政府也就不可能存在,因此经济处于无政府状态(丛林法则),这种经济显然是不可取的;当税率上升到 100% 时,无人愿意工作或投资,没有税源或者税基,因此政府的收益也为零。
>
> 实际税率总是介于上述两种极端税率之间。A 点代表一个很高的税率和很低的产量,而 B 点代表一个很低的税率和很高的产量,然而两者可以为政府提供同样多的收益。显然,税收量和产量在 E 点对应的税率 F 上达到最大。在 E 点,如果政府降低税率,产量将增加,但收益会下降;如果政府提高税率,产量和收益都会下降。E 点所对应的税率是最佳税率,政府和政治家的主要经济任务就在于找到这样的税率。

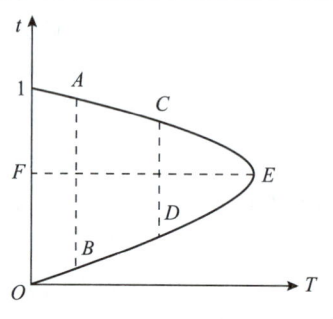

4. 指数化政策

指数化政策是指对交易中因通货膨胀而利益受损的一方给予一定补偿的政策,具体做法是定期按通货膨胀率来调整有关的名义变量值,以使其实际水平保持不变。指数化政策主要包括工资指数化和税收指数化等措施。

此外,对于成本推进的通货膨胀,还可采取对货币工资和价格管制的收入政策,如冻结工资和物价、规定工资和物价增长率标准、执行工资—价格指导线等。这些措施一般只在战争和严重自然灾害的特殊时期采用。

五、关于失业与通货膨胀关系的不同结论

在经济发展的不同时期,经济学家的研究结论不同。这表明失业与通货膨胀之间的关系具有复杂性,经济理论在实践中得以不断发展。

1. 凯恩斯的观点:失业与通货膨胀不会并存

凯恩斯认为,在未充分就业的情况下,总需求的增加只会使国民收入增加,而不会引起物价上升,即不会发生通货膨胀;在充分就业的情况下,总需求的增加无法使国民收入增加,而只会引起物价上升,即发生需求拉动的通货膨胀。这就是说,失业与通货膨胀不

会同时存在。

凯恩斯对失业与通货膨胀关系的这种论述,适用于20世纪30年代经济大萧条时期的情况,但不符合第二次世界大战后各国的实际情况。

2. 菲利普斯的观点:失业与通货膨胀交替变化

1958年,伦敦经济学院教授菲利普斯发表其成名作《1861—1957年英国的失业和货币工资变动率之间的关系》。该论文分析了英国1861—1957年的统计资料,其研究显示,失业率低的年份往往货币工资增长率高,而失业率高的年份往往货币工资增长率低,由此推导出著名的菲利普斯曲线(Phillips curver,PC)。菲利普斯曲线是指失业率与通货膨胀率之间存在负相关或交替关系。

菲利普斯曲线表明,在经济繁荣阶段,失业率低,而工资与物价水平高,通货膨胀率高;在经济萧条阶段,失业率高,而工资与物价水平低,通货膨胀率低。失业率与通货膨胀率呈反向变动的原因是:在经济繁荣阶段,厂商用工需求旺盛,失业率低,厂商间因用工竞争激烈而推动工资走高,通货膨胀率相应上升;在经济萧条阶段,厂商用工需求减少,失业率高,工人间因就业竞争激烈而推动工资走低,通货膨胀率相应降低。如图9-5所示,横轴表示失业率,纵轴表示通货膨胀率,PC表示菲利普斯曲线,是一条向右下方倾斜的曲线。

失业率与通货膨胀率交替变化的关系意味着政策选择的两难性,即选择低失业率的政策目标要付出高通胀的代价,而选择低通胀的政策目标则要付出高失业率的代价。一般认为,图9-5所示阴影部分表示社会可接受的安全区域,临界点为(5%,5%)。临界点值因各国实际情况不同而异,如经济学家厉以宁提出现阶段我国宏观调控的临界点应定为(4%,4%)。当菲利普斯曲线处于安全区域时,政府无须干预;当菲利普斯曲线超出安全区域时,政府必须干预;当菲利普斯曲线向右上方平移,远离安全区域时,政府必须加大干预力度。

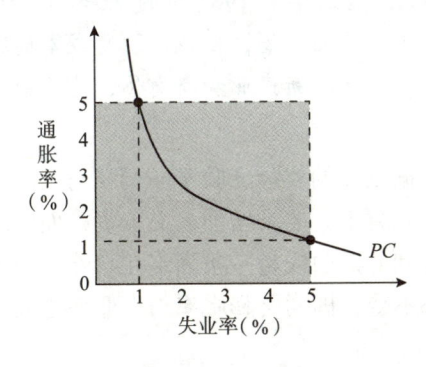

图 9-5 菲利普斯曲线及其政策含义

菲利普斯曲线所反映失业与通货膨胀之间交替变化的关系基本符合20世纪50年代西方国家的实际情况。20世纪70年代末期滞胀的出现,使失业与通货膨胀之间的关系有了新的解释。

3. 弗里德曼的观点:在长期内通货膨胀与失业不存在交替变化关系

弗里德曼提出了短期菲利普斯曲线(short-term Phillips curve,SPC)和长期菲利普斯曲线（long-term Phillips curve，LPC）的概念。在短期内，工人来不及调整通货膨胀预期，由于工资是按预期通货膨胀率制定的，因此当实际通货膨胀率高于预期通货膨胀率时，工人的实际工资会降低，从而使厂商利润增加，刺激投资，增加就业。因此，菲利普斯曲线在短期内是可能存在的，政府运用扩张性政策可以减少失业，即宏观经济政策短期具有有效性。

短期菲利普斯曲线并不是唯一的，随着人们预期通货膨胀率的改变而发生平移。图9-6中预期通货膨胀率上升，短期菲利普斯曲线向右上方平移；预期通货膨胀率下降，短期菲利普斯曲线向左下方平移。此外，直接改变企业产品的成本和利润，会使经济中的总供给曲线出现移动，也会使短期菲利普斯曲线发生平移，如产品成本增加导致总供给减少会引起滞胀，使短期菲利普斯曲线从 SPC_1 向右上方平移至 SPC_2。

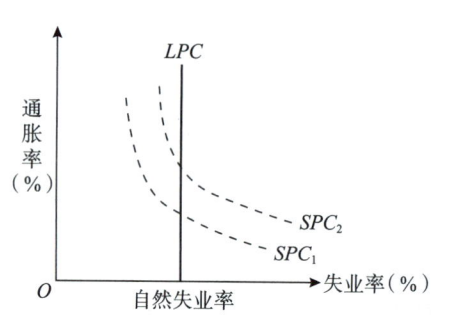

图9-6 短期和长期菲利普斯曲线

结论：短期菲利普斯曲线向右上方平移表明高通货膨胀率与高失业率并存，向左下方平移表明低通货膨胀率与低失业率并存。而同一条短期菲利普斯曲线上的不同组合点，则表明通货膨胀率与失业率之间交替变化关系。

生活链接

美国通货膨胀率和失业率的双降现象

美国在1981—1990年通货膨胀率和失业率同时下降。其中，通货膨胀率从1981年的10.4%下降到1990年的5.4%，失业率从1981年的9.5%下降到1990年的5.3%。其原因在于高新技术所带来的劳动生产率的提高，出现"边际成本递减"特征，产生"技术溢出效应"。新技术的发展创造了更多的新产业和新岗位，为厂商提供了更大的发展空间，为劳动力提供了更多的就业岗位和机会。

从长期来看，工人会根据以往的实际经验不断调整自己的预期，使预期通货膨胀率与实际通货膨胀率达到一致，此时工人要求增加名义工资，而实际工资保持不变，因此通货膨胀不能减少失业。长期菲利普斯曲线是一条固定在自然失业率水平上的垂线，无论通货膨胀率怎样变动，失业率都不变，即通货膨胀率与失业率之间不存在交替变化关系，如图9-6中的LPC图像所示。

结论：在长期内，货币政策只会影响名义变量，如物价水平和通货膨胀率等，并不会影响真实变量，如产量和就业等。扩大总需求的政策只会引起更高的通货膨胀，而失业率则保持不变。

名人档案

米尔顿·弗里德曼（Milton Friedman，1912—2006），美国芝加哥大学经济学教授，货币学派创始人。

弗里德曼主张自由竞争，反对政府干预，认为政府只应扮演规章制度的制定者和仲裁人的角色，以及在反对技术垄断和克服市场的不完全性等方面发挥作用。因对消费理论、货币史和货币理论等方面研究的杰出贡献，弗里德曼于1976年获诺贝尔经济学奖，成为20世纪与凯恩斯齐名的最具影响力的经济学家。

米尔顿·弗里德曼

4. 理性预期学派的观点：失业与通货膨胀不存在交替变化关系

理性预期是指经济当事人为了避免损失和谋取最大利益，设法利用一切可以取得的信息，来对所关心的经济变量在未来的变动状况做出尽可能准确的预测。

以罗伯特·卢卡斯（Robert Lucas）、托马斯·萨金特（Thomas Sargent）、罗伯特·巴罗（Robert Barro）等著名经济学家为代表的理性预期学派认为，无论在长期还是短期，失业与通货膨胀之间都不存在交替变化关系。当经济政策发生改变时，人们会很快根据理性预期相应调整通货膨胀预期，使通货膨胀的预期值始终与实际值保持一致。因此，调节总需求的宏观经济政策是无效的。

六、痛苦指数与不受欢迎指数

较高的失业率和通胀水平都将对一个国家的经济和社会造成损失。将失业率和通货膨胀率结合运用，可以形成痛苦指数和不受欢迎指数。

1. 痛苦指数

痛苦指数也称遗憾指数或不安指数，代表令人不快的经济状况。痛苦指数的计算公式为

$$痛苦指数 = 失业率 + 通货膨胀率 \qquad (9-2)$$

痛苦指数由美国经济学家阿瑟·奥肯于20世纪70年代提出。痛苦指数指示着宏观经济的运行状况。痛苦指数越小，表明宏观经济运行状况越好；反之，则越差。痛苦指数是政府宏观经济决策的重要依据。

知识拓展

民生痛苦指数

综合媒体消息，2019年1月，美国失业率为4%，通货膨胀率为1.6%，民生痛苦指数为5.6%，处于历史低位。

1980年5月，该指数触及顶点21.9%，当时美国失业率达到7.5%，而通货膨胀率

为 14.4%，美联储主席保罗·沃尔克（Paul Volcker）将利率提升至 20%，通货膨胀率很快下降，失业率也随之在几年后下降，美国经济进入 20 世纪 80 年代的良好发展时期。

在最近的经济衰退期间，该指数于 2011 年 9 月攀升至 12.9%（失业率为 9%，通货膨胀率为 3.9%）的高峰，达到自 1983 年以来的最高水平。此后，随着失业率和通货膨胀率的不断下降，该指数呈明显的下降趋势。

2. 不受欢迎指数

不受欢迎指数指人们对政府不满意的程度。有关研究资料显示，人们对失业的重视程度是通货膨胀的 6 倍。不受欢迎指数的计算公式为

$$不受欢迎指数 = 6 \times 失业率 + 通货膨胀率 \qquad (9\text{-}3)$$

仍以美国 2019 年 1 月的数据为例，政府不受欢迎指数为 25.6%（计算依据是 6×4%+1.6%）。不受欢迎指数越低，表明政府受公众信任的程度越高，本届政府获得连任的可能性就越大。

第三节 经济周期

经济周期理论主要研究经济波动的特点与成因，是政府宏观调控的重要依据。

一、经济周期的定义

经济周期又称商业周期或商业循环，是指总体经济活动的扩张和收缩交替反复出现的过程。经济周期过程可以用实际国内生产总值（GDP）的波动或国内生产总值增长率的波动来描述。因此，衰退不一定表现为实际国内生产总值绝对量的下降，只要国内生产总值增长率下降，即可称为衰退，故有"增长性衰退"之说。

现代宏观经济学认为，经济周期是经济活动围绕其总体长期趋势所经历的有规律的扩张和收缩，是不可避免的客观存在。其波动的中轴线是经济长期稳定的增长趋势，表现为潜在国内生产总值水平，也称为经济活动的正常水平。经济周期发生在实际国内生产总值相对于潜在国内生产总值上升或下降的时候，表现为经济中的实际国内生产总值对潜在国内生产总值呈现出来的阶段性偏离。经济周期重复出现，具有明显的周期性，每个周期在持续时间和变化幅度上都可能有很大的差别，但其发展过程是一致的。每个周期都包括一个扩张阶段和一个收缩阶段。扩张阶段是总需求和经济活动的增长时期，通常伴随着就业、生产、投资和利润的上升；而收缩阶段则是总需求和经济活动的下降时期，通常伴随着就业、生产、投资和利润的下降。

一个典型的经济周期通常可细分为四个阶段和两个转折点。四个阶段分别是衰退、萧条、复苏和繁荣。其中衰退与萧条阶段属于收缩，复苏与繁荣阶段属于扩张；衰退是从繁荣到萧条的过渡阶段，复苏是从萧条到繁荣的过渡阶段。两个转折点分别是顶峰和谷底。峰顶和谷底对应整个经济周期的最高点和最低点，是收缩阶段与扩张阶段的转折点。以横

轴 t 表示时间，纵轴 Y 表示国民收入，直虚线 N 表示经济活动的正常水平，曲实线 AF 表示经济活动的实际水平，经济周期的阶段如图 9-7 所示。

图 9-7 描绘了经济活动水平的变化过程，即顶峰—衰退—萧条—谷底—复苏—繁荣—顶峰……如此周而复始，一个顶峰至下一个顶峰之间（或者一个谷底到另一个谷底之间）即为一个经济周期。

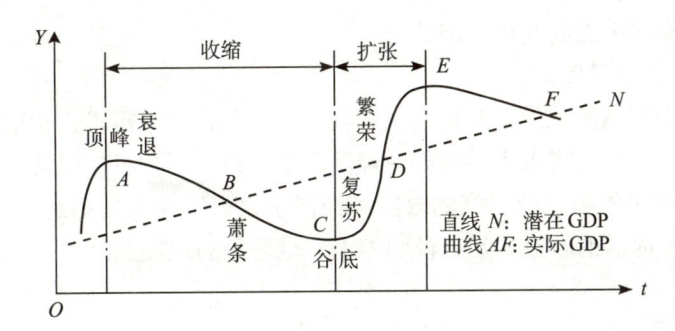

图 9-7　经济周期的阶段

从图 9-7 中不难看出，衰退与繁荣阶段的经济活动水平高于正常水平，但衰退处于收缩阶段，经济下行，而繁荣处于扩张阶段，经济上行；萧条与复苏阶段的经济活动水平低于正常水平，但萧条处于收缩阶段，经济下滑严重，而复苏处于扩张阶段，经济形势向好。

知识拓展

经济周期的长度

经济周期的长度是指一个完整的经济周期所经历的时间。

短周期。短周期又称"基钦周期"，由美国经济学家基钦（Joseph Kitchen）于 1923 年提出。经济周期有大周期和小周期两种，小周期平均长度约为 40 个月，大周期则是小周期的总和。一个大周期可包括两个或三个小周期。这里的大周期相当于中周期，小周期即为短周期。

中周期。中周期又称"朱格拉周期"，由法国经济学家朱格拉（C.Juglar）于 1862 年提出，经济周期平均长度为 9~10 年。

长周期。长周期又称"康德拉季耶夫周期"，由苏联经济学家康德拉季耶夫（N.D.Kondratief）于 1925 年提出，经济有一种较长的循环，平均长度为 50 年左右。此外，1930 年美国经济学家库兹涅茨（S.Kuznets）基于建筑业提出经济周期长度为 15~25 年，平均长度为 20 年。这也是一种长周期，被称为"库兹涅茨周期"或"建筑周期"。

综合周期。综合周期又称"熊彼特周期"。1939 年美籍奥地利经济学家熊彼特以创新理论为基础，在总结前人理论的基础上提出，上述几种周期并存而且相互交织，每个长周期包括 6 个中周期，每个中周期包括 3 个短周期，短周期约为 40 个月，中周期为 9~10 年，长周期为 48~60 年。

二、经济周期的成因

对经济周期成因的具体解释有很多，但大体可分为内因论和外因论两种。内因论认为，经济周期主要是由经济体系内部因素引发的；外因论则认为，经济周期的根源在于经济体系之外的某些因素变动。

1. 内因论

以下是比较有代表性的几种内因论。

（1）有效需求不足理论

有效需求是指商品的总供给和总需求达到均衡时的社会总需求，包括消费需求和投资需求。凯恩斯认为，有效需求不足会导致经济萧条，政府干预可使经济摆脱萧条。当前，全球性的经济收缩仍然被多数国家的政府和经济学家归结为消费不足。自1997年以来，我国政府力推扩大内需的政策，足以说明需求不足理论的现实意义。

知识拓展

需求不足的成因

凯恩斯将需求不足的原因解释为三大心理规律。

边际消费倾向递减规律。边际消费倾向递减是指随着人们收入的增加，消费增量在收入增量中所占的比例在减小。这是因为：①在人们收入增加的时候，消费也随之增加，但消费增量不如收入增量大。富人的边际消费倾向通常低于穷人的边际消费倾向。②边际消费倾向取决于收入的性质。消费者往往基于长期收入前景来选择其消费水平。长期收入前景被称为永久性收入或生命周期收入，是个人在不同年景下的平均收入水平。如果收入的变动是暂时的，收入增加的相当部分就会成为储蓄。收入不稳定的个人通常具有较低的边际消费倾向。③人们对未来收入的预期。预期影响着边际消费倾向。

资本边际效率递减规律。资本边际效率递减是指随着投资的不断增加，人们预期从投资中获得的利润率下降。这是因为投资的不断增加必然会引起资本品供给价格的上升，而资本品供给价格的上升意味着成本增加，从而会使投资的预期利润率下降；投资的不断增加会使所生产出来的产品数量增加，而产品数量的增加会使其市场价格下降，从而使投资的预期利润率也下降。资本边际效率的递减使资本家往往对未来缺乏信心，从而引起投资需求的不足。

灵活偏好规律。灵活偏好又称流动偏好，是指人们愿意以货币形式或存款形式保持某一部分财富，而不愿以股票、债券等资本形式保持财富的一种心理动机。这是因为：①交易动机，即为了日常生活的方便所产生的持有货币的愿望；②谨慎动机，即为了应对各种不测所产生的持有现金的愿望；③投机动机，由于利率的前途不确定，人们愿意持有现金寻找更好的获利机会。这三种动机，尤其是谨慎动机，说明当面对诸多不确定性时，人们通常不敢轻易动用自己的存款。

（2）乘数-加速原理

在经济中，投资与产量（或国民收入）是相互影响的。投资乘数是指投资变动所引起的产量变动。根据乘数原理，投资增加会使产量增加数倍于初始投资的增加。加速原理是指产量变动所引起的投资变动。加速原理表明，现代化大生产的特点是采用大量先进而昂贵的设备。所以在开始生产时，投资的变动率要大于产量的变动率；但当产能形成之后，如果产量不能以一定的比率增长，投资就无法增加，即要使投资一直增长，产量就必须按一定比率增加。

萨缪尔森将两者结合起来，提出乘数-加速原理，认为经济周期的根源在于乘数原理与加速原理的相互作用。投资增加引起产量的更大增加，产量的更大增加又引起投资的更大增加，从而使经济出现繁荣；然而产量达到一定水平后，由于社会需求和资源限制无法继续增加，此时加速原理的作用使投资减少，投资减少因乘数作用使产量减少，乘数原理与加速原理的交互作用使经济陷入萧条。萧条持续一段时间后，由于产量回升使投资增加，投资增加引起产量的更大增加，经济进入另一轮繁荣，从而形成周期性经济波动。

（3）纯货币理论

以弗里德曼为代表的货币学派认为，经济的周期性波动源于货币数量的变动，是一种纯货币现象。货币需求与供给失调是造成经济周期性波动的根源。纯货币论者认为，货币的需求相对稳定，货币的供给则不太稳定。现代信用制度由于法定准备金的规定很容易产生货币的乘数效应，随着货币信用的扩大，总需求上升，产品生产增加，形成繁荣。但是一旦信用扩张过度，为了避免风险而紧缩货币，需求就急剧下降，但此时供给已创造出来，供给的调整赶不上需求的调整，衰退和危机也就不可避免。因此，经济周期是货币供给剧烈增减的结果。货币学派主张按照单一规则制定货币政策，防止中央银行为了减轻衰退或政治目的而任意频繁地改变货币政策。他们认为，相机抉择的货币政策与财政政策不但不会减轻经济波动，反而有可能加剧经济波动。

名人档案

保罗·萨缪尔森（Paul A.Samuelson，1915—2009）美国经济学家，凯恩斯主义理论主要代表人物。

他的研究涉及经济理论的诸多领域，几乎改变了经济领域所有方面的学术思想，被誉为"经济学界的通才"和"百科全书似的经济学家"。他首次把数学工具引入经济学，帮助政府制定了著名的"肯尼迪减税方案"，其巨著《经济学》是全球最畅销的经典教科书。

1970年，他成为第一个获得诺贝尔经济学奖的美国人。

保罗·萨缪尔森

知识点滴

单一规则货币政策又称稳定货币增长率规则，是指将货币供应量作为唯一的政策工具，并制定货币供应量增长的数量法则，使货币增长率同预期的经济增长率保持一致。即货币当局或中央银行按一个稳定的增长比率扩大货币供应。

（4）投资过度理论

投资过度论者认为，投资增加，引起经济繁荣，经济繁荣首先表现为对投资品需求的增加以及投资品价格的上升，从而刺激对资本品的投资。由于资源限制，资本品的生产过度发展引起消费品生产减少，出现结构性失衡，从而使资本品过剩，造成生产过剩危机，经济陷入萧条。

此外，还有消费不足理论和心理周期理论等。消费不足理论认为经济萧条是因为社会对消费品的需求赶不上消费品生产的增长，而消费不足的根源在于收入分配不平等所造成的穷人购买力不足和富人储蓄过度。心理周期理论认为人们对未来预期乐观，则投资增加，经济繁荣；反之，则经济萧条。

2. 外因论

具有代表性的几种外因论如下。

（1）创新理论

熊彼特认为，创新是提供新产品或劳务、引进新方法、采用新原料、开辟新市场和建立新企业组织形式等行为。创新有别于技术发明，它不是一个技术概念，而是一个经济概念，指把现成的技术革新引入经济组织，形成新的经济能力。创新可以提高生产效率，降低成本，增加利润。尽管创新是某些企业家在一个较短时间内进行的，但是创新一旦实现，就会使大量企业相继模仿、效法，从而形成"创新浪潮"。创新浪潮的出现主要以投资活动的迅速增加为标志，会引起银行信用和需求的扩大，形成经济繁荣。当创新扩展到相当多的企业之后，一方面企业盈利机会趋于消失，另一方面企业偿还贷款必然引起信用收缩、需求减少，经济开始衰退，期待新的创新行为出现，而这时如果没有新的创新出现，就会陷入经济萧条。由于创新活动不可能经常出现，因此经济活动的周期性波动也就不可避免。

（2）真实经济周期理论

以基德兰德和普雷斯科特为代表的真实经济周期理论认为，经济周期源于经济体系之外一些如技术创新、政策变动、战争和自然灾害等真实因素的冲击，这种冲击称为"外部冲击"。外部冲击分为引起总供给变动的"供给冲击"和引起总需求变动的"需求冲击"。这两种冲击又分为"正冲击"和"负冲击"。

"正冲击"引起有利作用，刺激经济繁荣，如技术进步；"负冲击"引起不利作用，导致经济衰退，如严重的自然灾害。以技术进步为例，假定一个经济处于正常的运行之中，这时出现了重大的技术突破，如网络的出现，这种技术突破引起对新技术的投资迅速增加，从而带动整个经济迅速发展，引起经济繁荣，因此技术是决定经济的重要因素之一。这种繁荣并不是对经济长期趋势的背离，而是经济能力本身的提高。但新技术的重大突破不会一个紧接一个，当一次新技术突破引起的投资过热消失之后，经济又趋于平静。这种平静也不是低于长期趋势，而是一种新的长期趋势。

20世纪90年代，美国经济繁荣与以后的衰退即证明了这种理论。所以，经济出现波动是正常的，并非由市场机制的不完善性所引起。

此外，还有政治性周期理论和太阳黑子理论等。政治性周期理论认为，在政治家希望连选连任的情况下，大选前往往会采取扩张性经济政策，大选后往往会采取紧缩性经济政策，从而形成周期性的经济波动。太阳黑子理论认为，太阳黑子的周期性变化影响气候的周期变化，气候影响农业生产，而农业生产影响整个经济。太阳黑子的出现是有规律的，大约每10年出现一次，因而一个经济周期的平均长度大约也是10年。

从上述关于经济周期成因的不同理论可以看出，经济周期的成因是多样的、复杂的，应对时必须做具体分析。成因不同，应对主张也不同。一般而言，外因论者多主张市场自由调节，反对政府干预；内因论中，否认市场有缺陷者反对政府干预，认同市场有缺陷者多主张政府干预，即经济不景气时实行扩张性经济政策、经济过热时实行紧缩性经济政策。

尽管在理论上关于政府是否应该采取经济政策应对经济中出现的周期波动仍然存在分歧，但实践中各国政府在面对经济出现大起大落时，都无一例外地选择了积极干预。

三、新供给主义的经济周期理论

新供给创造了新需求与新供给经济周期。新供给主义经济学认为，技术和产业的演进、供给和需求结构的变化，以及供给和需求循环往复的交互作用是形成经济周期波动的主要力量。从供给端和供给结构的变化出发，一个完整的经济周期可以划分为新供给形成、供给扩张、供给成熟和供给老化四个阶段。

第一阶段，新供给形成阶段。当新供给随着技术进步孕育产生后，社会旧有供给和需求结构仍在延续，经济处在新周期的导入期，经济潜在增长率开始回升。

第二阶段，供给扩张阶段。当新供给内容被社会普遍接受后，新需求被新供给开发创造出来，它们之间形成良性促进，经济进入快速增长阶段，经济增速不断提高。

第三阶段，供给成熟阶段。该阶段的生产技术进一步普及，社会资源纷纷涌向新供给领域，供给数量迅猛增加，而需求逐步趋稳，供给自动创造需求的能力降低，但供给仍然维持惯性增长，社会资源配置效率开始降低，经济增速回落。

第四阶段，供给老化阶段。过剩供给短期内难以消化，过剩产业资本沉淀不能退出；老化供给不能创造新需求，造成总需求持续下降；新供给的力量尚未产生，经济整体将陷入萧条。

新供给主义经济学认为，在新供给形成和供给扩张阶段，新供给不但能够自动创造需求，而且所有产品销售收入最终都会变为要素报酬，而资本、劳动和资源等要素报酬要么转化为消费，要么形成储蓄并转化为投资，进而形成新需求。当一种产业的生产技术普及到一定程度，进入供给成熟和供给老化阶段，形成产能和产量过剩时，不但原投入的生产要素报酬不能及时回收，而且大量生产要素无法充分就业，以致供给自动创造需求的过程中断。

如果一个经济体中大部分行业处于新供给形成和供给扩张阶段，这个经济体就会充满活力，其经济增长速度也会提高，整体运行趋势是向上的；反之，如果一个经济体中较多行业处于供给成熟和供给老化阶段，这个经济体的活力就会下降，其经济增长速度也会降低，整体运行趋势就会向下。

任何一项社会主流技术和主流产业，早晚都会进入供给成熟和供给老化阶段，因此无论是通过财政政策、货币政策刺激总需求，还是通过计划手段增加或抑制总供给，都不可能从根本上解决技术周期和供给老化问题。财政与货币政策刺激虽然可以在短期内吸收部分过剩产能，但长期反而可能会进一步鼓励过剩产能扩张，加剧供需矛盾，阻碍长期的经济结构调整，并且削弱经济的自我循环能力。

在实践中，真正能有效应对经济增速下降的办法是：吸引社会资源创造新供给，并让新供给创造新需求。如此，才能使经济尽快驶入供给自动创造需求的理想运行轨道。为了刺激新供给，让新供给创造新需求，新供给主义经济学提出的正确做法是通过"放松供给约束"的系列政策大幅度降低企业生产成本，打破生产销售僵局，让市场通过成本价格传导机制快速消化过剩产品，在较短时期内恢复均衡，并通过要素转移更新供给结构。

第四节 经济增长问题

现代经济增长理论以国民收入的长期增长趋势为中心，研究解释经济增长的影响制约因素，分析经济长期稳定增长的条件，寻求经济长期稳定增长的途径。

一、经济增长的定义

美国经济学家库兹涅茨把经济增长定义："一个国家的经济增长，可以定义为给居民提供种类日益繁多的经济产品的能力长期上升，这种不断增长的能力是建立在先进技术以及所需要的制度和思想意识之相应调整的基础上的。"

经济增长的定义可以从这三个方面理解：①经济增长集中表现为经济实力的增长，而这种经济实力的增长就是商品和劳务总量的增加，即国内生产总值增加；②技术进步是经济增长的必要条件，科学技术是生产力已成共识；③制度和意识相应调整是经济增长的充分条件，只有社会制度和意识形态适应经济增长的需要，技术进步才能发挥作用，经济增长才可能实现。

库兹涅茨认为现代经济增长有六个特征，归纳为如下三个方面。

（1）数量特征。第一，按人口计算的产量、人口以及资本形成的高增长率；第二，生产效率的高增长率。

（2）结构特征。第一，经济结构的快速变革。这种变革包括产业结构、产品结构、就业结构、消费结构、进出口结构等变革。以美国为例，1820年，70%的劳动力集中于农业部门；1940年，这一比率下降到不足20%；1987年，这一比率为3%；到20世纪90年代中期，已降至1%。有关研究资料显示，贫困国家从事农业的劳动力占比为50%以上，收入中上的发展中国家从事农业的劳动力占比为20%～25%，而工业国家从事农业的劳动力占比只有5%左右。第二，社会结构与意识形态的迅速改变，如城市化、教育与宗教的分离等。

（3）国际扩散特征。第一，经济增长在世界范围内的迅速扩大。发达国家凭借其实力和优势，采用各种手段向世界各地扩张，在争夺其他国家市场和原料的过程中，使经济增长在全球扩散。第二，世界各国经济增长是不平衡的。目前全球有75%的国家处于

第九章　宏观经济基本问题

落后状态，发达国家和落后国家之间人均产出水平有很大差距，全球贫富差距正在不断扩大。

知识点滴

产业结构从低级形态向高级形态转变的过程或趋势。如国民经济结构由第一产业为主向第二产业为主，进而向第三产业为主的升级；由以原材料生产为主上升到以加工组装为主的经济结构；由以低附加值的劳动密集型产业为主上升到以高附加值的技术密集型产业为主等。

名人档案

西蒙·史密斯·库兹涅茨（Simon Smith Kuznets，1901—1985），俄裔美国著名经济学家。

他在国民收入核算研究中提出了国民收入及其组成部分的定义和计算方法，被誉为"美国GNP之父"；在经济周期研究中提出了为期20年的经济周期，被称为"库兹涅茨周期"；其对经济增长的分析，揭示了各个发达国家一个多世纪的经济增长过程。

因在上述研究领域的杰出贡献，他于1971年获诺贝尔经济学奖。

西蒙·史密斯·库兹涅茨

需要指出的是，经济增长与经济发展是两个相互区别而又相互联系的概念。一般认为：经济增长是一个量的概念，是指实际国内生产总值（或人均国内生产总值）的持续增加，经济增长的程度用实际国内生产总值的增长率来衡量；而经济发展则是一个比较复杂的质的概念，不仅包括经济增长，还包括国民生活质量、整个社会经济的结构、制度及意识形态的进步，如人口文化教育程度的提高和寿命的延长、环境的治理和改善、社会福利的增进、产业结构的合理化和高度化、消费结构的改善和升级、贫富差距的缩小等，是反映一个经济社会总体发展水平的综合性概念。经济增长是经济发展的基础和手段，国民生活水平的提高、经济结构和社会形态等的进步在很大程度上依赖于经济增长；而经济发展是经济增长的目的和结果。

二、经济增长的因素分析

经济增长是产量的增加，因此影响经济增长的直接因素是生产要素；经济增长以先进技术以及所需要的制度和思想意识的相应调整为基础，因此影响经济增长的关键因素是技术进步及经济体制。

1. 生产要素

增加产量的主要途径是增加生产要素的投入，即增加劳动、资本和自然资源的投入。以增加劳动、资本和自然资源的投入来实现经济增长的方式称为粗放型经济增长方式。

201

（1）劳动

劳动的增加包括劳动力的数量增加与质量提高。劳动力的数量增加主要来源于三个方面：①人口的增加；②人口就业率的提高；③劳动时间的增加。劳动力质量表现为劳动者的品德修养、职业技能、文化素养和健康程度。劳动力质量的提高主要来源于人力资本投资。一般而言，在经济发展的初期阶段，如发展中国家，人口增长迅速，经济增长所需的劳动增加主要依靠劳动力数量的增加；当经济发展到一定阶段之后，如欧美等发达国家，人口增长率下降，劳动时间缩短，此时就要通过提高劳动力质量来弥补劳动力数量的不足。

（2）资本

资本可分为物质资本和货币资本。在对经济增长的分析中，涉及的是物质资本，即厂房、设备及基础设施等存量。资本积累是经济增长的基础，亚当·斯密认为资本的增加是国民财富增加的源泉。现代经济学认为，人均资本量提高是人均产量提高的前提。许多经济学家都把资本积累占国民收入的10%～15%作为经济起飞的先决条件，把增加资本积累作为实现经济增长的首要任务。德国、日本等国家经济增长的事实说明储蓄率高从而资本增加快的国家，经济增长率往往都比较高。

资本积累的增加，使人均资本量提高。每个劳动者使用的工具和机器设备越先进，其产量就越高。在欠发达国家，农民种的粮食仅够养家糊口。而美国，1%的农业劳动力所生产的农产品在足够美国人消费之外还大有结余，可供出口，原因就是农业机械化使美国农民当今工作一小时相当于50年前工作一周。

（3）自然资源

自然资源主要包括土地、河流、森林和矿藏等。丰富的自然资源有利于一个国家经济的持续增长，这在一国经济发展的初期尤显重要。对于发展中国家来说，在经济发展初期需要经历缓慢而艰辛的资本积累过程，而优越的自然条件则有利于大幅缩短资本积累过程，为经济起飞打下基础。如人均国内生产总值稳居全球前列的挪威和卡塔尔，其经济的快速增长与丰富的石油资源密不可分。当然，自然资源并非经济增长的决定性条件，如日本和卢森堡的自然资源极度贫乏，却因大力发展资本密集型产业及技术研发，借助国际贸易，发挥比较优势而大获成功。

2. 技术进步

技术进步在经济增长中的作用是提高生产效率，使同样的生产要素投入量能提供更多更好的产品。以亨利·福特创造的汽车生产流水线中的活塞杆组装为例，按照老式的方法，28个人每天装配175只，每只用时3分5秒。工头用秒表分析装配动作之后，发现有一半时间用于来回走动，每个人要做六个动作，于是他改造了流程，把工人分成三组，在凳子上装了滑轮传动，再也不需要来回走动了，结果7个人每天就能装配2600只。技术进步不仅极大地提高了生产效率，而且改变了人们的生产生活方式，是推动经济发展与社会进步的巨大力量。美国经济学家丹尼森曾根据美国1929—1969年的统计资料，估算美国经济增长的决定性因素，所得出的结论是生产要素数量增长对经济增长的贡献为53.4%，技术进步对经济增长的贡献为46.6%，而技术进步引起的生产率提高有58%要归功于知识进步。

知识拓展

丹尼森关于经济增长的研究

美国经济学家丹尼森（E.F.Dennison）认为，影响经济增长的因素主要有七类：①就业人数及其年龄、性别构成；②包括非全日制工作工人在内的工时数；③就业人员受教育的年限；④资本存量的大小；⑤资源配置改善，即资源从生产率低的部门不断转移到生产率高的部门，主要指低效率使用的劳动力比重的减少；⑥规模的节约，以市场的扩大来衡量，即规模经济；⑦知识进步，包括技术和管理进步。前四类属于生产要素的增长，其中前三类为劳动要素的增长，第四类为资本要素的增长；后三类属于生产要素的生产率范畴，可归纳为技术进步。各因素对经济增长的影响如表9-3所示。

表9-3 美国1929-1969年经济增长的源泉　　（单位：%）

增长因素	年平均增长率	占年平均增长率的比重	增长因素	年平均增长率	占年平均增长率的比重
实际国民收入	3.41	100	生产率的提高	1.59	46.6
生产要素投入	1.82	53.4	知识进步	0.92	27.0
劳动	1.32	38.7	资源配置改善	0.30	8.8
资本	0.50	14.7	规模的节约	0.36	10.6
土地	0	0	其他	0.01	0.2

资料来源：《1929—1969年美国经济增长的说明》，布鲁金斯学会1974年版

3. 体制变迁

现实经济总是在一定的体制框架下运行的，经济体制不仅为经济增长提供平台和保障，也是促进经济增长的重要力量。以技术进步和体制变革来实现经济增长的方式，称为集约型经济增长方式。一些劳动、资本、自然资源及技术状况相近的国家，经济发展状况却大相径庭，其原因就在于体制的差异。20世纪70年代以来，以美国经济学家科斯、诺斯等为代表的新制度经济学家深入研究了制度和经济增长的关系，认为制度和资本、技术等一样都是经济增长的内生变量。诺斯还从历史角度进行阐述，即使技术条件基本不变，只要经济制度发生变化，如市场制度变化、组织形式革新、产权制度变革等，生产效率也能提高，经济也能增长。我国40多年来经济持续快速增长的事实表明，经济体制是影响经济增长的重要因素。

知识点滴

经济增长即社会扩大再生产。马克思把扩大再生产分为外延型扩大再生产和内涵型扩大再生产。外延型扩大再生产表现为生产要素（生产资料和劳动力）量的增大；内涵型扩大再生产表现为生产要素使用效率的提高，它是以生产技术的进步和资本构成的变化为前提的。因此，人们把经济增长方式分为外延型即粗放型增长方式和内涵型即集约型增长方式。

知识拓展

滕泰谈我国经济增长

新供给主义经济学代表人物滕泰认为，经济的长期潜在增长率取决于人口和劳动力、土地及其附着资源、资本、技术和创新、制度五大财富源泉。

亚当·斯密关于制度和社会分工对生产力促进作用的研究，构建了资本主义经济增长理论的基础；熊彼特以"创新理论"解释经济增长过程，认为生产技术的革新是驱动经济螺旋式发展的核心力量，同时认为技术和制度的破坏性创新才是经济增长的长期动力；库兹涅茨则更多地从投入产出的角度分析经济增长，并将经济长期增长要素归纳为人口增长、生产效率提升、经济结构升级、社会结构转变等。这些理论无一例外都是从供给角度来解释经济增长的。

我国经济过去40多年的高速增长是上述三种经济增长理论的综合体现。20世纪80年代的制度改革开启了我国经济的"斯密增长"时代，而90年代以后持续的人力、资源、资本、技术投入换来了"库兹涅茨增长"，兼带着"熊彼特增长"的特征。未来我国"库兹涅茨增长模式"仍将延续，但应该通过"放松供给约束、解除供给抑制"的系列改革措施，刺激新的"熊彼特增长"阶段，通过制度改革重启"斯密增长"。

三、经济增长模型

经济增长反映经济社会潜在生产能力的长期变化趋势，这种趋势与其影响因素之间的函数关系式即为经济增长模型。经济增长模型的意义在于，通过定量分析研究经济长期稳定增长的条件，以寻求经济长期稳定增长的途径。经济增长的具体模型为数众多，最具代表性的是哈罗德-多马模型和新古典模型。

1. 哈罗德-多马模型

20世纪40年代，英国经济学家哈罗德（R.Harrod）和美国经济学家多马（E.D.Domar）分别提出相似的经济增长理论，强调投资在经济增长中的重要性，其研究成果并称哈罗德-多马模型。

该模型假设技术不变，生产中只用资本与劳动两种生产要素，且两种要素的配合比例不变。哈罗德-多马模型表述为

$$经济增长率 = \frac{储蓄率}{资本收入率} \tag{9-4}$$

式（9-4）中，经济增长率是指国民收入增长率；储蓄率为储蓄量在国民收入中所占比率；资本收入率为资本存量与国民收入之比，是创造单位收入所需要投入的资本量。资本收入率主要取决于生产技术，在技术不变、资本与劳动配合比例不变的情况下，资本收入率是不变的。

哈罗德-多马模型表明：一个国家的经济增长率由其储蓄率与资本收入率共同决定，经济增长率与储蓄率成正比、与资本收入率成反比。在资本收入率不变的情况下，可通过提高储蓄率来提高经济增长率。

该模型用实际增长率、有保证的增长率与自然增长率三个概念分析经济长期稳定增长

的条件与波动的原因。

实际增长率是指实际储蓄率除以实际资本收入率所得的增长率；有保证的增长率是长期中理想的增长率，是指在储蓄率和资本收入率已知的条件下，要把储蓄全部转化为投资所需要的增长率；自然增长率是长期中人口增长和技术进步所允许达到的最大增长率。

长期中实现经济稳定增长的条件是三种增长率相等。如果这三种增长率不一致，则会引起经济波动。实际增长率与有保证的增长率不一致，引起经济的短期波动：实际增长率大于有保证的增长率，厂商增加投资，刺激经济扩张；实际增长率小于有保证的增长率，厂商减少投资，引起经济收缩。在长期中，有保证的增长率与自然增长率不一致，也会引起经济波动：有保证的增长率大于自然增长率，将会出现长期停滞；有保证的增长率小于自然增长率，将会出现长期繁荣。

哈罗德-多马模型是最早的经济增长模型，为后续经济增长模型奠定了研究基础。

2. 新古典模型

20世纪50年代美国经济学家索洛（Robert Merton Solow）等人提出新古典模型。新古典增长理论认为，哈罗德-多马模型中的三个增长率在现实中很难达到一致，称哈罗德-多马模型所指出的经济增长途径为"刃锋"。新古典模型通过改变资本收入率来解决这一"刃锋"问题，并考虑技术进步对经济增长的作用。新古典增长模型表述为

$$经济增长 = a \times 资本增长率 + b \times 劳动增长率 + 技术进步率 \qquad (9\text{-}5)$$

式（9-5）中，a、b分别为经济增长中资本和劳动的贡献比例。

新古典模型表明：决定经济增长的因素是资本的增加、劳动的增加和技术进步；资本与劳动的配比是可变的，因而资本收入率是可变的，这是对哈罗德-多马模型的重要修正；资本与劳动配合比例的改变是通过价格调节来进行的，如果资本的相对价格低则更多地投入资本，如果劳动的相对价格低则更多地投入劳动，从而使资本与劳动都得到充分利用，实现经济稳定增长。

长期中实现经济稳定增长的条件是储蓄全部转化为投资。如果储蓄倾向不变，劳动增长率不变，则长期稳定增长的条件就是经济增长率等于资本增长率。经济增长率高于资本增长率，说明资本生产率提高，从而刺激厂商用资本替代劳动；随着资本使用量的增加，资本边际生产率下降，资本价格提高，从而减少资本使用量，使经济在长期中保持经济增长率等于资本增长率，最终实现稳定增长。

四、经济增长的代价

经济增长在增加社会财富和增进社会福利的同时，也带来了严重的环境污染、自然资源枯竭、居民公害病症增多以及城市交通拥堵等诸多问题。自20世纪60年代以来，许多经济学家对经济增长提出了质疑。

1. 增长代价论

1967年，英国经济学家米香（E.J.Mishan）首先对经济增长是否值得提出疑问。米香认为，经济增长在带给人们物质享受的同时，却使人们在社会福利方面得不偿失。如技术发明固然给人们提供了较多福利，但也加重了人们的焦虑，飞速的交通工具使人们变得孤立，移动性增强反而使转换时间增多，自动化程度提高加深了人们的隔阂，电视增多使人们更少

交往，人们较以往更少理解他们的邻居等。经济增长给人们带来了更高的收入，但使社会道德风尚败坏、贫富差距加大。人们的幸福不仅仅局限于物质享受，经济增长使人们失去闲暇、新鲜的空气、秀丽的景色和安静的环境、平衡生态及传统文化，降低了人们的生活质量。人类为经济增长付出的代价太大了，经济增长即使是可能的，也是不值得追求的。他认为，应停止经济增长，恢复过去那种田园式的生活。

2. 增长极限论

增长极限论最初由非正式的学术团体罗马俱乐部提出。受俱乐部委托，1972年美国经济学家麦多斯（D.H.Meadows）等人将俱乐部讨论结果整理为《增长的极限》一书出版。增长极限论认为，人口和经济增长必然会加大对非再生资源和粮食的需求，同时增加污染，由于粮食供应受土地、水源等自然资源的制约及环境吸收污染的容量有限，经济增长必将在某一时间内达到极限。如果经济不受阻碍地继续增长，人口和工业生产的增长将于2100年到来之前完全停止，出现"世界末日"。为避免这种灾难性情况的发生，应停止追求经济增长，减少资源消耗和污染，以达到"零人口增长"和"零经济增长"的全球性均衡。

3. 零增长反对论

零增长观点一经提出，即引起社会的广泛讨论，主要异议如下。

第一，零增长的结论建立在一系列假定及简单分析的基础之上，而影响未来的因素是复杂的，很难准确预测。

第二，阻止经济继续增长的决策不现实，用行政命令予以控制既不可取也不可行。政府不可能命令人们停止发明扩大生产力的方法，而且厂商冻结其产出水平也毫无意义，因为人们需要的变化会要求某些工业扩大生产，同时也会要求另一些工业紧缩生产。由政府出面干预以达到零增长，不仅成本巨大而且很难满足人们的需要。

第三，零增长将严重损害消除贫困的努力。当前世界上大多数国家仍处于落后状态，需要通过经济增长来改善现状。零增长意味着贫困的延续。

第四，即使零增长，也不能减少环境污染和资源消耗。经济增长中出现的种种问题，需要通过技术进步与经济发展来解决。停止经济增长，人类只能自取灭亡。

第五，经济零增长难以提供环境保护资金。消除空气、水流、土壤污染以及净化城市生活，每年需要大量资金，只有通过经济增长才能既获取这些资金又不致减少现行消费。如果经济不增长，环保方案就难以实施，最后仍将使人们陷于贫困和环境恶化。

总之，大多数经济学家认为，技术进步的作用是无可估量的，完全可以突破资源的限制，使经济增长持续下去，而解决经济增长负面后果的途径就在于经济增长之中。

经济周期是一国总体经济活动的短期波动，引起经济周期的原因既有内因，如有效需求不足、投资乘数与加速原理交互作用、投资过度、货币供求失衡等，也有外因，如技术革新、政局变动、自然灾害等。

经济增长是一国实际国内生产总值的持续增加，是一个长期供给的概念。现代经济增长理论认为，经济增长的引擎有两个：一是人均资本（包括物质资本和人力资本）的增长；二是全要素生产率的提高。前者是生产要素投入量指标，后者是生产要素使用效率指标，一般被看成技术进步的结果，经济体制变革也会带来生产率的提高。

经济平稳增长是经济和社会发展的基础。从长期来看，提高储蓄率从而增加投资及提高全要素生产率是经济增长的根本途径；从短期来看，当经济急剧波动时，政府可采取适当的宏观经济政策"削峰填谷"，即经济过热时采取紧缩性财政与货币政策、经济萧条时采取扩张性财政与货币政策来干预经济，以保持经济平稳增长。

我国自改革开放以来，经济持续高速增长。大多数经济学者的实证研究表明，资本积累（投资）对我国经济增长的贡献最大，同时我国的生产率每年也有显著的提高。我国由于储蓄率高，因此投资率也高，资本积累快，这是我国经济快速增长的主要原因。我国的全要素生产率的提高在很大程度上是一种"追赶"效应，正因为我国的科技水平相对于发达国家还有些落后，其技术进步的速度即使在缺乏自主创新的情况下也照样比较快。事实上，当一个国家需要通过自主创新才能实现技术进步时，表明这个国家已经处于科学技术的前沿，进步的速度不可能很快。此外，经济体制的变革不断改善资源配置效率，也是生产率提高的另一个重要原因。

思政之窗

社会主义的基本经济制度是指社会主义公有制为主体、多种所有制经济共同发展的经济制度。

基本经济制度是国家依据社会性质及基本国情，通过法律对社会经济秩序中生产资料归谁所有做出明确规定的经济制度，是社会经济在生产关系中最基本的规定，即所有制。

我国现处于并长期处于社会主义初级阶段，因而以公有制为主体、多种所有制经济共同发展是我国现阶段的基本经济制度。

这一基本经济制度，决定了单一公有制结构下的直接计划经济是不可持续的。公有制与非公有制平等的商品交换不仅需要体现，而且这种商品交换还会促进公有制内部的商业化。市场经济的现代意义也增添了新的内容。

本章小结

失业是指在法定年龄范围内的有劳动能力者愿意工作而没有工作，且在积极寻找工作的状态。失业率是失业人数占劳动力总数的百分比。根据失业产生的原因，通常可将失业划分为自然失业与周期性失业。对于自然失业，主要采取提供完善的就业服务、加强职业技能培训、出台调控劳动力供求量的政策等治理对策；对于周期性失业，治理对策是采用扩张性的宏观经济政策。

通货膨胀是指物价水平普遍而持续地上升。通货膨胀率是一定时期内物价指数的变动率，常用的物价指数主要有消费者物价指数（CPI）、生产者物价指数（PPI）和国内生产总值缩减指数。通货膨胀既影响经济中收入和财富的再分配，又影响经济的短期产出水平，更深刻地影响着社会的政治稳定。通货膨胀按形成原因不同，可分为需求拉动、成本推动、供求混合型、结构性及预期的通货膨胀五种类型。针对不同类型的通货膨胀，相应的治理对策主要有控制货币供应量、抑制总需求、增加总供给及指数化政策等。

关于失业与通货膨胀的关系：凯恩斯认为两者不会并存；菲利普斯认为两者交替变

化；弗里德曼认为在短期内两者交替变化，在长期内不存在交替变化；理性预期学派则认为不存在交替变化。总之，不同的理论都有其存在的合理性及相应的政策意义。

本章习题

1. 简述失业的类型。
2. 简述通货膨胀的概念及治理对策。
3. 经济周期分为哪几个阶段？每个阶段有何特点？

第十章 宏观经济政策

本章导读

宏观经济必须由政府科学干预,才可持续稳定地发展。本章从宏观经济政策目标出发,着眼于财政政策的分类及工具,对财政政策进行深层次解读。

本章重点

宏观经济政策、充分就业、物价稳定、经济持续稳定增长、国际收支平衡、宏观经济政策工具、需求管理、供给管理、财政政策、政府收入、政府支出、货币政策、相机抉择、自动稳定器、挤出效应、法定准备金率、再贴现率、公开市场业务。

学习目标

知识目标

1. 了解宏观市场政策的基本理论。
2. 了解宏观财政政策。

能力目标

能够应用财政政策和货币政策解决相关问题。

素质目标

1. 培养读者对宏观经济政策科学性和有效性的认知,强调国家宏观调控与民生改善的紧密联系。
2. 引导读者深入了解宏观经济政策的背景、目标和实施过程,培养政策分析和评估能力,提高其为国家决策服务的能力。

经济学

思政目标

培养读者了解宏观经济政策的内容和实施目标，认识到政府宏观调控的重要性和复杂性，增强对政府决策的信心和理解。

案例导入

2022年我国的宏观经济政策

我国货币政策总体保持宽松，更多使用结构性货币政策工具。央行在总量框架下运用结构性货币政策工具，根据经济发展不同时期、不同阶段的重点做到"有进有退"，把结构性货币政策工具的数量和投放规模控制在合理水平，与总量型政策工具形成了良好配合。

财政政策靠前安排、加快节奏、适时加力，从减少收入和扩大支出两个部分，支持稳住宏观经济大盘。在减少收入方面：5月25日的全国稳经济大盘会议要求"将中小微企业、个体工商户和5个特困行业返缴养老等3项保险费政策阶段性实施至2022年底"；6方面33项稳增长政策出台后，我国进一步加大留抵退税力度，在更多企业和行业实施存量和增量留抵退税，包括小规模纳税人享受增值税优惠政策、"六税两费"减半征收政策、制造业中小微企业缓缴政策等。在扩大支出方面：国务院在《扎实稳住经济的一揽子政策措施》中要求6月底前完成专项债发行以缓解财政压力，力争在8月底前基本完成专项债使用以拉动基建投资。

启发思考

（1）什么是宏观经济政策？
（2）什么是财政政策和积极的财政政策？什么是货币政策和稳健的货币政策？
（3）为何2022年我国要实施积极的财政政策和稳健的货币政策？

第一节 宏观经济政策的理论基础

宏观经济政策是一国政府为实现一定的总体经济目标而制定的相关指导原则和措施。宏观经济调控则是政府运用一定的宏观经济政策对各种宏观经济总量的变动进行调节和控制，使之达到总体经济目标要求。

一、宏观经济政策目标

一般认为，宏观经济政策应该同时达到如下四个目标。

1. 充分就业

充分就业是宏观经济政策的首要目标。就业是民生之本，是民众维持生存和改善生活的基本前提与保障。充分就业是指包括劳动在内的各种生产要素都按其所有者愿意接受的价格全部被用于生产的一种经济状态。充分就业并不是指人人都有工作，而是维持一定的失业率，这个失业率要控制在大众所能接受的范围之内，一般为5%左右。较高的失业率不仅会造成社会资源的极大浪费，而且容易导致社会动乱和政治危机，因此各国政府一般都将充分就业作为优先考虑的政策目标。

需要注意的是，在经济学中，充分就业不仅指劳动这一生产要素的充分利用，还泛指全社会经济资源的充分利用。

2. 物价稳定

在现实生活中，物价水平往往会受货币供应量、总需求、总供给、成本、预期等多种因素的影响而呈上升趋势。物价稳定不是指每种商品的价格或价格总水平保持固定不变，而是指价格总水平相对稳定，维持一个较低而稳定的通货膨胀率，一般为年通货膨胀率3%以下。这种通货膨胀率既能为社会所接受，也不会对经济产生不利影响。在市场经济中，价格的波动是价格调节经济的具体形式，但价格的大起大落对经济十分不利。如物价大幅上升，会刺激盲目投资，导致重复建设、片面追求数量扩张、产能过剩、经济效益下降；而物价大幅下降，则会抑制投资，导致生产下降、物资短缺、失业率上升。因此，保持物价稳定是经济平稳运行的基本条件。

3. 经济增长

经济增长是指一国实际国内生产总值或人均国内生产总值的持续增加，通常用实际国内生产总值增长率来衡量。经济增长是经济和社会发展的基础，是提高国民生活水平的重要条件。促进经济持续稳定增长，是政府宏观调控的重要目标。经济增长速度并不是越高越好，过高的经济增速不仅会付出高昂的环境和社会代价，也会因受资源及技术的约束而不可持续。经济处于较低发展阶段的国家，经济增速较高；经济处于较高发展阶段的国家，经济增速较低。因此，经济增长目标应该是实现与本国国情相符的适度增长率。

4. 国际收支平衡

国际收支是在一定时期（通常为一年）内一国居民与世界其他国家居民之间全部经济交易的系统记录。国际收支平衡是指既无国际收支盈余，也无国际收支赤字的状态。由于国际收支总差额意味着官方储备的增减，因而可以看作与货币供求相联系的一种货币现象，是一国货币供给的自动调节机制。根据货币供给量的变动，国际收支总差额又会进一步对其他宏观经济变量如汇率、利率、私人资本的流动、国内投资、生产以及进出口等产生重要的影响。国际收支平衡要求一国汇率基本保持稳定，同时进出口大致平衡、略有顺差或逆差。国际收支严重失衡会对一国经济发展产生不利影响。如过度的国际收支盈余易造成资源闲置，引发国际贸易摩擦；而过高的国际收支赤字，会给一国带来沉重的债务负担等。

以上四个宏观经济政策目标之间存在着矛盾，要想同时实现并不容易。如要实现充分就业，就要以牺牲一定的物价稳定为代价（详见第九章"菲利普斯曲线"）；而伴随经济增长的总需求增加往往会引起通货膨胀，不利于物价稳定；为了平抑国内物价，增加国内供给，往往会增加进口、减少出口，从而导致国际收支逆差等。宏观经济政策目标之间的矛盾表明，政策制定者应根据本国不同时期的具体经济情况，对政策目标进行价值判断，权衡轻重缓急和利弊得失，确定一个或两个重点政策目标，并兼顾其他政策目标。

知识拓展

2019 年我国宏观经济政策目标

2019 年《政府工作报告》提出，2019 年我国经济社会发展的主要预期目标是：国内生产总值增长 6%～6.5%；城镇新增就业 1100 万人以上，城镇调查失业率 5.5% 左右，城镇登记失业率在 4.5% 以内；居民消费价格涨幅 3% 左右；国际收支基本平衡，进出口稳中提质；农村贫困人口减少 1000 万以上，居民收入增长与经济增长同步；生态环境进一步改善，单位国内生产总值能耗下降 3% 左右，主要污染物排放继续减少。

二、宏观经济政策工具

宏观经济政策工具是为达到政策目标所采用的手段。政策工具有很多种，且各具特色，但往往都能达到相同的政策目标，可以有选择地运用。常用的宏观经济政策工具有需求管理、供给管理和对外经济管理等。

1. 需求管理

需求管理是指通过调节总需求来达到一定政策目标的宏观经济政策工具。需求管理包括财政政策和货币政策。

凯恩斯主义理论认为，短期内在总供给既定的条件下，决定就业和物价的关键是总需求。需求管理通过调节总需求，实现总需求等于总供给，达到充分就业和稳定物价的目标。当总需求小于总供给时，整个经济会因需求不足而产生失业，政府应采取扩张性政策工具，刺激总需求增加，实现充分就业；当总需求大于总供给时，整个经济会因需求过度而出现通货膨胀，政府应采取紧缩性政策工具，抑制总需求，消除通货膨胀。

2. 供给管理

总需求-总供给模型揭示了总供给对国民收入和物价水平的重要作用。供给管理是通过调节总供给来达到一定政策目标的宏观经济政策工具。供给即生产，在短期内影响供给的主要因素是生产成本，特别是生产成本中的工资成本；在长期内影响供给的主要因素是生产能力，即经济潜力的增长。因此，供给管理包括控制工资与物价的收入政策、指数化政策、人力政策和经济增长政策。

（1）收入政策。工资上涨是成本推动型通货膨胀的主因。收入政策是指通过限制工资收入增长率，从而限制物价上涨率的政策。收入政策有以下三种形式：①工资与物价指导线。工资与物价指导线是指根据劳动生产率和其他因素的变动，规定工资和物价上涨的限度，其中主要是规定工资增长率。工会和企业都要根据这一指导线来确定工资增长率，企业也必须据此确定产品的价格变动幅度。②工资与物价的冻结。工资与物价的冻结是政府采用法律和行政措施禁止在一定时期内提高工资与物价。这种措施一般只用于战争等特殊时期或通货膨胀严重时期。③税收刺激政策。税收刺激政策是指政府规定货币工资增长率即工资指导线。企业工资增长率超过这一指导线，就课以重税；企业工资增长率低于这一指导线，则给予减税。

（2）指数化政策。指数化政策是指定期根据通货膨胀率来调整各种收入的名义价值，以使其实际价值保持不变。它主要包括工资指数化和税收指数化，如工资合同中规定在一定时期内根据消费物价指数来调整名义工资，政府按通货膨胀率来调整税收起征点和税率等级等。

（3）人力政策。人力政策也称就业政策，是一种旨在改善劳动市场结构，以减少失业的政策。人力政策主要包括：①人力资本投资。由政府或有关机构向劳动者投资，以提高劳动者的文化技术水平与身体素质，从而满足劳动力市场的需要。②完善劳动力市场。政府应该不断完善和增加各类就业介绍机构，为劳动力供求双方提供迅速、准确而完全的信息，使劳动者找到满意的工作，企业得到所需员工。③协助工人进行流动。对工人流动的协助包括提供充分的信息、必要的物质帮助与鼓励等。

（4）经济增长政策。从长期来看，影响总供给最重要的因素还是生产能力，因此提高生产能力是供给管理的重要内容。经济增长政策主要包括：①增加劳动力的数量和质量。如提高人口出生率、鼓励移民入境、增加人力资本投资等。②资本积累。资本积累主要来源于储蓄，减少税收和提高利率可鼓励人们进行储蓄。③技术进步。政府通过对科学技术发展进行规划、直接投资、出台鼓励科研政策、加强科技人才培养及引进国外科技人才等措施促进技术进步。④计划化和平衡增长。各部门之间协调增长是经济本身所要求的，而各部门之间平衡增长则要通过政府计划或政策间接指导来实现。

3. 对外经济管理

对外经济管理是指通过对国际贸易、国际资本流动、劳务的国际输出和输入等进行管理和调节，以实现国际收支平衡。对外经济管理包括对外贸易政策和对外金融政策。对外贸易政策包括关税政策、非关税壁垒和鼓励出口政策；对外金融政策包括外汇管理政策和国际收支调节政策。

第二节 财政政策

财政政策是政府需求管理的重要工具。短期内，财政政策是刺激或减缓经济发展的最直接的方式。

财政政策是指政府为了提高就业水平、减轻经济波动、防止通货膨胀、实现稳定增长而对政府收入和支出水平所做的决策。财政政策是国家干预经济的主要政策之一。

财政政策

一、财政政策的分类

财政政策主要包括政府收入政策、政府支出政策、国家债务政策和预算平衡政策，其中，政府收入和政府支出是两种最常用的财政政策工具。

1. 政府收入政策

政府收入指整个国家中各级政府收入的总和，财政收入的最主要来源是税收。税收可以分为不同的种类。根据征税对象,税收可以分为财产税、所得税和流转税。公债是政府收入的又一组成部分,它是政府对公众的负债。公债不同于税收,是政府运用信用形式筹集财政资金的特殊方式。政府收入政策是指政府通过税收、公债等调节财政收入量的多少,进而对国民经济产生刺激增长或减缓增长的作用所做的决策。

生活链接

2016年5月1日起,我国全面实施"营改增"试点范围扩大到建筑业、房地产业、金融业、生活服务业,并将所有企业新增不动产所含增值税纳入抵扣范围。为落实"确保所有行业税负只减不增"的要求,我国政府本着促改革和稳增长两兼顾、两促进的原则,对改革的力度和节奏做了妥善安排,针对建筑业等四个行业的特点,制定了相应的过渡性措施,全年降低企业税负5700多亿元。其中,通过取消、停征、免征和减征496项收费基金,每年为企业和个人减少负担超过1500亿元。

2. 政府支出政策

政府支出是各级政府支出的总和,政府支出包括政府的购买和转移支付两部分内容。政府购买是指政府在市场上对商品和劳务的购买,这是政府作为市场主体而存在,满足社会的公共需要的活动;政府转移支付是指各级政府之间为解决财政失衡而通过一定的形式和途径转移财政资金的活动。政府支出政策是指通过政府购买和转移支付手段,刺激经济增长或减缓经济增长的政策手段。

3. 国家债务政策

国家债务是财政政策的组成部分,债务收入也是财政收入的一个来源。大多数国家的政府,都发行债券取得收入,增加政府财力。政府发行的债券称为公债,公债可由中央政府发行,也可由地方政府发行。中央政府发行的债券称为"国债",其收入列入中央政府预算;地方政府发行的债务称为地方公债,其收入列入地方政府的预算范围。

4. 预算平衡政策

预算平衡是指在一定时期内政府的财政预算收支平衡。政府作为管理一国收支的机构,预算是必不可少的。政府的预算实际上是一国政府对下一年总的收入和支出所做的预先安排,也就是政府的收支计划。它反映了政府取得收入的规模、财力的使用方向和结构。通常为满足支出的需要,政府以向公众征税的方式来获取大部分收入。如果政府的预算收入和支出相一致,则称为预算平衡。如果政府的预算收入大于预算支出,则政府存在预算盈余。如果政府的预算收入小于预算支出,则政府存在预算赤字。

生活链接

经济新常态下政府支出的变化

2008年美国次贷危机爆发后,我国迅速启动了积极的财政政策,推出高达4万亿元的经济刺激计划。从公布的情况来看,4万亿元财政支出的大部分资金流向了公路、铁路和机场建设。基础设施建设是一部推动我国经济高速增长的可靠"发动机",但是,在年均20%左右的高增速下,其能否继续加速并保持增长,令人怀疑,而这显然也无益于我国经济重新获得平衡。

2014年以后，我国官方已做出明确判断，我国经济进入了新常态，由高速增长转向中高速增长是经济新常态的首要特征，经济必须由要素驱动、投资驱动的粗放型增长转向由创新驱动的集约型增长，传统投资领域已经饱和，新兴投资至关重要，因此，除高铁、公共设施等投资托底外，投资的重点将集中在新技术研发、新兴产业、新兴业态等上。经济新常态下，政府支出将集中力量培育新的经济增长点，定向精准加大对环保、新兴业态等的投资，避免重复建设、能源浪费和环境污染等问题。

二、财政政策工具

财政政策是指国家为了实现既定的政策目标所选择的操作手段。西方政府为了实现既定的经济政策目标，使用的财政政策工具主要有政府购买、政府转移支付、税收、公债及预算规模等。

知识点滴

在总需求不足的情况下，政府可以加大政府购买，如举办公共工程等，以增加社会整体需求水平，抑制经济衰退。在总需求过高的情况下，政府可以采取相反的政策，减少购买支出，降低社会总需求，抑制通货膨胀。

1. 政府购买支出

政府购买支出是指政府对商品和劳务的购买。政府购买支出是决定国民收入大小的主要因素之一，其规模直接关系到社会总需求的增减。政府购买是一种实质性支出，有着商品和劳务的实际交易，因而形成直接的社会需求和购买力。

政府支出是财政政策的重要工具。在本节实例与分析中，政府将支出重点放在了培育新的经济增长点，定向精准投资，引导民间投资加大对环保、新兴业态等的投资上，政府支出将避免腐败、重复建设、能源浪费和环境污染等老问题，反映了我国政府支出的重点随着政府职能转变和经济新常态发生了新的变化，也表明财政政策的使用是灵活、有弹性的。

2. 政府转移支付

政府转移支付，是指政府在社会福利保险、贫困救济和补助等方面的支出。这种支付并无商品和劳务的交换与之相对应，属于货币性支出，是政府将收入在不同社会成员之间进行的转移和重新分配。政府转移支付也是一项重要的财政政策工具，它能够通过转移支付乘数作用于国民收入，但其乘数效应要小于政府购买支出乘数效应。

知识拓展

经济萧条时期，政府采取提高转移支付水平的政策，可以增加人们的可支配收入和消费支出水平，从而增加社会有效需求，抑制经济衰退。经济繁荣时期，政府则可以采取降低政府转移支付水平的政策，从而降低人们可支配收入和社会总需求水平，控制经济膨胀。

3. 税收

税收是政府财政收入最主要的组成部分，税收政策主要通过税率和税收绝对量的变动来影响国民经济运行。与政府购买支出一样，税收同样具有乘数效应。税收乘数有两种：一种是税率的变动对总收入的影响；另一种是税收绝对量的变动对总收入的影响。降低税率减少税收都会引起社会总需求的增加和国民产出的增长。反之，提高税率增加税收，则会引起社会总需求的减少和国民产出的下降。因此，在总需求不足时，政府降低税率，让个人和公司有更多的可支配收入，从而刺激总需求。相反，总需求过旺时政府提高税率，减少个人和公司的可支配收入，从而降低总需求。

4. 公债

公债是指政府对公众举借的债务，或公众对政府的债权，它包括内债和外债。公债也是一种有效的财政政策工具。公债是政府财政收入的重要组成部分，包括中央政府的债务和地方政府的债务，其中，中央政府的债务又称国债。公债不仅是政府弥补财政赤字的一个重要手段，同时也是重要的政策工具。政府发行或购买公债，一方面，可以增加财政收入或财政支出，影响财政收支；另一方面，还能在货币市场和资本市场实行金融扩张或金融紧缩。因此，公债政策起着双重的经济政策作用。

知识拓展

经济学家对公债的不同看法

一部分经济学家认为，公债和税收一样，都是政府在公民身上的一种负担。这是因为公债一定要还本付息，这就必须用征税和多发行货币来解决，结果必然是公众负担增加。

另一部分经济学家认为，公债的发行不会给公民造成负担，原因主要有：首先，公债的债务人是政府，债权人是公众，可以说是自己欠自己的债；其次，政府的政权是稳定的，可以确保债务的兑现；最后，债务用于发展经济，使政府有能力偿还债务，弥补赤字。

5. 财政预算

财政预算是指政府的收支计划。政府可以通过增加或压缩财政预算规模来调节国民经济的运行，主要表现为调节国民收入的分配和再分配、调节社会总供给和总需求的平衡、调节国民经济中各种比例关系和产业结构。

三、财政政策的应用

1. 自动的财政政策

自动的财政政策又称内在稳定器（自动稳定器），是指经济系统本身存在的一种会减少各种干扰对国民收入冲击的机制。这种财政政策能够在经济繁荣时自动抑制通货膨胀，在经济衰退时自动减轻萧条。

（1）政府税收的自动变动

政府税收的自动变动，主要指的是个人所得税和公司所得税。当经济衰退时，国民产出水平下降，个人收入减少。在税率不变的情况下，政府税收会自动减少，留给人们的可支配收入就会自动地少减少一些，从而使消费和需求自动地少下降一些。在实行累进税的情况下，经济衰退使纳税人的收入自动进入较低纳税档次，政府税收下降的幅度会超过收入下降的幅度，从而可以起到抑制衰退的作用。反之，经济繁荣时，失业率下降，人们的收入自动增加，税收会随着个人收入的增加而自动增加，留给人们的可支配收入也就会自动地少增加一些，从而使消费和需求自动地少增加一些。在实行累进税的情况下，繁荣使纳税人自动进入较高的纳税档次，政府税收上升的幅度会超过收入上升的幅度，从而起到抑制通货膨胀的作用。

（2）政府支出的自动变动

政府支出的自动变动是指政府的转移支付，它包括政府的失业救济和其他社会福利支出。经济出现衰退时，失业增加，符合救济条件的人数增多，失业救济和其他社会福利开支会相应增加，这会抑制人们收入特别是可支配收入的下降，进而抑制消费需求的下降。经济繁荣时，失业人数减少，政府的转移支付也会自然减少，从而抑制可支配收入和消费的增长。

知识拓展

> 经济萧条时，产品价格下降，政府根据产品价格维持制度按支持价格收购产品，可以使农民收入和消费维持在一定的水平。经济繁荣时，产品价格上升，政府减少对产品的收购并抛售产品，从而限制产品价格上升，这样不但抑制了农民收入的增长，也减少了总需求的增加。

2. 斟酌使用的财政政策

斟酌使用的财政政策，是指为确保经济稳定，政府审时度势，通过主动变动支出水平或税收以稳定总需求的政策。斟酌使用的财政政策包括扩张性的财政政策和紧缩性的财政政策。有些书也称之为补偿性的财政政策，它是凯恩斯主义的重要组成部分。斟酌使用的财政政策认为，自动性财政政策的作用十分有限，只能缓和而不能消除经济波动。当社会总需求过大（过小）时，必须主动降低（提高）总需求，以稳定经济增长。

斟酌使用的财政政策的基本原则是"逆经济风向行事"，即在经济繁荣时，采取紧缩性的财政政策，通过增加税收和减少政府支出以减少总需求；在经济萧条时，通过减少税收和增加政府支出，以增加总需求。

下面具体介绍扩张性的财政政策和紧缩性的财政政策。

（1）扩张性财政政策

扩张性财政政策，是指在经济萧条时期，通过财政分配活动来增加或刺激社会总需求，以防止经济衰退所产生的各种负面影响的政策措施。主要的政策手段包括减少税收和扩大预算支出的规模。

① 减税。减税增加了企业和个人的可支配收入，相应地减少了国家的财政收入，在支出规模不变的情况下，相应地扩大了社会总需求。同时，减税扩大了企业和个人在国民分配中所占的份额，有助于促进其扩大经济活动范围和规模。

② 增加政府支出。作为社会总需求的一部分，政府支出的扩大会带来社会总需求相应数量的扩大。实行扩张性财政政策，往往能够增加就业，刺激经济增长，但也会造成财政赤字，引起通货膨胀，特别是在总需求大于总供给的条件下，会引起经济波动，因此，使用该工具时要全面考虑经济发展的状况。

（2）紧缩性财政政策

紧缩性财政政策，是指在经济高涨时期，通过财政分配活动减少或抑制社会总需求，降低经济过热所产生的各种负面影响的政策措施。其主要的政策手段包括缩小预算规模、增加税收、减少国家信用和实行财政盈余等。

① 减少预算支出。国家预算的规模，是指以正常的财政收入安排的财政支出，不包括国家债务和向银行透支。国家预算规模的大小和社会总需求的大小存在正相关关系，政府支出规模的缩小会减少总需求，从而使经济降温，但也会因此造成一定的失业。

② 增加税收。增加税收实质上是把部分居民用于消费支出的货币收入转移到国家手里，以抑制社会总需求。增加税收对投资具有较强的抑制作用，是紧缩性财政政策的有力手段。

③ 减少国家信用。国家信用的减少直至取消，实质上是把一部分原先由国家安排的货币收入还原为储蓄。相对于存在国家信用的情况来说，缩小或取消国家信用就是减少了社会总需求。需要注意的是，如果国家信用来源于企业和居民对即期消费的节约，又用于本期投资，那么社会总需求水平便不可能收缩，只会产生结构性调整社会总需求的效应。

④ 实行财政盈余。财政盈余是缩小社会总需求的一种典型形态。财政收入本身代表一部分社会购买力，财政盈余则意味着把相应数量的社会购买力冻结起来，因此，可以把财政盈余的数量视为社会总需求相对缩小的数量。

知识拓展

稳定经济的相机抉择的财政政策

在经济萧条时期，总需求小于总供给，经济中存在失业，政府采取的扩张性财政政策，包括增加政府购买支出，以刺激私人投资；增加政府转移支付，以增加个人消费；减少个人所得税（主要通过降低税率），使个人可支配收入增加，从而使消费增加；减少公司所得税，使公司收入增加，从而使投资增加。这些措施都会增加总需求。反之，在经济繁荣时期，政府可以采取紧缩性财政政策，包括减少政府购买支出和政府转移支付和增税等措施，以此来抑制总需求。

四、财政政策的挤出效应

财政政策的挤出效应，是指政府购买增加会使利率上升，利率的上升对消费或投资会产生一定的抑制作用。财政政策的挤出效应可以用 IS-LM 模型清楚地说明，如图10-1所示。

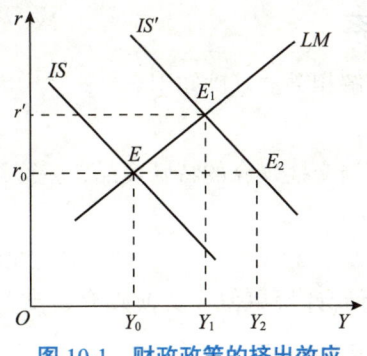

图 10-1　财政政策的挤出效应

在图 10-1 中，假定政府实行一项扩张性财政政策，增加政府购买，使 IS 曲线向右移动到 IS′，右移的距离为 EE_2，这时，国民收入从 Y_0 增加到 Y_2。但是，如果考虑到货币市场，实际上国民收入不可能增加到 Y_2。因为如果国民收入增加到 Y_2，必须假定利率 r_0 不变，而利率肯定是上升的。当 IS′ 曲线向右方移动时，收入增加，人们对货币的交易需求也会增加，但货币供给并未变动（LM 曲线未发生变动），因而人们用于投机需求的货币就会减少，这将推动利率上升。利率上升抑制了私人投资，从而使新的均衡点位于 E_1 处，这时的收入是 Y_1，而不是 Y_2。

财政政策挤出效应的大小取决于多种因素。在实现了充分就业的情况下，挤出效应为 1，也就是政府的支出增加等于私人支出的减少，扩张性的财政政策对经济没有任何刺激作用；在没有实现充分就业的情况下，挤出效应介于 0 到 1 之间，其大小主要取决于政府支出增加所引起的利率上升的大小，利率上升高则挤出效应大，利率上升低则挤出效应小。

知识拓展

当 LM 曲线的斜率不变时，IS 曲线越陡峭，挤出效应越小，财政政策的效果越大；反之，IS 曲线越平缓，则挤出效应越大，财政政策的效果越小。

当 IS 曲线的斜率不变时，LM 曲线越陡峭，挤出效应越大，财政政策的效果越小；反之，LM 曲线越平缓，则挤出效应越小，财政政策的效果越大。

第三节　货币政策

货币政策也称金融政策，是政府通过中央银行控制货币供应量来调节利率，进而影响投资和整个经济，以实现宏观经济目标的行为措施。与财政政策一样，货币政策也是政府干预经济的重要政策，是需求管理的重要工具。

一、货币与银行体系

学习货币政策，有必要了解相关的基础知识。

1. 货币

货币是人们普遍接受的充当交换媒介的特殊商品，是经济中人们经常用于向其他人购买商品和劳务的资产。

（1）货币的职能

在市场经济中，货币执行着计价单位、交换媒介、支付手段、价值储藏手段等多种职能。

① 计价单位。计价单位是人们用来表示价格和记录债务的标准。货币是以一定的计量单位来衡量其他一切商品价值大小的尺度。如美国的货币计量单位为美元，西欧大部分国家是欧元，我国的人民币计量单位为"圆"（简化为"元"）。当你在商店购物或在理发店美发时，会看到每件商品或每项劳务都有价格标签，这正是货币在执行计价单位的职能。货币在执行计价单位的职能时，可以是观念上的货币，而不必是现实的货币。比如一双鞋值 300 元，并不需要把 300 元拿在手中。

② 交换媒介。货币是商品交换的媒介，即买者需要用货币来交换所需商品。当买者在商场购买一双鞋时，这双鞋之所以能从卖者转移到买者，最终实现交易，是因为买者支付了等量的货币。当买者走进商场时，确信商场会为它出售的商品而接受他的货币，因为货币是人们普遍接受的交换媒介。执行交换媒介职能的货币不是停留在观念上的货币，而必须是实实在在的货币。如购买一双价值 300 元的鞋，必须以相应的货币来交换，即一手交钱一手交货，实现等价交换，这样交易才能完成。

③ 支付手段。支付手段是随着商品交换过程中赊账买卖的出现而产生的。在商品赊销的情形下，货币不是直接作为商品交换的媒介，因为商品的买卖已经在没有交付货币的情况下完成了，支付货币只是为了偿还买者对卖者的欠账。货币的支付手段这一职能，促进了商品流通和生产发展，方便了人们的生活。但商品转移和货币交付在时间上的分离，容易形成错综复杂的债权债务关系。

随着商品经济的发展，货币的支付手段职能逐渐超出商品交换的范围，如私人用货币缴纳税款、捐款、借贷，政府用货币向私人支付财政补贴等。这类货币支付都与商品交换无关，体现着货币的支付职能。因此，货币在实际价值单方面转移时就执行支付手段职能。

④ 价值储藏手段。货币是一种价值储藏手段，因为它可以保存并在以后用于交换商品和劳务。货币不是经济中唯一的价值储藏手段，住房、汽车、艺术品、股票、债券等都具有价值储藏职能。货币是最具流动性的资产，流动性是指一种资产兑换为经济中交换媒介的容易程度。币值越稳定，货币的价值储藏效果越好。当出现通货膨胀时，货币的购买力缩水，储藏价值蒸发。可以说，没有完全稳定的价值储藏手段。随着时间的推移，住房、汽车、艺术品、股票、债券等的价值会出现波动。

货币的多种职能之间存在着密切关系。计价单位和交换媒介是货币的两种基本职能，其他职能是在这两种职能的基础上逐步发展起来的。正是由于货币能执行交换媒介和支付手段职能，人们才愿意保存货币，从而使货币有价值储藏职能；而如果货币不具有价值储藏职能，它就不可以作为支付手段；同时，货币的价值储藏职能又提供了潜在的交换媒介和支付手段。

（2）现代货币的分类

现代货币包括以下几种分类。

① 现金。现金是通用的交换媒介，包括纸币与铸币。其中纸币称为法币，是政府强制流通的法定货币；铸币称为硬币，是币值微小的辅币，一般用金属铸造。

② 存款货币。存款货币是指可以随时提取现金的商业银行的活期存款。活期存款可以随时转换为现金，也可以通过支票在市场上流通。存款货币和通货一样，流动性极强。存款货币的出现，将货币由有形货币扩展到无形货币，即扩展了货币的概念。

③ 准货币。准货币又称亚货币或近似货币，是指能够执行价值储藏职能，并且易于转换成货币，但本身还不是货币的资产，包括商业银行的定期存款和其他储蓄机构的储蓄存款、股票、债券等金融资产。

④ 货币替代物。货币替代物是指能够暂时执行交换媒介职能，但不能执行价值储藏职能的金融工具，如信用卡。

知识点滴

支票、信用卡都不是货币。支票只是让银行把货币从买者账户转移至卖者账户的凭证；信用卡是使持有人购物时能立即得到贷款的身份卡，持有人需要按期偿还信用卡公司的贷款，否则会产生利息。

2. 银行体系

银行是依法成立的经营货币信贷业务的金融机构。当今各国都形成了一个规模庞大、分工明确的金融体系，大致由中央银行、商业银行、专业银行及非银行金融机构组成。其中，发挥主要作用的是中央银行和商业银行。

（1）中央银行

中央银行是一个国家金融体系的核心，是最高的金融管理机构。它统筹管理整个国家的金融活动，实施货币政策以影响经济。我国的中央银行是中国人民银行。一般认为，中央银行具有三种职能：①发行货币。中央银行代表国家发行本位币，独占货币发行权。②管理银行。中央银行集中保管存款准备金，办理全国商业银行间的清算，充当最终贷款者。③代理中央政府金融业务。代理国库，提供政府所需贷款，监督管理国内金融活动，实施货币政策，管理对外金融事务。因此，中央银行担负着调控国家宏观经济、管理金融行业和服务政府及金融机构的职责。

知识点滴

中央银行通过票据交换所提供清算业务服务。票据交换所是同一城市内银行间清算各自应收应付票据款项的场所。票据交换所一般每天交换1~2次，具体次数根据实际需要而定。所有银行间的应收应付款项都可在相互轧抵后，通过其在央行开设的往来存款账户转账收付其差额。

（2）商业银行

商业银行是指能够吸收公众存款、发放贷款、办理结算等多种业务的营利性金融机构。我国的商业银行主要有国有商业银行、股份制商业银行、城市商业银行、农村商业银行、外资银行等，如中国工商银行、中国农业银行、中国银行、中国建设银行、交通银行等是国有商业银行，上海浦东发展银行、招商银行、中信银行、中国光大银行、华夏银行、中国民生银行、广发银行、兴业银行、平安银行、恒丰银行、浙商银行、渤海银行等是股份制商业银行。

商业银行在一国经济中扮演着重要角色，其主要职能如下。

① 信用中介。信用中介是商业银行最基本的职能。商业银行通过吸收存款，动员和集中社会上的一切闲散货币资金，再通过贷款出借给资金需求者，从而成为货币资金的贷出者与借入者之间的中介机构。在这一过程中，私人的储蓄转化为厂商的投资，而银行则从存贷利差中获取收益。商业银行作为信用中介，克服了直接借贷在资本数量、借贷时间、空间、期限上的难以协调，缺乏借者资信等种种局限，通过对货币资本进行再分配并充分有效地运用，加速了资本周转，促进了生产扩大。

② 支付中介。商业银行除了作为信用中介融通货币资本以外，还执行着货币经营业的职能。通过存款在账户上的转移代理客户支付、为客户兑付现款等，成为工商企业、团体和个人的货币保管者、出纳者和支付代理机构。

③ 信用创造。信用创造职能是在信用中介职能和支付中介职能的基础上产生的。信用创造也称货币创造，是指商业银行通过吸收活期存款、发放或收回贷款，实现社会货币供给的扩张或收缩。商业银行是各种金融机构中唯一能吸收活期存款、发放贷款、开设支票存款账户的机构。在支票流通和转账结算的基础上，贷款不断派生为活期存款，因为不提现或不完全提现，所以增加了商业银行的资金来源，最后在整个银行体系形成数倍于原始存款的派生存款，产生货币乘数效应。商业银行以自己的信贷活动创造和收缩活期存款。贷款派生存款，如果没有足够的贷款需求，存款贷不出去，就谈不上创造；相反，如果企业归还贷款，就会相应收缩派生存款。

中央银行发行的货币称为基础货币，也称高能货币，由银行体系的法定准备金、超额准备金、库存现金和银行体系之外的社会公众所持现金构成。基础货币通过商业银行系统的货币创造，实现货币供给的扩张与收缩。商业银行的货币创造能力与原始存款成正比，与法定存款准备金率成反比。

（3）专业银行

专业银行是指具有特定经营范围和提供专门性金融服务的银行，如融资性专业银行、投资性专业银行、政策性专业银行等。这类银行一般具有特定的客户。1994年，我国组建了三家政策性银行，即国家开发银行、中国进出口银行、中国农业发展银行，均直属国务院领导。

知识拓展

政策性银行是指由政府创立、参股或担保，以贯彻国家产业政策和区域发展政策为目标，具有特殊的融资原则和特定的业务领域，不以营利为目的的金融机构。

第十章 宏观经济政策

> 我国于 1994 年相继建立了国家开发银行（1994 年 3 月 17 日）、中国进出口银行（1994 年 4 月 26 日）、中国农业发展银行（1994 年 11 月 8 日）三家政策性银行。2015 年 4 月 12 日，由央行会同有关单位提出的国家开发银行、中国进出口银行、中国农业发展银行改革方案获批。其中，国家开发银行被明确定位为开发性金融机构，而中国进出口银行、中国农业发展银行被明确定位为政策性银行。
>
> 政策性银行贷款利率较低，期限较长，有特定的服务对象，其放贷支持的主要是商业性银行在初始阶段不愿意进入或难以涉及的领域。例如，国家开发银行服务于能源、交通等"瓶颈"行业和国家需要优先扶持的领域，包括西部大开发、振兴东北老工业基地等，这些领域的贷款量占其总量的 91%；中国进出口银行则致力于扩大机电产品和高新技术产品出口以及支持对外承包工程和境外投资项目；中国农业发展银行主要承担国家政策性农村金融业务，代理财政性支农资金拨付，专司粮棉油收购、调销、储备贷款业务等。

（4）非银行金融机构

非银行金融机构是指中央银行、商业银行及专业银行之外的金融机构，如保险公司、证券公司、信托投资公司、金融资产管理公司、财务公司、金融租赁公司、典当行等，这些机构承担着商业银行的部分职能。

二、货币供应量

货币供应量指一国的货币存量，是某一时点承担流通和支付手段的金融工具总和。为了测算、掌握流通中货币供应量的情况，从而有效地调控货币供应量，国际货币基金组织根据货币涵盖范围的大小和流动性的差别，把货币供应量划分为如下三个层次。

知识拓展

> 流动性是指某一资产转变为现金的相对速度及所支付代价的程度。某一资产转变为现金的速度快，所支付代价小，则其流动性强；反之，则流动性差。流动性过剩是指货币发行过多，货币供应量增长过快的现象。

（1）$M0$。$M0$ 是指流通于银行体系以外的现金，也就是居民和企业持有的现钞。它也称通货，包括纸币及铸币。$M0$ 流动性最强。

$$M0 = 流通中的现金 \qquad (10\text{-}1)$$

（2）狭义货币 $M1$。$M1$ 由 $M0$ 和商业银行活期存款构成。其中，活期存款由于随时可以提取变现，其流动性不亚于现钞。$M1$ 代表了一国经济中的现实购买力，因此对社会经济生活有着最广泛和最直接的影响。许多国家都把 $M1$ 作为调控货币供应量的主要对象。

$$M1 = M0 + 商业银行活期存款 \qquad (10\text{-}2)$$

（3）广义货币 $M2$。$M2$ 由 $M1$、定期存款和储蓄存款构成。$M2$ 不仅反映现实购买力，还反映潜在购买力。由于 $M2$ 对研究货币流通的整体状况有着重要意义，近年来很多国家开始把货币供应量的调控目标转向 M2。

$$M2=M1+ 定期存款和储蓄存款 \qquad (10\text{-}3)$$

知识点滴

根据 M1 与 M2 指标变化判断经济形势的方法：若 M1 增速较快，则表明消费和终端市场活跃；若 M2 增速较快，则表明投资和中间市场活跃。若 M1 过高而 M2 过低，则表明需求强劲，投资不足，有通货膨胀风险；若 M2 过高而 M1 过低，则表明投资过热，需求不旺，有危机风险。

各国银行业务名称不尽相同，即使同一名称的业务内容也不尽相同，因此货币供应量统计口径不尽相同，只有 M0 和 M1 大体相同。在我国，M0 为流通中的现金；狭义货币 M1 由 M0 和单位活期存款构成；广义货币 M2 由 M1 和准货币构成，其中准货币包括单位定期存款、个人存款和其他存款。

知识拓展

广义货币增长 8%，狭义货币增长 2%

2019 年 2 月末，我国广义货币 M2 余额 186.74 万亿元，同比增长 8%，增速分别比上月末和上年同期低 0.4 个和 0.8 个百分点；狭义货币 M1 余额 52.72 万亿元，同比增长 2%，增速比上月末高 1.6 个百分点，比上年同期低 6.5 个百分点；流通中货币 M0 余额 7.95 万亿元，同比下降 2.4%。当月净回笼现金 7986 亿元。

资料来源：中国人民银行网站《2019 年 2 月金融统计数据报告》

三、货币政策工具

货币政策工具是中央银行为达到政策目标而采取的手段，主要包括法定存款准备金率、再贴现率和公开市场业务。

1. 法定存款准备金率

为了保证满足客户提取存款和资金清算需要，商业银行会保留一定额度的存款即存款准备金以备日常所需。法定存款准备金率是中央银行依法规定的商业银行存款准备金对其存款总额的占比。

存款准备金由法定准备金和超额准备金组成。法定准备金是指依法规定的商业银行缴存中央银行的存款准备金，中央银行通过调整商业银行上缴的存款准备金的比率，借以扩张或收缩商业银行的信贷能力，从而达到既定的货币政策目标。如提高法定存款准备金率，由一定的货币基数所支持的存贷款规模就会减小，从而使流通中的货币供应量减少；反之，则会使货币供应量增加。超额准备金是银行为应付可能的提款所安排的除法定准备金之外的准备金，是商业银行在中央银行的一部分资产。我国的超额准备金包括两个部分：一是存入中央银行的准备金；二是商业银行营运资金中的现金准备。前者主要用于银行间的结算和清算，以及补充现金准备；而后者则用于满足客户的现金需要。

通常，存款准备金率在正常情况下为 10% ～ 12%，经济过热时为 16% ～ 18%。2019年 1 月 25 日，我国大型金融机构存款准备金率调整为 12%，处于正常水平。

法定存款准备金率的调整对商业银行的超额准备金、货币乘数、货币供应量、社会大众的心理预期及整个经济等均有较大的影响，因而不宜频繁调整法定存款准备金率。

知识拓展

存款准备金率持续下调

综合媒体报道，法定存款准备金率的变动虽然不能直接改变基础货币的存量，但可以加大或减小商业银行可动用资金的比例，进而调节银行体系内流动性的充裕程度，最终通过乘数效应影响宏观货币供应量。自 2010 年以来，我国货币政策调控持续偏紧，法定存款准备金率被频繁使用，大型商业银行的法定存款准备金率一度升至 21.5% 的历史高位。但是，超高的法定存款准备金率毕竟是非常态之举。随着消费者物价指数（CPI）的增幅步入下行通道，外汇占款在 2011 年 10 月、11 月连续负增长，而且央票需求反弹，2011 年 12 月 5 日法定存款准备金率从历史高位首次下调，之后于 2012 年 2 月 24 日、2012 年 5 月 18 日又两次下调。面对国内产能过剩、经济结构调整及经济增速下滑的复杂局面，央行分别于 2015 年 2 月 5 日、4 月 20 日、6 月 28 日、9 月 6 日、10 月 24 日连续五次和 2016 年 3 月 1 日下调法定存款准备金率，旨在降低企业融资成本。至此，大型银行存款准备金率下调至 16.5%，中小银行存款准备金率下调至 13%。2018 年，央行又于 1 月 25 日、4 月 25 日、7 月 5 日、10 月 15 日连续四次下调法定存款准备金率；2019 年，在 1 月 15 日、9 月 16 日，央行两次下调存款准备金率。央行行长易纲表示，目前我国银行的总存款准备金率是 12% 左右，在国际上处于中等水平。在我国目前的情况下，存款准备金率下调还有一定空间，但是比起前几年已经小多了。

2. 再贴现率

贴现是指客户因急需资金，将未到期票据出售给商业银行，兑现现款以获得短期融资的行为，是商业银行向客户提供资金的一种方式。再贴现是中央银行向商业银行及其他金融机构提供资金的一种方式。再贴现率是中央银行对商业银行及其他金融机构的放款利率。中央银行通过变动给商业银行及其他金融机构的贷款利率，限制或鼓励银行借款，影响银行系统的存款准备金和利率，从而调节货币供应量。

中央银行作为最终贷款者，主要是协助商业银行及其他金融机构备有足够的存款准备金。当商业银行的存款准备金临时不足时，就可用其持有的政府债券或商业票据向中央银行申请再贴现或贷款以获得资金。当这种贴现增加时，商业银行存款准备金增加，进而引起货币供给量成倍增加；当这种贴现减少时，商业银行存款准备金减少，会引起货币供给量成倍减少。中央银行通过调整再贴现率可影响商业银行的借款行为，从而调节货币供应量。再贴现率提高，商业银行向中央银行借款就会减少，商业银行存款准备金减少，从而货币供给量就会减少；再贴现率降低，商业银行向中央银行借款就会增加，商业银行存款准备金增加，从而货币供给量就会增加。

由于再贴现主要用于满足商业银行存款准备金临时不足的需求，具有短期性，而对于短期借款，商业银行可以向有超额储备的其他银行进行同业拆借，同业拆借利率往往低于再贴现率。另外，为了保持良好形象，商业银行和其他金融机构通常会尽量避免使用再贴现来解决资金缺口。但当商业银行十分缺乏准备金时，即使再贴现率很高，依然也会通过再贴现筹措资金。因此，通过再贴现率变动来控制商业银行存款准备金从而调节货币供应量的效果有限。

3. 公开市场业务

公开市场又称金融市场，是资金供求双方运用金融工具进行各种金融交易活动的场所。金融市场是以金融工具为媒介进行资金融通和借贷的市场，其以资金为交易对象、以金融工具为交易媒介。金融工具主要有货币头寸、商业票据、银行承兑汇票、政府公债、金融债券、企业债券、股票、基金证券、外汇、金融衍生品等。金融市场交易不是单纯的买卖关系，更主要的是借贷关系，体现了资金所有权和使用权相分离的特点。金融市场按金融工具期限长短，可划分为货币市场和资本市场。货币市场是专门融通短期（一年以内）资金的市场，如同业拆借市场、回购市场、票据市场、大额可转让定期存单市场等。货币市场是典型的以机构投资者为主体的市场，其活动的主要目的是保持资金的流动性：一方面满足资金需求者的短期资金需要；另一方面为资金充裕者的闲置资金提供盈利机会。资本市场是融通长期（一年以上）资金的市场，如长期债券市场、股票市场、基金市场、保险市场、融资租赁市场等。

知识点滴

> 货币头寸又称现金头寸，是指商业银行每日收支相抵后，资金过剩或不足的数量。货币头寸是同业拆借市场重要的交易工具。

公开市场业务是指中央银行在金融市场上公开买卖政府债券以控制货币供给和利率的政策手段。公开市场业务是中央银行实施货币政策的主要工具，是中央银行稳定经济最常用、最重要、最灵活的政策手段。

当中央银行在公开市场上购买政府债券时，将货币投入市场，会引起货币供应量增加。商业银行将持有的政府债券卖给中央银行获得货币而使存款准备金增加，个人或企业等非银行机构将持有的政府债券卖给中央银行获得货币存入商业银行也会使商业银行存款准备金增加。由于货币创造的乘数效应，货币供给量成倍增加，利率下降。同时，中央银行购买政府债券的行为使债券的市场需求增加，债券价格上升，而利率下降。利率下降会促进人们增加消费和投资，从而刺激总需求扩张。

当中央银行在公开市场上卖出政府债券时，货币回笼，引起货币供应量减少。商业银行若买进政府债券，则因支付货币而减少存款准备金；个人或企业等非银行机构若买进政府债券，则因支付货币减少在商业银行的活期存款，从而减少商业银行的存款准备金。由于货币创造的乘数效应，货币供给量成倍减少，利率上升。同时，中央银行卖出政府债券的行为使债券市场需求减少，债券价格下跌，而利率上升。利率上升会促进人们减少消费和投资，从而抑制总需求扩张。

第十章 宏观经济政策

> **知识点滴**
>
> 凯恩斯假定人们的财富只有货币和债券两种形式，债券是货币的唯一替代物。当人们保存财富时只能在货币与债券间做出选择，并总要使两者保持一定的比例。如果货币供给量增加，人们就要以货币购买债券，债券价格就会上升，利率就会下降；反之，债券价格就会下降，利率就会上升。可见，债券价格与债券收益成正比，与利率成反比。

与法定存款准备金率和再贴现率相比，公开市场业务具有明显的优势。其优势主要表现为：第一，中央银行在公开市场业务操作中占主动地位，可根据经济形势灵活运用，及时改变货币供给的方向和数量；第二，借助货币乘数，可以较准确地预测公开市场业务对货币供给的影响；第三，公开市场业务是一种微调，调控作用和缓，不会引起社会的强烈反应，可以相对频繁使用。

除了以上三种主要工具外，货币政策还借助道义劝告、垫头规定、利率上限、规定分期付款条件和抵押贷款条件等辅助性工具。道义劝告是指中央银行运用自己在金融体系中的特殊地位和威望，通过对商业银行及其他金融机构的贷款、投资业务进行指导，影响其贷款和投资方向，这种劝告无法律约束力，但有一定的作用。垫头规定是指规定购买有价证券必须支付的现金比例。利率上限是指中央银行规定商业银行和其他储蓄机构的定期存款和储蓄存款的利率上限。

> **知识点滴**
>
> 根据1997年4月5日国务院发布的《中国人民银行货币政策委员会条例》，货币政策委员会是中国人民银行制定货币政策的咨询议事机构，其职责是在综合分析宏观经济形势的基础上，依据国家宏观调控目标，讨论货币政策的制定和调整、一定时期内的货币政策控制目标、货币政策工具的运用、有关货币政策的重要措施、货币政策与其他宏观经济政策的协调等涉及货币政策的重大事项，并提出建议。

四、货币政策的运用

与财政政策一样，根据对总需求调节方向的不同，货币政策可分为扩张性货币政策、紧缩性货币政策和中性货币政策。货币政策运用的一般原则是"逆经济风向行事"，即在经济萧条时期，采用扩张性货币政策；在经济繁荣时期，采用紧缩性货币政策。

1. 扩张性货币政策

扩张性货币政策也称积极或宽松的货币政策，是通过增加货币供应量、降低利率来刺激总需求的货币政策。

在经济萧条时期，总需求小于总供给，存在大量失业，政府就要采取扩张性货币政策来刺激总需求，其中包括降低法定存款准备金率、降低再贴现率并放松再贴现条件、在公开市场上买进有价证券等，通过增加货币供应量、降低利率刺激总需求，促进充分就业和经济增长。

2. 紧缩性货币政策

紧缩性货币政策是通过减少货币供应量、提高利率抑制总需求的货币政策。

在经济繁荣时期，总需求大于总供给，存在通货膨胀，政府则需采取紧缩性货币政策来抑制总需求，其中包括提高法定存款准备金率、提高再贴现率和再贴现条件、在公开市场上卖出有价证券等，通过减少货币供应量、提高利率抑制总需求，达到稳定物价的目标。

3. 中性货币政策

中性货币政策是一种保证货币因素不对经济运行产生影响，从而保证市场机制可以不受干扰地在资源配置过程中发挥决定性作用的货币政策。

中性货币政策是顺经济风向行事的货币政策。执行中性货币政策的央行根据真实利率来调整名义利率。由于真实经济运行的连续性，真实利率的变动也是连续的，而名义利率的调整是央行离散进行的，如果央行调整名义利率的时间间隔过长，会导致名义利率滞后于真实利率而影响真实经济。为了不致影响真实经济进而影响真实利率，中性货币政策的操作方法是小幅微调、经常变动。实施中性货币政策有严格的条件限制，包括央行的指导思想、最终目标、信誉基础、行动顺序和信息环境。

知识拓展

稳健的货币政策

2019年，我国继续实施稳健的货币政策。稳健的货币政策，是指货币和信贷增速回归常态的货币政策。

2019年《政府工作报告》提出"广义货币M2和社会融资规模增速要与国内生产总值名义增速相匹配，以更好满足经济运行保持在合理区间的需要。"货币供应量增速调控目标计算公式为：M2增速＝国内生产总值名义增速＝国内生产总值实际增速＋消费者物价指数增速。2019年经济增速预期目标为6%～6.5%，消费者物价指数增速预期目标为3%，那么2019年货币政策回归常态的标志就是广义货币供应量M2和社会融资规模增速要被控制在9.25%左右。

五、货币政策的特点

货币政策通过调整货币供应总量，可以直接调节物价总水平，影响市场利率水平，调节经济运行中的消费、储蓄及投资关系，从而影响总需求。货币政策对总需求的影响是间接的，属于一种经济行为，对经济的调节作用比较缓和而灵活，有利于市场机制作用的发挥。

货币政策也存在一些局限性，主要表现为：难以解决国民收入分配不公的问题；在弥补市场机制缺陷、促进区域经济协调发展和经济结构调整方面的作用不如财政政策直接和有效。

第四节 财政政策与货币政策组合

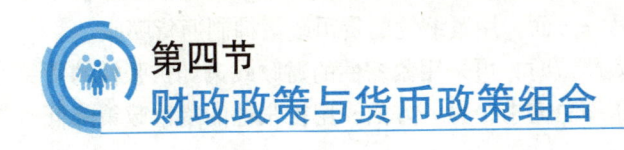

一、相机抉择

相机抉择是指政府在进行需求管理时,应根据不同的经济形势和各项政策的特点,机动地选择适当的政策工具,以形成合力来稳定经济。如何依据不同的经济形势,将各项政策组合起来使用,以便更好地达到预期的效果,是政策运作过程中一个极其重要的问题。下面将从政策特点、经济形势以及政策组合三个方面进行介绍。

1. 政策特点

宏观财政政策和货币政策各有特点,主要表现在四个方面。首先,作用的猛烈程度不同。例如,政府支出的增加与法定准备率的调整,作用都较为猛烈,而税收政策与公开市场业务的作用则较为缓慢。其次,政策的时滞不同。例如,财政政策的内在时滞较长而外在时滞较短,与此相反,货币政策的内在时滞较短而外在时滞较长。再次,政策作用的范围不同。例如,政府支出政策影响面相对较大,公开市场业务的影响面相对较小。最后,政策所受阻力不同。例如,增税与减少政府支出的阻力较大,货币政策遇到的阻力较小。由此可见,政府只有依据不同的经济形势,才能具体选择确定用哪一项或哪几项政策手段来进行富有成效的宏观经济调控。

> **探索与思考**
>
> 凯恩斯需求管理政策主张相机抉择,即灵活选择财政政策和货币政策,你认为这一主张有道理吗?

2. 经济形势

经济形势的演化有程度上的不同,因此,应根据不同形势采取不同的政策。当经济发生严重的衰退时,只有采用作用较猛烈的政策,才能有效地抑制经济形势的进一步恶化,而不能运用作用迟缓的政策。当经济出现衰退的征兆时,要采用作用缓慢的政策,使经济运行和缓地恢复到正常状态,而不能采取作用猛烈的政策实施予以打压。总之,只有对症下药,才能最大限度地减少政策实施不当对经济产生的负效应,从而最大限度地发挥政策对经济的正效应。

3. 政策组合

财政政策和货币政策的组合方式不同,产生的政策效应不同,适用的经济环境也就不同。财政政策和货币政策的混合是多种多样的,其基本组合有以下四种。

第一,当经济严重萧条时,可采用扩张性的财政政策和扩张性的货币政策。一方面,用扩张性的财政政策增加总需求;另一方面,用扩张性的货币政策降低利率,避免挤出效应。

第二,当经济萧条但不太严重时,可采用扩张性的财政政策和紧缩性的货币政策。一方面,用扩张性的财政政策刺激需求;另一方面,用紧缩性的货币政策抑制通货膨胀。

第三,当经济出现通货膨胀但又不太严重时,可采用紧缩性的财政政策和扩张性的货币政策。一方面,用紧缩性的财政政策压缩总需求;另一方面,用扩张性的货币政策降低利率,刺激投资,遏制经济的衰退。

第四,当经济发生严重的通货膨胀时,可采用紧缩性的财政政策和紧缩性的货币政策。一方面,用紧缩性的货币政策提高利率抑制投资;另一方面,用紧缩性的财政政策控制总需求。

知识拓展

> 财政政策和货币政策及其组合的选用,不仅取决于经济因素,而且取决于政治等其他因素。财政政策和货币政策作用的后果,会使国民收入的组成比例发生变化,从而对不同阶层和不同利益集团产生不同的影响。因此,政府在选用财政政策和货币政策及其组合时,必须全面考察,兼顾各方面的利益。

二、财政政策与货币政策的组合运用

在实践中,因为宏观经济问题十分复杂,单一的财政政策或货币政策往往很难起到良好的作用,所以通常将二者结合起来混合使用。

一国经济低于充分就业的水平时,政府既可以采用扩张性财政政策,也可以采用扩张性货币政策。只采用扩张性财政政策,会引起货币需求增加,导致利率上升,抑制私人投资,产生挤出效应;但若采用扩张性货币政策增加货币供给,则会导致利率下降。而如果在采用扩张性财政政策的同时采用扩张性货币政策,则可使利率维持在一定的水平上,降低挤出效应。这样既稳定了利率,又促进了经济增长,如图10-2所示。

图10-2中,IS_1 曲线和 LM_1 曲线相交于 E_1 点,相应地,利率和国民收入分别为 r_1 和 Y_1,但 Y_1 不是充分就业的国民收入,充分就业的国民收入为 Y_2。为了实现充分就业,政府既可以实施扩张性的财政政策,将 IS_1 曲线向右移动,也可以实施扩张性的货币政策,将 LM_1 曲线向右移动。这两种政策都能实现充分就业,使国民收入增加为 Y_2。但只采用财政政策,需将 IS_1 曲线移至 IS_2 的位置,这时利率上升为 r_2;只采用货币政策,需将 LM_1 曲线移至 LM_2 的位置,这时利率降为 r_0。这两种方法都会导致利率的大起大落,不利于经济的稳定。如果同时采用扩张性财政政策和扩张性货币政策,即同时将 IS_1 和 LM_1 分别移到 IS_0 和 LM_0 位置,则利率可保持不变,而国民收入可达到充分就业水平 Y_2。

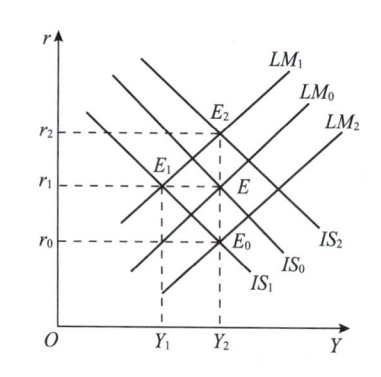

图10-2 财政政策与货币政策的组合使用

思政之窗

新中国成立以来，在中国共产党的领导下，我国经济快速发展。尤其是改革开放以来的 40 多年里，经济发展更是步入快车道。

以国内生产总值（GDP）为例，在国家统计局有记录之初的 1952 年，我国 GDP 仅有 679.1 亿元，可谓"一穷二白"的境地；即使在改革开放之初的 1978 年，我国 GDP 也只有 3678.7 亿元，但到 2020 年已突破百万亿，增长至 1015986 亿元，40 多年增长了约 275 倍。

同时，2020 年，我国货物进出口总额达到 321557 亿元，较 1978 年的 355 亿元增长了近 905 倍。

中国社会科学院荣誉学部委员汪海波曾撰文表示，改革开放以来，我国经济不仅实现了长期、持续、快速增长，而且实现了平稳增长。

值得注意的是，我国经济总量在全球的排名逐渐上升。我国 GDP 总量分别在 2005 年、2006 年、2007 年与 2010 年赶超法国、英国、德国与日本，一举成为全球第二大经济体，截至 2023 年仍然保持着第二大经济体的地位。如此之快的赶超速度，在全球经济发展史上十分罕见。

本章小结

宏观经济政策是一国政府为实现一定的总体经济目标而制定的相关指导原则和措施。宏观经济调控则是政府运用一定的宏观经济政策对各种宏观经济总量的变动进行调节和控制，使之达到总体经济目标要求。

财政政策是政府需求管理的重要工具。短期内，财政政策是刺激或减缓经济发展的最直接的方式。财政政策是指政府为了提高就业水平、减轻经济波动、防止通货膨胀、实现稳定增长而对政府收入和支出水平所做的决策。财政政策是国家干预经济的主要政策之一。

货币政策也称金融政策，是政府通过中央银行控制货币供应量来调节利率，进而影响投资和整个经济，以实现宏观经济目标的行为措施。与财政政策一样，货币政策也是政府干预经济的重要政策，是需求管理的重要工具。

财政政策和货币政策是应对经济萧条和通货膨胀的主要工具，根据经济环境的不同运用不同的组合方式来产生相对应的政策效应。

本章习题

1. 什么是自动稳定器？请说明它对缓和经济波动的作用。
2. 在经济萧条时如何运用财政政策？
3. 财政政策工具主要有哪些？
4. 试分析财政政策的挤出效应。

参考文献

[1] 邓先娥.经济学基础[M].北京：人民邮电出版社，2020.
[2] 杨洁，喻文丹.经济学基础[M].3版.北京：人民邮电出版社，2019.
[3] 高鸿业.经济学原理[M].北京：中国人民大学出版社，2020.
[4] 谢作诗.宏观经济学新论[M].北京：中国财政经济出版社，2021.
[5] 曼昆.经济学原理[M].8版.北京：北京大学出版社，2020.
[6] 张鹤.1分钟漫画经济学[M].北京：民主与建设出版社，2023.
[7] 李绍昆，曾红艳.货币银行学[M].3版.北京：中国人民大学出版社，2020.
[8] 郭克锋.经济学基础[M].北京：中国人民大学出版社，2024.
[9] 刘苓玲.经济学原理[M].北京：经济科学出版社，2024.
[10] 赵玉林，汪芳.产业经济学[M].北京：中国人民大学出版社，2023.